与女科学家面对面

成为
你自己

赵永新 —— 著

BE
YOURSELF

人民东方出版传媒
People's Oriental Publishing & Media

东方出版社
The Oriental Press

图书在版编目（CIP）数据

与女科学家面对面：成为你自己 / 赵永新著 . —北京：东方出版社，2023.1
ISBN 978-7-5207-3021-1

Ⅰ. ①与… Ⅱ. ①赵… Ⅲ. ①女性—科学家—事迹—中国—现代
Ⅳ. ① K826.1

中国版本图书馆 CIP 数据核字（2022）第 191037 号

与女科学家面对面：成为你自己
（ YU NVKEXUEJIA MIANDUIMIAN: CHENGWEI NI ZIJI ）

作　　者：赵永新
责任编辑：王学彦　申　浩
出　　版：东方出版社
发　　行：人民东方出版传媒有限公司
地　　址：北京市东城区朝阳门内大街 166 号
邮　　编：100010
印　　刷：北京启航东方印刷有限公司
版　　次：2023 年 1 月第 1 版
印　　次：2023 年 1 月第 1 次印刷
开　　本：789 毫米 ×1194 毫米　1/16
印　　张：21
字　　数：285 千字
书　　号：ISBN 978-7-5207-3021-1
定　　价：88.00 元
发行电话：（010）85924663　　85924644　　85924641

可敬可爱的科学新女性

继《三代科学人》之后，又看到《人民日报》记者赵永新的新作《与女科学家面对面：成为你自己》。细细翻阅，不觉心生欢喜。在探索未知的科学高原上，越来越多的东方玫瑰美丽绽放。书中这七位成绩不俗、气质不凡的科学新女性，不仅让人看到了巾帼不让须眉的"她力量"，更让人感受到社会的进步、科学的希望。

这本书专为近些年"走红"的科学新女性而作。其中，既有 70 后辛晓平、汤楠、陈婷、颜宁，也有 80 后付巧妹、黄芊芊，还有 90 后万蕊雪。她们在各自的研究领域独树一帜，堪称同龄人中的佼佼者。她们的出色工作，既为国家赢得了荣誉，又为拓展人类的知识边界作出自己的贡献。

马克思曾经说过：在科学的道路上，没有平坦的大道可走，只有那些在崎岖的羊肠小道上不辞劳苦、努力攀登的人，才有希望到达光辉的顶点。这段话许多人耳熟能详，但恐怕只有亲历者才能领会其中的深意。这七位科学女性所做的均为开创性的工作，其中的艰难困苦，非局外人所能想象。面对科研道路上一堵堵难以逾越的高墙，她们选择了迎难而上。她们在困难面前所表现的从容乐观、勇毅坚韧，令人钦佩。

更为难得的是，普通人眼中单调枯燥、又苦又累的科学研究，对这七位科学女性而言，却是乐在其中。对于新闻媒体经常使用的"奉献""坚持"等字眼，辛晓平不以为然，她之所以把自己的青春给了草原，不为别的，只是因为发自内心的喜欢。陈婷说：当自己看到别人看不到的事物本质时，"那种喜悦超级棒，别的什么奖励根本无法替代！"对未知世界的好奇，驱动她们一往无前、无怨无悔；发自内心的喜欢，让她们心无杂念、全力以赴，在通向科学珠峰的崎岖小道上"望之弥高、钻之弥坚"。

　　给我留下深刻印象的，还有这七位科学女性所共有的"真性情"。她们不装不作，敢于表达自己的真实想法："真的，我不想被任何人左右、按照别人希望的方向走"（辛晓平）。面对褒奖，她们敢于"示弱"："我也不是一直自信，也有很崩溃的时候"（汤楠）；"有的时候会产生一种无力感，就是觉得自己好渺小"（万蕊雪）。不加掩饰的个性、真诚坦荡的做派，"成为自己"，既是自信的体现，也是时代的进步。

　　令我感佩的是，虽然她们还很年轻，但已经对人生有了比较深刻的感悟。黄芊芊坦言："我一直认为，生活与科研的美好在于简单、安静与坚持。"曾多次"不走寻常路"的付巧妹说："其实每一种选择都意味着有两种可能性，可能成功，也可能失败。但只要遵从自己的内心去做出选择，全力以赴了就不会后悔。"颜宁说：我们每个人只能活几十年，"如何让自己的生活最有意义最有价值，我觉得这才是最重要的。"

　　从 2012 年采访颜宁，到 2022 年全书成稿，刚好十年——赵永新的这本新书，可谓"十年磨一剑"。相信读者朋友能从这七位可敬又可爱的科学新女性身上，获得有益的启示、汲取向上的力量；期待社会各界改变偏见、创造条件，支持更多女性勇于追梦、实现自己的人生价值。

　　正如汤楠所说："其实真的'不是你一个人在战斗'，这个世界上有许多你不认识的人，在和你一起努力。"

韩启德

中科院院士、中国科协名誉主席

2022 年 10 月 14 日

做独一无二的自己

"我们是不是一不小心，就变得随波逐流、人云亦云了？在这个'微时代'，希望大家保持勇气，勇敢地去做独一无二的自己！"

中秋，读永新这本为 70 后、80 后和 90 后女科学家立传的新书，颜宁的这句话跳入眼中，便挥之不去、心有戚戚。

这句话，堪堪点中书的主旨。

永新细细描摹的这七位科学女性，无不听从内心的召唤、做自己想要的自己——

是出国深造，还是留校读博？学习成绩一路领先的黄芊芊，眼看着周围的许多同学在考托福、GRE，不由心生疑惑。权衡再三，她决定留下来，继续做自己感兴趣的超低功耗微纳电子元器件研究。如今，30 出头的她已成为国际电子元器件领域的学术明星。

难道从此就当一名幼儿园老师、衣食无忧地过一辈子？不，这不是自己想要的生活！已经到单位报到的付巧妹打道回府，插班高二、考大学。此后，她多次"改道"，最终如愿以偿，师从荣获 2022 年诺贝尔生理或医学奖的斯万特·帕博教授，在古人类遗传学研究领域脱颖而出。

烈日晒黑了皮肤、风沙粗粝了芳华、喝酒喝得胃出血……所有这些，都未能改变辛晓平对草原的热爱。她坦陈：我这二十多年一直在做自己喜欢的事情，可以说是"从心所愿、快意人生"。

虽千万人吾往矣。书中的七位女科学家随心所欲、逆风而行，在探索未知的广阔天地中自由往来，悠然活出自己的色香味。

当然，她们并不是只知道工作、不食人间烟火的"女汉子"。

就拿颜宁来说吧。我行我素、快人快语的她一直是舆论场中的话题人物，俨然高高在上的"科学女神"。但永新给了读者"不一样"的颜宁：为着媒体对"饿死癌细胞"的误读和由此导致的癌症患者的热望，她忐忑不安，夜不能寐，一定要费尽唇舌向公众、向病人说个明白，以至悟出科普的重要并身体力行；她也从不吝惜温情，凌晨从实验室回家，看到物业大姐、保安大哥天不亮就开始工作，她感激、感恩，"觉得自己有欠于他们"；她调皮，骄傲于口才不输给名主持，有时还是脱口而出的"段子手"。注意永新镜头里的颜宁，顽皮、天然、善良、美丽，一一跃然纸上。

这，非有彼此的相互信任，才能呈现。有这样的信任，永新对 7 位女科学家的书写，就很有看头。她们坚持、坎坷、突破，在科学上破茧成蝶甚至羽化登"仙"；她们心烦、吐槽乃至崩溃，亦享受着一本书、一杯咖啡、一场电影带来的"小确幸"。她们一路走来，真实如邻家女孩、普通如隔壁大姐。尽管她们也面对过山穷水尽，但总会有柳岸花明。做自己喜欢乃至迷恋的研究，你能感觉到她们扑面而来的幸福感。沉浸在这样如话家常、娓娓道来的叙述中，有时觉得她们的成功顺理成章。因为内心充盈、性格饱满、无畏无惧、特立独行的她们，世界都美好起来。

是的，她们的脱颖而出，足证我们的国家，为优秀女性的成长，提供了堪称数千年发展史上最好的环境。新中国成立后，用法律和制度为"半边天"护航，教育平权，扩大女性就业，男女同工同酬，反对包办婚姻……压抑了数千年的中国女性，有了扬眉吐气的高光时刻。

当然，如果联想到社会生活中的那些"极少数"，也会让人纠结得五颜六色。某电视剧中那位要求儿媳立誓"至少生三个"的董事长婆婆，身边左右避之不及的逼婚、催生……这一切，真的正常吗？

心累的，还有双标评价体系。家庭整洁与否，代表妻子的勤或懒，但做家务从来不是判定男性价值的标准；"女司机"等于驾驶技术粗糙，尽管数据表明男性司机的事故率和违章率远超女性……

在这样的社会环境中，再自信的女性，如果遇到颜值和婚姻这两把尺子，恐怕也会举手投降。

我注意到，永新笔下的"她们"，终于"强大"到超越了这样的世俗评价，婚与不婚，育与不育，她们可以自主面对，丝毫无碍于她们勃勃的创造力、灼灼的生命力以及享受生活的自在坦然。如果，14亿国人中，一半的人口能像她们一样，突破显性或隐性的歧视与束缚、勇敢做自己，我国的各行各业、城市乡村，岂不更富活力、更有生机？

法国存在主义作家西蒙娜·波伏娃说过，"女人不是生成的，而是被造就的"。我们的社会环境，在"造就"怎样的女性呢？从这个意义上说，永新这本书，是润物无声地为尊重女性、成就女性的"环境"增了一分热，发了一分光。很期盼那些有梦的女生，看到这本书，看到那样闪闪发光的人中龙凤，也是从她们成长的土壤中走出。

是的，她们，大多生于普通家庭。她们的"勇敢做自己"，会成为一种内化于心的激励，让更多困惑中的女孩，坚定"做自己"的选择，让自己逐日强大美好。甚至，我还希望，更多的男性也读读这部书——对女性友好的环境，他们有一半的责任。

"每个人白驹过隙在世上最多不过百年，百年之后你留下什么？你在这个世界上走一圈，最终留下什么？"其实，颜宁的这番诘问，值得每一个人思索，不管是女是男。

不到一年，永新两度嘱我为他的新书作序，一见他的信任，二见他的勤奋。

上一次，永新通过圆明园防渗工程的来龙去脉，道出科学环保、依法环保、公众参与的曲折；这一次，他让我们看到女性的光芒，闪耀在科学的殿堂，很温暖，也很励志。

和他采写《圆明园防渗之争》一样，永新的这本书，不是急就章。每个人，他都访问过多次、刨根问底、追根溯源；采访之后，慢理章节、细推字句。成书，他用了更大的心力。光是对颜宁的采访，就超过10年，已经超越了记者和受访者的关系，是好友，也是净友，彼此激励，也彼此提醒。永新不卑不亢，不疾不徐，文字从不端着，呈现着一起喝茶聊天的从容。在松弛恬淡的气氛中，他不时递个话儿、续杯茶，让她们絮絮着那些真实且美好的叙述。优秀记者执着、较真的职业精神和永新实诚、厚道的个人品性，跃然纸上。

谢谢永新，让我们洗了片刻的眼睛，看到科学的美且妙、女性的柔与刚、生活的亮与光。

李泓冰

《人民日报》上海分社副社长、高级记者

著有《记忆中国：新闻串起的历史》《世相中国：余烬录》等

万蕊雪

做科研这个事情，一定要有一股劲儿、一个信念。你只要一直坚持，用心去做，肯定会越来越进步。

无论是科学探索还是治疗疾病，远不是之前自己想的那么简单，个人的努力真的只是很小很小的一部分。所以，有的时候会产生一种无力感，就是觉得自己好渺小。但是，再反过来想想又觉得，世界上也不是只有我一个人在做这方面的研究嘛，还有很多很多人在做。每个人做一点，可能就慢慢地就把这个事儿给做成了。

付巧妹

清零过去、保持年轻的心态，做事情就不会有太多枷锁，走得也会更轻松一些。如果老想着自己过去做了什么，估计也就走不太远了。

其实每一种选择都意味着有两种可能性，可能成功，也可能失败，并不是说哪个方向一定就会成功。但只要遵从自己的内心去做出选择，全力以赴了就不会后悔。

其实事情没有绝对的对与错。好多事情不要想那么多、算那么多。算那么多、想那么多也没用，把最坏的情况想好，做好想做的事情，就行了。

汤楠

大家都玩过挖宝的电子游戏吧？太容易挖到的肯定都是不值钱的大路货，而真正的宝藏，一定是埋在地下、不容易挖到的。

只要你有自己的独门绝活，别人再怎么样都抢不走你的东西，是你的就是你的。

幸福其实很简单，就看自己要什么吧。

其实真的"不是你一个人在战斗"，这个世界上有许多你不认识的人，在和你一起努力。

辛晓平

我最欣赏的一句话是：We do what we have to do, so we can do what we want to do——我们做那些不得不做的事，是为了做自己想做的事。

真的，我不想被任何人左右、按照别人希望的方向走。

我就是个普通的人，做的像个人是最要紧的。

陈婷

这个实验总得有人做，你就差这一步了，为什么不继续往下做？闯过了这一关，你不就成功了嘛！

不要因为是女生就给自己的人生加上条条框框。你要努力开发自己的潜力，不要给自己的人生设限。

我做一件事情，要花我自己的时间、自己的感情和精力，我的看法、我对它的认可才是最重要的。

很多人做事就很在意别人的看法，甚至是为了博得别人的认可。这简直太搞笑了。

黄芊芊

一个人如果是一直考试、学习，沿着一条路走下去，可能会变得很封闭，甚至不敢越雷池一步、去尝试其他的东西。所以我觉得这段时间一定要有，就是要去认识一些有趣的人、接触不同领域的知识、见识之前没有经历过的场面。

就像爬珠穆朗玛峰，如果一开始就知道自己肯定上不去，你可能就不会上了。但是我可以先到大本营啊，然后再慢慢往上走。走到半山腰、感觉自己爬不动的时候，我就会告诉自己：你都走到这份儿上了，干吗不再努力一把？

我一直认为，生活与科研的美好在于简单、安静与坚持。

颜宁

做科研就不一样，它会让你身心都很轻松，喜怒哀乐都变得特别简单。在实验室里我的脑子很轻松，不用去想任何其他的东西。你会感觉到，这个世界就是你的，就看你的思维有多广阔，能走到哪个地方，没有其他任何限制。

消费的能力只要给钱就有；消化的能力只要活着就有。但是创造的能力因人而异。最终区别出每个个体的，是你给这个世界留下了什么。

你不必屈服于家庭的压力，屈服于社会的压力。我就是希望每个女孩子要勇敢，要遵从你的内心，认真去想一想，你到底想要什么。所以好好去了解你自己，分析你自己，勇敢地做你自己。

我们每个人都只有几十年到一百多年的发展，在这么一个短短的时间范围内，你如何过好这一生、让自己的生活最有意义最有价值，我觉得这才是最重要的。

后记

万蕊雪

走到今天挺幸运

万蕊雪：1990 年 12 月生于河南，西湖大学实验室主任、博士生导师。主要从事剪接体三维结构及 RNA 剪接分子机理研究，曾获 Science & SciLifeLab 青年科学家奖、瑞士乔诺法青年研究奖、亚太地区蛋白质学会青年科学家奖等。

"你看上去明显比上次瘦了。"

"真的啊，能看得出来吗？我一直都没敢上秤称，害怕太受打击。"

"你又开始跑步了？"

"是。前段时间忙，就没怎么跑，结果又瞎吃，就胖了。最近刚开始跑了10天，就早上跑个8公里吧，跑得特别慢，呼哧呼哧的，把我给累的。"

看到这里请不要误会：这个天真可爱的姑娘，可不是运动员——她是施一公的得意弟子、"90后"学术明星万蕊雪。

刚30岁出头的她，就在世界顶级学术期刊《科学》《细胞》杂志上发表了十余篇学术论文，为攻克"结构生物学的终极挑战"——剪接体三维结构解析及工作机理做出了重要贡献。2016年，她入选中国科协"未来女科学家计划"，是全国5名入选者中唯一的在读博士研究生；两年之后，她又荣获2018年度Science & SciLifeLab青年科学家奖，这是在中国大陆攻读博士学位中的研究人员首次获得该奖。

有些媒体称她是"科学大神"，并不夸张。

不过，对于这一称号，万蕊雪并不是那么认可："我小时候并不是学霸，而且时常缺乏自信。能走到今天，其实还挺幸运的。"

2020 年夏，万蕊雪在接受采访　赵永新摄

成　长

这个小孩不闹人

　　万蕊雪出生在河南省郑州市上街区。上街区位于郑州西南，距离市中心有30多千米，区内有一个规模很大的国营铝厂。爸爸祖籍山东济南，从小就跟随父母来到这里，大学毕业后在当地铝厂的子弟中学当物理老师；妈妈是铝厂的技术工人。

　　1990年冬，万蕊雪出生的那天刚好下雪，全家人经过商量，决定给她起名"蕊雪"，也就是"雪中的花蕊"。一是体现了全家人对这个独生女的珍爱；二是寄托了大人的心愿：希望她能成为一个坚强的孩子。

　　当时爸妈工作都很忙，在蕊雪上幼儿园之前，父母因工作忙，白天就把她托付给奶奶照管，下班后再把她接回家。

"你们家孩子人见人爱。为啥咧？这个小孩不闹人。"同事们的夸奖，却让妈妈忧心忡忡：这孩子既害羞又胆小，连说话都不敢大声，见了生人就往后躲，死活拉不到跟前。

"咱孩子胆子这么小，长大了可咋办？"回到家，蕊雪妈妈悄悄跟爸爸商量："咱不能吵她骂她，给她太大压力。女孩子在社会上本来就不容易，如果管得太严，她胆子就更小了，长大了怕这怕那，很难幸福。"

小时候的万蕊雪　万蕊雪供图

爸爸也注意到女儿的这个特点，就和妈妈约法三章：不打不骂，不给她太大压力，有事和孩子讲道理。

为锻炼蕊雪的胆量，爸爸还想了个办法：经常带她去学校，让她跟一帮男孩子玩儿。

后来，蕊雪玩儿得比男孩子还野，满校园疯跑。她虽然不怎么吭声，却常常一个人上高爬低，根本不懂得什么叫害怕。

经常有同事提醒爸爸："哎呀，你看你家的孩子爬那么高，多吓人啊！"

我不怕吃苦

快4岁的时候，蕊雪结束了"野蛮生长"的状态，上了铝厂的附属幼儿园。这时候，妈妈又想了一个锻炼她性格的办法。

蕊雪家有一台音箱，放音乐的时候，她就跟着节奏蹦蹦跳跳，还自己编了一些动作，跳得有模有样。

妈妈见了暗自欢喜，就故意问她："你上幼儿园了，想学点啥？"

"幼儿园有舞蹈班，我想去学跳舞。"

"学跳舞可以，但你要知道，跳舞是要吃苦的，你可要想好。"

"那有啥苦啊？"

妈妈告诉她："跳舞要练劈叉、压腿，不是一般小孩能做的。你先想想吧。"

蕊雪想了两天，对妈妈说："我想好了，我不怕吃苦。"

结果学了没两天，蕊雪就不想学了。从幼儿园回家后，她偷偷向爸爸诉苦："下腰压腿可疼了，我都受不了了。"

"你受不了咋办？"

"妈妈说苦也要学。"

听到这里，爸爸坐下来，耐心地给蕊雪讲道理：压腿、劈叉是跳舞必需的基本功，既然你喜欢，那你就得克服，不能说疼、不舒服就不练了。

蕊雪听完没吭声。第二天，她又咬着牙继续学，后来跳得很不错，还被老师选为领舞。六一儿童节表演节目，她和小朋友们表演了好几个节目，还得了奖。

蕊雪得了奖，回家也不和家长说，妈妈还是从同事那里知道的："你们家蕊雪跳舞得奖啦！幼儿园的老师奖励她，中午睡觉的时候，只允许她一个人出去溜达。老师还买瓜子、擀面皮给她吃，我们的孩子都吃不着。"

妈妈听了，心里美滋滋的。

晕车我也不怕

除了学舞蹈，让蕊雪印象很深的还有学长笛。

上小学后，由于学校没有舞蹈室，她就没法再学了。那时候爸爸在学校教务处，妈妈是技术班的班长，两个人经常到点下不了班。蕊雪放学后，或者被爸妈的朋友接走，或者在学校和大孩子玩，爸妈下班后再接她回家。

二年级下学期的时候，妈妈的一个徒弟提供了一个信息：她有个妹妹在郑州市的艺校读书，

一年级入学照片　万蕊雪供图

她的班主任是教长笛的，如果蕊雪想学可以帮忙介绍一下，让她试试。

回到家里，妈妈就跟女儿商量："你天天这样玩，有意思吗？"

"有意思啊。"

"你慢慢长大了，是不是应该学点特长啊？"

"那学啥啊？我又不能跳舞了。"

"这样，妈妈班上有个阿姨认识教长笛的老师，你想不想学啊？"

"长笛是啥东西啊？"

"就是一种乐器。你是不是可以学点音乐啊？长大后就比别的孩子多一个本领。再一个呢，你现在小，作业也不多，天天瞎跑也不是个事儿。"

"那就学呗。"

"也不是说学就学的事。"妈妈告诉她，"还是那一条，咱学就要学好，不能说学两天就不学了。学长笛是要花钱的，咱家也不是很富裕，如果你学两天就不学了，钱就白花了。另外一点，学长笛很枯燥，你要有这个思想准备。"

"妈妈，我懂了。还有啥？"

"还有一个，你学长笛要到市里的老师家里去，咱们离那儿还挺远的，快40公里了，来回要坐车。你平时容易晕车，行不行？"

听到这里，蕊雪犹豫了。她从小就晕车，连坐出租车去医院都会吐。

妈妈说："给你一个星期的时间，你考虑一下。你能承受得了，咱就学。反正学音乐跟学舞蹈一样，不是一个好差事。如果你不愿意学，我们就不强求。"

"那我想想吧。"

过了半个月，蕊雪告诉妈妈："我想好了，我不怕吃苦，可以学长笛。"

"不单是吃苦的事，关键是你容易晕车，坚持不了咋办？"

听到这里，蕊雪又犹豫了。

"你再想想，想好了告诉我。一旦你决定了之后，咱就尽量不要反悔。"

又过了十来天，她对妈妈说："我想好了，晕车我也不怕。"

就这样，每到周末，妈妈就带蕊雪坐一个小时的小公交，送她到郑州艺校学长笛。

那时候国营小公交没有空调，夏天车里很热，蕊雪坐不了多久就晕得不行，嚷着要下车。

"你家孩子这么受罪，怪可怜的。"售票员告诉妈妈，"咱们有的车上有空调，孩子可能会好受一点。你就多花两块钱，让孩子坐空调车吧。"

为了减轻蕊雪晕车的痛苦，妈妈每次都提前半个小时到停车点，占第一排的位子，买两张票，让蕊雪单独坐一个座位。为防止蕊雪吹空调着凉，妈妈每次都带着小枕头、小毛巾被，让她在车上睡觉。

晕车的问题刚解决，后面的问题又来了。相比于舞蹈，学长笛更难、更枯燥。特别是刚开始练基本功，一天吹来吹去，就练习同一首曲子，许多孩子都受不了。

蕊雪告诉妈妈，自己不想学了。

"你这样做是不是对不起妈妈啊？"妈妈半开玩笑地说，"当初可是你自己要学的。"

蕊雪低头想了一会儿，又抬起头："那我还是继续学吧。"

从那以后，蕊雪再没有和妈妈提过"不学了"。她一直坚持学到初二，学得又认真又踏实，还拿到了九级证书。

妈妈让蕊雪学长笛，其实还有一个原因。在小学四年级之前，蕊雪的成绩一直不拔尖，在班上也就是中不溜。妈妈想着，孩子把长笛学好了，将来考大学的时候也多个选择。

两件搞笑的事

蕊雪刚上小学的时候，还发生过两件特别搞笑的事。

一件是不会拼音闹出的事。

幼儿园上完中班，蕊雪有两个选择：一是上大班，一是上学前班，为将来上小学做准备。

"趁小让她多玩玩吧！"抱着这样的想法，爸爸就没让蕊雪上学前班，她在大班结束后直接上一年级。结果问题来了：开学后学拼音的时候，老师以为班上的同学都上过学前班、学过拼音了，大概讲讲就过去了。没学过拼音的蕊雪在下面干着急，胆小的她又不好意思跟老师讲，就感觉很受打击，回家后情绪特别烦躁。

细心的妈妈及时发现了这个问题，下班后一边自己教她，一边叮嘱她注意找窍门儿。蕊雪就按照妈妈说的，放学后自己补课，过了一段时间就学会了。

另一件搞笑的事是她不会听上课铃。因为幼儿园没有上课铃，都是休息结束老师喊小朋友回去。所以，上小学后她就不知道铃声是什么意思。

结果有一天，上课的铃声响过后，同学都回去上课了，蕊雪也没在意，一个人继续玩双杠。老师发现后又急又气，不仅批评教育了她一番，还把她爸妈叫去了。从那之后，蕊雪才知道敲铃就是上下课的意思。

比成绩更重要的事

蕊雪在学习上有个特点，就是适应性比较差，每换一个阶段就会稍微差那么一阵子，后面才慢慢跟上来。

值得庆幸的是，蕊雪的爸妈非常开明，对蕊雪的学习成绩并不苛求。

在小学阶段，家长帮孩子写作业是普遍现象。我年轻的时候也是如此，一旦孩子有什么题目不会做，就急着给他解答，甚至是帮他写，好让他早写完、早睡觉，免得第二天起不来。

蕊雪的爸爸从来不这样做。他对女儿说："学习上遇到问题不要问我，不会的题目，第二天到学校问老师。我也不提倡熬夜写作业，写作业要有效率，写不完作业要反思是不是自己浪费时间了。"他也从来不要求蕊雪必须考100分。每次考完试，他不是问蕊雪考了多少分，而是让她把卷子摆到桌子上，和她一起分析试卷：100分的卷子，你有10分的题不会做，没关系，会做的都做对了，考90分就行。如果你能考90分，结果考了80分，那10分跑哪去了？肯定是失误了。为什么失误？是拿不准还是粗心大意？把问题弄清楚，以后注意就行了。在爸爸看来，习惯远比成绩重要。因此，他在蕊雪的习惯培养上特别下功夫：

关于起床，他只规定好时间：夏天6点、冬天6点半，都是蕊雪自己起床，他从来不叫；

关于看书，他不要求女儿必须看什么书，只要她喜欢看，什么书都行；等她养成爱看书的习惯了，再跟她交流看什么书好……

爸爸还特别重视蕊雪的身体健康。在他眼里，有两个指标特别重要：第一个是眼睛好，第二个是牙齿好。在家里，他经常提醒蕊雪怎么保护眼睛，什么时候刷牙。养成习惯以后，他就不管了。

"小学是培养习惯的阶段。"在爸爸看来，成绩好了，可能大人孩子都高兴；但习惯好了，爸妈以后就不用操那么多心，其他事情也就水到渠成了。"要不老得操心，现在咱还能教她，以后咋教啊？"

谁愿意学谁学

四年级的时候，数学老师建议蕊雪学奥数，爸爸没太当回事。他先征求女儿的意见，问她愿不愿意上奥数班。

"我一周上五天课，周末还要学长笛，没空学奥数。"

听女儿说完，爸爸想了想："那行，咱就不学了。"

"我当时觉得奥数属于提前学，就是小学把中学的东西学了。我觉得孩子就是要快乐，所以比起玩、休息，奥数就没那么重要了，要

万蕊雪的初中入学照　万蕊雪供图

是她愿意学我就支持，她不想学我就不强求。"爸爸只给蕊雪提了一个要求：上课好好听，老师布置的作业要完成，就行了。

后来的事实证明，爸爸的决定非常英明：四年级以后，蕊雪的学习稳步提升，小学毕业时以优异成绩考入全市的重点中学——河南省实验中学。

不过，蕊雪的老毛病——胆小害羞、缺乏自信，仍然困扰着她。三年级的时候她被选为学习委员，后来却因为说话声音太小、同学听不见，被老师给免

了。这件事对蕊雪打击很大，多亏妈妈连哄带劝，她才慢慢从阴影中走出来。

不过，上初中后，她遇到了一位"很特别"的班主任，整个儿变了一个人。

"很特别"的老师

河南省实验中学一个年级有 20 多个班，蕊雪被分在了 21 班。初二的时候，班上新来了一位女老师——数学老师兼班主任李雪田。在蕊雪的印象中，李老师属于那种"很特别"的老师：她不怒自威，人往那儿一站，不用板着脸，不用发脾气，就很有震慑力。更重要的是，李老师的教学理念和教育方法很特别，极大地改变了蕊雪的性格。

李雪田老师　李雪田供图

初二刚开学，李老师就做了一件很特别的事：让同学们自我推荐竞选班干部。

"老师，我想当班长！""我体育好，当体育委员行不行？"……同学们纷纷举手报名，教室里立刻热闹起来。唯独蕊雪一个人低头不语，大家自荐了一圈儿，她还坐着没动。

"这个女生考分很高，为什么不敢报名？"看到蕊雪的表现，李老师心里很纳闷儿。她站在讲台上，望着下面问："英语课代表的位置还空着，哪位同学毛遂自荐？"

蕊雪听了，想举手又有点犹豫，脸憋得通红。李老师又笑着说："看来有的同学很低调啊，再不报名我就点将了！"

蕊雪这才鼓足勇气举起手，怯生生地说："老师，我想当英语课代表。"

"哎呀，万蕊雪同学终于举手了！"李老师说，"你各科成绩都很好，当英语课代表肯定没问题。我和同学们全力支持你，相信你能干得很好！"

听了李老师的话，蕊雪可开心了。她暗暗地对自己说："胆子再大一点儿，好好干，一定不辜负李老师的期望！"

除了自荐班委，李老师还通过上课提问、开主题班会等形式，了解每位同学的性格、特点，让大家充分展示自己。

"我觉得李老师很了解我，会从不同的方面或者角度鼓励我。"蕊雪开始变得越来越自信，她不仅英语课代表当得很好，还积极帮助学习不好的同学，甚至帮班主任出谋划策，得到老师和同学的一致认可。初二下学期时，她就被选为班长。

写周记

对蕊雪帮助很大的，还有一件事儿，就是写周记。李老师让班委成员每周写一次周记，写什么都可以，多少字都行。

"一个教数学的老师让大家写周记，挺神奇的吧？"蕊雪就把自己觉得好的事、某本书的读后感、平时不敢说的话等都写给李老师看。李老师都会很认真地给她回复。如此，周记变成了师生二人亲密沟通的媒介。从这种特别的交流方式中，蕊雪感觉收获很多。最大的收获，就是这种交流激发了她的斗志、增强了她的自信。

蕊雪虽然看上去很腼腆，其实内心非常争强好胜。河南省实验中学一个年级有1500多名学生，蕊雪很想考年级第一名，但从"小地方"来的她又觉得这不可能。于是，她就把内心的纠结以周记的形式告诉了李老师。李老师看到后回复说："你为什么会觉得不可能考年级第一名呢？你是班里的第一名，再努努力、冲一冲，完全能考年级第一名。"

"一个年级学生这么多，我又不是特别聪明，怎么可能考年级第一名？"蕊雪又给李老师写道。

"我一直认为，聪明不是最重要的，最重要的是对自己有信心。只要你专心专注、坚持不懈，我相信你一定能实现梦想！"李老师这样鼓励她。

"那我就试试吧！"蕊雪信心大增，学习上更加努力，学习成绩很快在全年级名列前茅，还真考了一次年级第一名。

"蕊雪真是个难得的孩子！她特别低调、真诚、有爱心，在班里的威信极高。"李雪田老师告诉我，"她还有个显著特点，就是极有韧性。别看她是个女孩子，瘦瘦的、小小的，但她只要想做一件事，一定会竭尽全力去做。因为有她这个左膀右臂，我做了多年班主任，只有那两年最轻松。"

喜欢上生物

蕊雪的各门功课都很好，没有偏科现象。当然，她心里还是有所偏好的，其中最喜欢的是生物。

"就是喜欢呀。初中的时候老师讲生物，就觉得很亲切。"她回忆说，"一开始老师讲得比较宏观，什么大自然、动物、植物之类的，这些小时候都看过嘛，所以就觉得很亲切。后来讲人体结构、血液循环、各个器官、细胞什么的，就感觉好神奇，原来你自己是这样的。就这样一点一点越学越深、越来越喜欢。"

蕊雪喜欢生物的另一个原因，是生物课不用天天背书。

尽管嘴上不说，蕊雪其实不喜欢死记硬背。她本来也喜欢文科，尤其是历史，上课的时候感觉就像听故事。"但考试的时候就不是这样的，都考你某件

与父母、外婆合影　万蕊雪供图

事的历史意义、什么是直接导火索……让你写一大串。语文也是这样，要背什么主题思想之类。"蕊雪说，"虽然我也能很认真地去背，但心里还是不喜欢！"

就这样，高中分文理科时，她选了理科。

蕊雪还有个当科学家的梦。这与她的外公外婆不无关系。在她的记忆里，外公外婆的身体都不好，外公在她上小学的时候得了肝病，后来又查出有肺结核，过了不久就去世了。外公去世后，外婆的身体更差了，饱受糖尿病、心脏病的折磨。

从那时起，蕊雪就暗暗立下了志向：长大后当一名科学家，通过自己的研究治好外婆的病，也去帮助更多的人！

考大学时，经在广东工作的姑姑、姑父推荐，蕊雪报了中山大学海洋科学学院的海洋生物学专业，并如愿以偿。

逐　梦

被拒

上课、做实验、野外实习、解剖海豚……蕊雪的大学生活过得自由自在、丰富多彩。唯一让她感觉遗憾的是，因为自己胆子小、不擅长表达，面试多个学生社团都碰了壁。

"既然学生社团不要我，就自个儿好好学习吧！"蕊雪成了班上课业最好的学生，成绩一直是第一。

快乐的生活总是过得很快。2012 年夏，即将进入大学四年级的万蕊雪又面临新的人生选择。

由于学习成绩优异，她可以保荐外校的免试研究生。在具体的研究方向上，她有两个选择：海洋或者生物。想来想去，她觉得相比于野外调查，她更喜欢待在实验室做研究，她决定今后做跟生物医学相关的科学研究，没准儿自己能研究出一个什么东西，就把某类病都治好了。

大学期间的万蕊雪　万蕊雪供图

在推免研究生的报名资料中，她郑重写道：希望通过基础研究找到治病机理，为治愈类似癌症、糖尿病等重大疾病贡献一份力量，造福全人类。

蕊雪报名了多所学校，包括北京大学、清华大学、复旦大学、北京生命科学研究所。初选这一关她都过了，也参加了好几次面试，但结果让她很受打击。面对老师的提问，她表现得不是很自信，语言表达也不是很好，结果接连被拒了好几次。

施一公的电话

好强的万蕊雪并没有气馁。她总结经验，暗暗给自己打气。在参加清华大学的面试时，她表现得不错，顺利过关！

更让她高兴的是，清华大学有她崇拜的偶像——施一公老师。她知道施老师的实验室特别厉害，课题很前沿，科研做得很好，成果也很多。她尤其喜欢的是施老师实验室的研究方向——与许多重大疾病相关的蛋白质结构解析。这跟她自己的想法特别契合。

2012年年底，蕊雪就想联系施老师，看能不能先去他的实验室做毕业设计，之后留下来跟他读直博。

开始写邮件时，她又犹豫了：施老师的实验室是世界上顶尖的实验室之一，想去的人肯定非常多，自己会不会被拒？

"试一下吧，能去就去，去不了再想别的办法。"这样想着，她就抱着试试看的心态，给施老师发了封邮件。

一天、两天……一周过去了，她没有收到施老师的回信。

"是不是自己把施老师的邮箱写错了，还是他太忙没顾得上回信？"蕊雪还不死心，就给施一公发了第二封邮件。

"如果再过一个星期还没有回复的话，就不联系了。"发完邮件，她心里忐忑不安，不知道这次有没有结果。

她万万没想到的是，第二封邮件发出后，第三天就接到了施老师的电话！

最开始蕊雪还以为是诈骗电话。"嗯？怎么会有北京的号码，还是座机？"

2017 年 12 月博上论文答辩后与
施一公合影　万蕊雪供图

她完全没想到施老师会给她打电话，看了号码感觉很奇怪：这肯定不会是施老师的电话，他那么忙，最多就回个邮件吧。

"可能是诈骗电话！"她得出了这样的结论。

但电话一直在响。"就接一下看看吧。"蕊雪犹豫着接通了电话。

"你好，我是施一公。"

她心里"嗯？"了一下，没有接话。

"你是万蕊雪吗？"

"他能叫上我的名字，应该是真的了吧。"想到这里，蕊雪赶紧回答，"是是是。"

"我看到你的邮件了，你想来我的实验室？"

"对对对！"

"欢迎你来，先做毕业设计。"

"真的啊？"

"你什么时候可以来？"

"我随时都可以过去。"

"那你定一下时间吧。"施一公在电话里说，"现在快过年了，你看是现在来还是过完春节再来。不管什么时候来，你都跟我的管理员说一下。具体来了怎么安排，我们后续再联系，清华见！"

"哎呀，自己好幸运！"放下手机，蕊雪又蹦又跳，开心了好几天。

崇拜与担忧

2013年春节一过，蕊雪就赶到北京，到施一公的实验室做毕业设计。

"我不是在做梦吧？"由于之前从没想过能来这里，所以当站在干净、整洁的实验室里时，蕊雪居然产生了一种梦幻感。

望着眼前笑容可掬的施老师，她才确信自己不是在做梦。

像其他新来的同学一样，施一公安排蕊雪先跟师姐周丽君学习做实验。

"这个实验室好厉害呀，不愧是顶尖的实验室！"蕊雪一边跟师姐学习怎

么做实验，一边用心观察，越看越兴奋、越看越崇拜。从方案设计到实验步骤，从时间安排到前后衔接，她发现大家做什么都又快又好，既有效率又很严谨，特别佩服！

崇拜之情越发强烈，她心里也越来越担忧。毕竟施老师的实验室这么顶尖，想来的人太多了。况且，在她来之前，已经有很多位其他学校的学生在这里做毕业设计了，他们大四一开学就过来了。

"我能留下来读博士吗？虽然自己是中山大学的第一名，但其他同学的成绩也不差。跟他们相比，自己也不是特别优秀。"蕊雪越想越紧张，"万一到时候被赶走了，可怎么办？"

万蕊雪在清华大学生命科学学院　赵永新摄

"光紧张也没啥用，先好好跟师姐学学本事吧！"这样想着，她心里轻松了许多。

温暖的师姐

蕊雪真的是很幸运，她遇到了一位让人感觉很温暖的师姐。

刚到施一公实验室时，蕊雪感觉自己特别平庸，大学时的实验室和这里相比简直是天壤之别。周丽君就像个大姐姐，一点儿都不嫌这个小师妹"笨"。她不仅手把手教蕊雪怎么做实验，如何安排时间，在生活上也非常关心她。蕊雪清楚地记得，她到清华大学的第二天，周丽君就带着她去学校周围的超市买日用品；自己没有饭卡，师姐就带着她去食堂，用自己的饭卡给她买饭、打菜……

"周丽君师姐对于我来说是非常重要的人，真的特别感谢她。"蕊雪告诉我，在很长一段时间里，周丽君就是她努力的方向。"我在实验操作上模仿她，在时间安排上也模仿她。包括后来自己成了师姐，也像周丽君师姐那样尽心尽力地带师弟师妹。"

大概一年之后，周丽君前往美国，在哈佛大学做博士后。蕊雪一直和她保持联系。当实验中遇到难题做不下去的时候，她会通过微信向师姐诉苦。"每次聊完天我都很受鼓舞，感觉又恢复了活力。"

在周丽君的指导下，蕊雪进步非常快。短短几个月，她就养成了良好的逻辑思维能力，知道了如何有序安排实验，实验方法和技巧也日益娴熟。尽管很忙很累，但蕊雪不觉得苦，反而感觉很开心，每天都处在兴奋状态之中。

与师姐周丽君合影　万蕊雪供图

在这个过程中，她欣喜地发现，自己确实非常喜欢实验室的工作。无论是做实验，还是分析数据、阅读文献，她都觉得很享受。而且，她还很喜欢思考如何把实验做得又多又快、又好又全面。开组会时，她对实验设计、结果分析等提出的意见、建议，让施一公和实验室里的小伙伴们刮目相看。

2013年秋季开学后，蕊雪先到另外两个实验室轮转了半年，之后正式成为施一公的直博研究生，并赶上了结构生物学研究史上的一次重大机遇。

中心法则

所谓结构生物学，就是用晶体衍射、核磁共振波谱学、冷冻电镜技术等物理学方法，辅之以生物化学和分子生物学方法，从分子乃至原子分辨率的水平上揭示细胞内的蛋白质、核酸、多糖等生物大分子的三维结构，进而探究其功能和工作机理。

结构生物学有多重要？看看这几个例子就不难理解了：20世纪50年代，年轻的詹姆斯·沃森（James Waston）和弗朗西斯·克里克（Francis Compton Crick）提出了DNA（脱氧核糖核酸）双螺旋结构模型；60年代，英国卡文迪许实验室的马克斯·佩鲁茨

读博期间的万蕊雪　万蕊雪供图

（Max Perutz）和约翰·考肯德鲁（John Kendrew）用X射线晶体衍射技术获得球蛋白的结构；70年代，我国科学家获得了胰岛素的晶体结构，并成功合成了胰岛素。其中，前两项工作先后获得诺贝尔奖；后一项工作由于多种原因与诺贝尔奖失之交臂，至今仍被认为是中国科技界的一大憾事。

我国的结构生物学研究在20世纪70年代一度领先，后来跌入低谷，90年代以后又重新兴起。进入21世纪以来，随着颜宁、施一公等多位海归科学家相继加盟，清华大学的结构生物学很快异军突起，成为后来居上的世界劲旅。

施一公给蕊雪安排的课题就是解析剪接体的三维结构，进而研究RNA剪接过程的分子机理。

什么是剪接体？我这个文科男对此一窍不通，就请蕊雪"通俗地科普一下"。"那得多通俗啊？以前我也给爸妈讲过，但讲来讲去他们也不明白我在说什么。"蕊雪往下拉了拉口罩，"这个事儿确实挺复杂，我尽量讲得通俗一些。"

下面就是她的讲解：

大家都知道脱氧核糖核酸吧，也就是DNA。在生命科学界有一个著名的"中心法则"，说的就是存储在DNA里的遗传信息转化为具有各种结构、执行各种功能的蛋白质的过程。这个过程其实就是遗传信息的表达、传递过程，是生命体中最重要、最核心的活动。

真核生物，也就是有细胞核的生物，比如植物、动物、人类这些比细菌更高等一些的生物，其遗传信息传递的过程分为三步：第一步是转录，就是遗传信息从 DNA 传递到 pre-mRNA 前体信使核糖核酸（precursor messenger RNA）；第二步是 RNA 剪接；第三步是翻译，也就是剪接后的、成熟的 mRNA 指导合成蛋白质。这三个步骤，分别由 RNA 聚合酶、剪接体和核糖体来完成。

我们研究的 RNA 剪接，就是这三步里面中间的一步，也是最中心的一步。

什么是 RNA 剪接呢？在真核生物中，绝大多数的 pre-mRNA 还不能够被直接翻译成蛋白质，因为它们通常是由若干段长度不一、序列各异的片段组成的，其中一些片段不含有"有效信息"，也就是不能编码蛋白质，它们被称为内含子；内含子之外的其他片段，也就是含有"有效信息"的片段，叫作外显子。每一条 pre-mRNA，都是由长度和序列各异的内含子和外显子相互交错连接起来的。把 pre-mRNA 中的内含子剪裁掉、把外显子拼接在一起，形成成熟的 mRNA，这个过程就叫作"剪接"，英语叫 splicing。剪掉内含子、连接外显子，这样 RNA 就可以被翻译成各种蛋白质了。人的运动、思维、感知、睡眠等各种生理过程，就是各种不同的蛋白质活动的结果。

每一条 pre-mRNA 剪接，在时间和空间上都是非常精准的。剪掉多长、什么时候剪，按照什么顺序把外显子拼接起来，每一个步骤都可能改变细胞的命运。就是说，一步走错，基因的表达和传递就会出错。人类的一些疾病，比如视网膜色素变性、脊髓性肌肉萎缩症及一些癌症，就是因为 RNA 剪接出错或者剪接异常造成的。现有的研究发现，人类的遗传疾病中，大约有 35% 是由于剪接异常或剪接体突变造成的。

剪接体是催化 RNA 剪接的重要分子机器，组成它的组分超过 100 种，要想正确地去除一个内含子并连接外显子，这个大型的分子机器不仅需要首先在 pre-mRNA 上精准地找到需要剪接的位点，还要变换超过 10 个状态来完成这一过程，其高度的动态和复杂性是难以想象的，所以解析剪接体的结构也被称为结构生物学"皇冠上的明珠"。

终极挑战

解析剪接体的三维结构绝非易事。蕊雪告诉我，早在 1977 年，科学家就发现了 RNA 剪接现象。此后 40 多年的时间里，科学家们一直试图用各种不同的方法搞清楚剪接体的结构、揭示剪接这个过程是怎么发生的。

完成 RNA 剪接过程的超人大分子机器，就是剪接体，英文叫 spliceosome，是 1985 年被发现的。剪接体由几十到几百种蛋白质和 5 条 RNA 动态组合而成，教科书中称它是"细胞里最复杂的超大分子复合物"。

前面说过，"中心法则"在真核生物里面有三步，每一步都由大分子复合物来催化完成：第一步转录，从 DNA 到 pre-mRNA，由 RNA 聚合酶完成，这一步科学家在 2006 年之前就基本搞清楚了；第三步从成熟的 mRNA 翻译成蛋白质，由核糖体负责，差不多也在同时搞清楚了。但最中间这一步，也就是 RNA 剪接，全世界的科学家搞了几十年都没有攻克。

2014 年，是德国科学家（马克斯·冯·劳厄 Max von Laue）因发现晶体如何衍射 X 射线获得诺贝尔物理学奖 100 周年，《自然》杂志为此专门出了一个纪念特刊。在这本特刊里，国际上多位知名科学家撰写文章，回顾了晶体学 100 年来的研究进展，并把剪接体和核孔复合物的三维结构解析称为结构生物学最亟待解决的终极挑战。

一鸣惊人

恐怕连蕊雪自己都没有想到：一年多以后，也就是 2015 年，她就尝到了成功的喜悦。

北京时间 2015 年 8 月 21 日凌晨，《科学》杂志在线发表了施一公实验室两篇具有里程碑意义的论文：《3.6 埃的酵母剪接体结构》和《pre-mRNA 剪接的结构基础》。前者报道了通过单颗粒冷冻电子显微镜（冷冻电镜）方法解析的酵母细胞剪接体近原子水平分辨率的三维结构，后者则在结构解析的基础上阐述了剪接体对 pre-mRNA 执行剪接的基本工作机理。

实验中的万蕊雪　万蕊雪供图

这两篇文章把分子生物学"中心法则"的分子机理研究向前推进了一大步，不仅被施一公本人视为他"25年科研生涯中最为重要的科学贡献"，也被多位国际同行誉为"诺奖级的成果"。

国际同行这样评价，并非溢美之词。有例为证：1977年发现剪接现象的两位美国科学家菲利普·艾伦·夏普（Phillip Allen Sharp）和理查德·罗伯茨（Richard Roberts），在1993年获得了诺贝尔生理学或医学奖；解析RNA聚合酶的罗杰·D.科恩伯格（Roger David Kornberg）、解析核糖体结构的科学家文卡特拉曼·拉马克里希南（Venkatrman Ramakrishnan）、托马斯·施泰茨（Thomas Steitz）和阿达·约纳特（Ada Yonath），分别获得了2006年、2009年的诺贝尔化学奖。

跟施一公读博还不到两年的蕊雪，在这项具有里程碑意义的原创研究中作出了独特的贡献，成为两篇文章的共同第一作者。

两种路线

国内有种说法：施一公实验室之所以能在这场竞争异常激烈的国际角逐中

拔得头筹，是因为当时只有清华大学拥有冷冻电镜技术平台。

"有了冷冻电镜也不一定能做出来啊。"对这种说法，蕊雪不太认同，"国外有冷冻电镜的科研机构有好几家，有的比我们使用得还早，但没有我们做得好。我们做得好，也是有原因的。"

"当然，施一公老师眼光很超前，在 2008 年回国前就开始关注冷冻电镜技术。"蕊雪说，"如果是在冷冻电镜技术成熟的时候才开始关注，肯定就落后了。"

对于剪接体研究，施一公也是"蓄谋已久"。2008 年回国后，他就带领学生开始摸索了。但是，由于受技术方法的限制，这项工作一直没有取得大的突破。

当时实验室用的是传统方法——X 射线晶体衍射。顾名思义，用这种方法解析剪接体的结构，必须首先把剪接体结晶。而结晶有两个必要条件：一个是结晶的对象要足够多，一个是它的构象要比较稳定。但剪接体在细胞里的丰度（含量）非常低，同时又特别不稳定，所以很难结晶。

2014 年年底，当得知冷冻电镜在技术上有了很大的飞跃后，施一公马上告诉蕊雪等学生改用冷冻电镜技术解析剪接体的结构。冷冻电镜技术虽然不需要结晶，但必须拿到好的剪接体样品。只有样品足够好，才更容易在冷冻电镜下看清楚剪接体的样子；如果样品本身质量不行，就算冷冻电镜技术再好，也是英雄无用武之地。

当时，施一公确定了两条获取剪接体样品的技术路线：一条路线是在酵母菌的体外纯化蛋白，之后再组装成剪接体，这个方法比较保守，但成功率相对较高；另一条路线是内源提取，就是直接从酵母菌中获得样品，这个技术他们实验室从来没有人做过，不知道能不能成功。一位师姐选了第一个办法，最后没有做出来；蕊雪尝试着用第二种方法，成功了。

搞、搞、搞

蕊雪为何能成功？

她的导师施一公给出的答案是：好强。

施一公告诉我，蕊雪虽然平时话不多，但内心特别好强，有强烈的求胜欲望。在日常实验中，每件事她都全力以赴，追求效率、追求完美。"你交给蕊雪办的事情，她如果做不出来的话，我感觉其他人很可能也做不出来。"

蕊雪刚接到任务时也有点蒙：自己之前学的、做的都是重组表达、纯化、结晶，对于内源提取一无所知。在阅读文献后，她发现内源提取的第一步是改造酵母的基因组，给特定的蛋白插入亲和标签。然而这个工作该怎么做？她向实验室的师兄、师姐问了一圈，得到的答复都是"不知道"。

"这可怎么办呢？"她思来想去，想到了自己在戚继军实验室轮转时带她的师兄方晓峰。方师兄人非常好，蕊雪在实验操作上遇到问题时经常向他请教。

"说不定方师兄有办法。"于是，她就去找方晓峰求助。

"我也不懂。"师兄告诉她，"不过，我知道北京生命科学研究所的杜立林老师实验室在用裂殖酵母做实验，你可以去问问。"

"不管成不成，总得要试试。"蕊雪就按照师兄提供的联系方式，给杜立林实验室的学生张家民发了封邮件。

"我们实验室有这个体系，我们的实验目的和你们的不一样，你可以用我们这个体系试试。"张家民回复说。

蕊雪就像捡到宝似的，从清华大学赶到位于北京市昌平区的北京生命科学研究所，去向张家民求教。张家民很热情，给了蕊雪一大堆文献资料："你试试看，有不明白的地方再来问我。"

回到实验室后，蕊雪先埋头研究文献，感觉研究得差不多了，再开始照着文献里说的方法尝试。结果，不是这里出错就是那里出错，她搞了半天也没搞出个结果。

蕊雪不死心，又去向张家民请教。

"就这样来来回回，搞、搞、搞，折腾了一个多月，终于迈出了第一步，拿到了一个基因组里带着标签的酵母菌株，后面养酵母菌、纯化就是我的老本行了。最后，我终于拿到样品了，而且是做了一次就拿到了。"蕊雪开心地笑了。

听完这段故事，我由衷地赞叹："你刚到施老师实验室不久就敢挑战这么难的问题，真是勇气可嘉。"

"与其说是勇气，不如说是平常心吧。"蕊雪说，"我做这个课题的时候，根本没去想它重要不重要，也没有考虑难不难、风险大不大。我就是觉得这是老师交给我负责的第一个课题，一门心思要把它做出来。"

步步惊心

2015年拿到第一个剪接体的高分辨率三维结构后，施一公就让蕊雪当酵母剪接体课题组组长。蕊雪带着白蕊等几位师弟、师妹继续研究，先后完成了对剪接体8个完全组装的工作状态的高分辨率结构解析，基本搞清了RNA剪接的整个过程和工作机理。

许多人可能不知道，当时全世界在做剪接体结构解析的，并非只有施一公一个团队，还有德国马普生物物理化学研究所的Reinhard Lührmann实验室、英国剑桥大学MRC分子生物学实验室的Kiyoshi Nagai实验室等多个科研团队。这几个实验室的实力都非常强，其中剑桥大学分子生物学中心还是结构生物学的发源地，著名的双螺旋结构就是20世纪50年代在这里被发现的。

2015年施一公实验室率先取得突破之后，国外的这几家顶尖实验室立刻加快了节奏，都想在后续研究中努力赶超。令人称奇的是，在这场你追我赶、竞争近乎白热化的国际赛跑中，蕊雪负责的课题组总是第一个撞线：

2016年1月，蕊雪课题组发布了一个剪接体中预组装复合物的近原子分辨率三维结构。一个月后，剑桥大学Kiyoshi Nagai实验室也发表了同样状态、同分辨率水平的结构。

2016年7月，蕊雪课题组率先报道了两个状态近原子分辨率的剪接体结构。Kiyoshi Nagai实验室和Reinhard Lührmann实验室在一个月后也分别发表了这两个状态的结构。

2016年12月底，蕊雪课题组在《科学》上发表了又一个新的工作状态的剪接体结构。2017年1月，英国和德国的两家实验室在同一期的《自然》上

2018 年，万蕊雪在斯德哥尔
摩领取 Science & SciLifeLab
青年科学家奖

万蕊雪供图

发表了类似的结果。

"还有一次更加凑巧。"蕊雪告诉我，2017 年 12 月，施一公实验室和 Kiyoshi Nagai 实验室、美国科罗拉多大学安楚医学校区的 Rui Zhao 实验室，同一天在线发表了同一个状态的剪接体结构。

在国际科学界，大家特别推崇"原创""首创"，甚至有"科学只有第一、没有第二"的说法。因此，做同一个课题的科研人员，都想抢在竞争对手之前做出成果、发表论文。

"论文发表的时间先后当然很重要，但不应该把所有关注点都放在这上面。"在蕊雪看来，研究结果所能说明的问题、揭示的奥秘，才是最有意思的。

领先的背后

"你们为什么能又高产又领先？"

"可能是我们运气比较好吧。"蕊雪嘿嘿一笑。

"当然也不是全凭运气。"她停了停，补充说，"注重实验方法、效率高是最主要的。除此之外，我们也是挺拼的。"

2015—2017 年，课题组的工作状态可以用八个字形容——夜以继日、争分夺秒。实验紧张的时候，蕊雪经常带着几个师妹、师弟起早贪黑地研究；到了课题的攻关阶段，熬通宵也是有的。

刚开始用冷冻电镜的那几年尤其辛苦。当时还没有数据自动收集技术，她们必须轮流坐在显微镜前，一张一张手动去找位置、对焦、拍照。一个项目收集一组数据，需要拍摄几百上千张照片。为保证数据质量和收集效率，课题组实行 24 小时轮班制，蕊雪和另外两位同学轮流坐在电镜操作台和计算机前，每半分钟记录一次数据，平均每人每天要做 960 次记录。她主动承担了半夜的工作，一坐就是 3 个小时，只能利用电镜相机校准的几分钟时间上厕所或者喝口水。

做研究的过程中，难免会遇到意想不到的问题和迷茫时刻，有时候试了很多方法也得不到想要的结果，研究因此陷入停滞，不知道下一步该往哪里

接受采访时的万蕊雪　赵永新摄

走。在这种时候，父母的开导、与师妹白蕊的互相鼓励，总能让蕊雪及时恢复元气。

跟父母通电话的时候，郁闷的蕊雪就忍不住吐槽、发脾气。这个时候，父母总是耐心地开导她：你想想当初自己为什么要到施老师实验室，当时知道自己能去施老师实验室的时候你多高兴呀，你不是挺喜欢做研究的吗，难道因为碰到问题就不喜欢了吗？经父母这么一提醒，蕊雪的心情好了许多，又充满激情地投入研究。

蕊雪与师妹白蕊在剪接体课题中合作多年，是默契的伙伴。每当实验结果出来，她们总是坐在一起仔细分析。在未知的世界里探索，课题进展不顺、实验结果不符合预期是常常发生的事情。这个时候，她们总会更加认真地总结、讨论；这样的讨论，总会让她们及时发现问题，更加谨慎地计划下一次实验。

人间烟火

然而，科研并非蕊雪生活的全部。工作之外，蕊雪有自己的爱好，生活过得非常充实。

跑步

蕊雪的爱好之一是跑步。一开始的时候，由于身体有点儿胖，蕊雪并不喜欢跑步。2018年春，为保持减肥效果，防止反弹，在导师施一公和师姐、师兄们的感召下，她开始练习长跑。

刚开始跑时，蕊雪也不知道什么叫配速，就跟在别人后面瞎跑。头几天也觉得挺费劲，在操场上跑3圈就跑不动了，而且跑完以后感觉很困。好强的蕊雪并没有就此放弃。从3圈到4圈，再到5圈、6圈、10圈……一个星期之后，她跑完10圈还能冲刺一下，而且状态也不错。

"跟我们跑一次天安门？"一天，小伙伴们向她发出邀请。

"到天安门要多远呀？"当时她已经能一次跑5公里，但对自己能不能跑到天安门，心里没底。

"不远，也就15公里。"

"这么远啊，我怎么可能跑下来？"

小伙伴们鼓励她："试一试、试一试，平常你早上也跑得挺多的嘛。"

"那就试试吧。"蕊雪跟小伙伴们从学校出发，居然一气跑到了天安门。

"15公里，也不难嘛！"望着眼前的天安门城楼，蕊雪特别有成就感。

之后，她越跑越多，越跑越快，并逐渐掌握了长跑技巧。一年之后，蕊雪就由最初的"小白"，能5分钟配速跑半马了。

29岁生日的时候，她决定挑战一下自己，居然跑了29公里。"跑29公里和跑半马还是有本质区别的，最后那8公里快把我累死了！"她笑着说，"真的超级累，感觉腿都木了，最后就是两条腿很机械、很机械地往前迈。"

万蕊雪在清华大学实验室　赵永新摄

万蕊雪在清华大学实验室　赵永新摄

　　不过，跑完之后她对自己很满意。如果速度再降一降，跑全马也应该没问题。

　　"长跑跟科研还蛮像的。"在跑步的过程中，蕊雪不仅锻炼了身体，还跑出了心得：跑步有很枯燥的时候，也有很激动的时候，有很难坚持的时候，也有马上要到终点的时候……起起伏伏的，跟做科研很像。

"最像的地方就是需要坚持。"她说，做科研也有感觉"做不下去"的时候，但是你再坚持坚持，过一阵可能就有变化，有那种峰回路转的感觉，马上就可以看到终点，然后又可以冲刺一阵。

她觉得做科研，一定要有一股劲儿、一个信念。只要一直坚持，用心去做，肯定会越做越进步。

看电视剧、电影

蕊雪现在保留的另一个爱好，是看电视剧、电影。她喜欢看的电视剧类型很多，但更偏向于故事性强、画面舒适的，比如《琅琊榜》《隐秘的角落》等。

"特别是最近播放的《觉醒年代》，简直太好了！"蕊雪忍不住手舞足蹈，"这个剧故事讲得好，演员演得好，配的音乐也好，真是什么都好！中学历史课本上学过的陈独秀、李大钊、蔡元培、鲁迅……一个个人物生动形象地复活了！在那个国难当头、民不聊生的年代，这些人挺身而出、探索救国救民的道路，是那么勇敢、那么坚强、那么不怕困难！"

"跟他们当时的条件、付出的牺牲相比，我们这一代年轻人遇到的困难算什么啊！"说到这里，蕊雪脸上泛起一丝红晕，"再想想自己碰到困难时的小情绪，都不好意思！"

她不仅自己看，还热情地推荐给自己的师弟、师妹看。

关于电影，她对那种"大片"没什么执念，而是比较喜欢剧情不落俗套，既在意料之外又在情理之中的影片。那种一看就知道结果的，她觉得特别没意思。

蕊雪印象比较深的电影是《绿皮书》。因为觉得特别好看，除了去电影院看，她还在手机上看，前后看了3遍。"那两个人，白人司机和黑人钢琴家，从不认识到后面保持特别好的友谊，看完了令我感觉很震撼、很神奇。"

以下是我和她关于这部电影的对话——

我：你怎么看那个黑人钢琴家？

万：我就觉得，他有点可怜。他是一个天才，但遭到了很多不公平的对待。

我记得他说他特别寂寞、孤独。他在音乐上很有天赋，但进了这个圈子以后却因为是黑人而被孤立。

在这样一种状况下，白人司机却和他产生了很好的友谊。虽然一开始白人司机还感觉挺不爽的，但后来就是真心实意去关心那个黑人。

另外，这个电影拍得也很好。

我：好在哪里呢？

万：就是讲故事的手法很好，中间还设置了一些有意思的片段，很搞笑，但又很真实。比如刚开始那个黑人钢琴家帮白人司机写情书，特别好玩。在影片的最后，钢琴家去参加白人司机家的圣诞聚会，司机的妻子悄悄跟他说：我知道你帮他写了很多信。

真是挺好玩的。

关于婚姻

说到这里，我顺便和她聊起婚姻的话题。

"你的同龄人都忙着买房、结婚，你怎么看？"

"没太在意这些。我父母没有催过婚，也没有给我施加太大的压力。反正他们也不太跟我说这些，我自己也没太在意。

我觉得我还有好多课题上的事情想做，没有把结婚这件事当成很特别的一件事。我觉得我的科研事业，特别是我能做我小时候梦想的工作，比结婚、买房这些要重要很多、有意思很多。"

"你也快 30 岁了。"

"我觉得随缘吧，也没有觉得特别紧张、焦虑，比如一定要买房、买车、结婚，就感觉不是特别着急这些事。而且我心态上还觉得自己挺小的，也不一定非要在什么时候做什么事情。我觉得父母肯定扛住了很多压力。我的同学，结婚的结婚，生娃的生娃，在大街上碰到互相寒暄的时候，大家肯定都会问一下。但他们更多的就是希望我开心，只要我觉得好，他们也觉得好。"

万蕊雪在北京时的"宝马"　赵永新摄

"那你父母真不简单，"我不由地慨叹，"男生到了29岁、30岁，大家觉得还不算大，女生就不太一样。"

"我不知道。反正我就是不想把我人生的重心放在寻找这么一个人，或者是某些这样的目标上面，我觉得我还有好多更重要的事情要做。"

新的开始

博士后做研究期间，蕊雪先后以共同第一作者的身份，在《科学》《细胞》杂志上各发表了一篇文章。这两篇文章解析了剪接体循环中最后 3 个状态的高分辨率结构。至此，在施一公的指导下，她和团队拿到了整个 RNA 剪接过程的所有结构，在国际科研竞赛中完胜。

2020 年 4 月，蕊雪加入西湖大学，被聘为"西湖学者"。这意味着她将拥有自己的实验室，开始完全独立的科研生涯。她告诉我，自己将以剪接体及 RNA 剪接机理研究为切入点，继续深化相关研究，在重要大分子机器的分子机理研究中继续探索。

"你小时候就有个科学家的梦，想通过自己的研究为患者解除病痛，现在过去这么多年了，你还是这么想吗？"我笑着问她。

"对啊。我现在还是觉得，科学研究依然是治疗疾病的根本途径。"她说，"当然，无论是科学探索还是治疗疾病，远不是之前自己想的那么简单，个人的努力真的只是很小的一部分。所以，有的时候会产生一种无力感，就是觉得自己好渺小。"

"但是，反过来再想想又觉得，世界上也不是只有我一个人在做这方面的研究，还有很多很多人在做的。"蕊雪一手支颐，眼睛看着远方，"每个人做一点，可能慢慢地就把这个事儿给做成了。"

大胆前行，善良、纯真、勇敢的好姑娘！你的前方，是更美丽、更广阔的星辰大海！

2020 年 5 月至 2021 年 6 月采写

2022 年 4 月 28 日定稿

付巧妹

过有意思的生活

付巧妹：1983 年 12 月生于江西，中国科学院古脊椎动物与古人类研究所古 DNA 实验室主任、博士生导师。主要从事东亚古人类遗传学研究，荣获美国霍华德·休斯医学研究所国际青年科学家奖、腾讯科学探索奖等。

这个付巧妹，就是 2022 年诺贝尔生理或医学奖得主斯万特·帕博的高徒。在 2020 年 9 月 11 日召开的科学家座谈会上，她作为年龄最小的代表发言时，除了介绍自己的研究工作，还坦陈了自己的烦恼：由于做的是冷门研究，不仅经常被人问"你的研究有什么用"，而且"总体经费难免青黄不接，过几年就要花很大精力找经费"，以至自己内心曾经纠结，要不要转向热门研究。

面对那么多大领导，她直言不讳：希望国家进一步引导采用不以"有没有用"作为评价标准，大力发展基础研究……

我第一次知道付巧妹，是在 2016 年 6 月。当时，她入选国际知名学术期刊《自然》杂志评选的"中国十大科学之星"，理由是：帮助重写了欧洲最早的现代人类的历史，并希望用古人类遗骸的 DNA 改写亚洲的史前史。

"都什么年代了，还有人叫这么古朴的名字。"这是我第一次听说她时的第一反应。

此后几年，有关她的新闻不断进入我的视野：

2016 年年底，她领衔完成的一项研究成果入选"2016 年度中国古生物学十大进展"。

2017 年 5 月，她与刘颖等 7 名中国青年科学家一起，入选第二届美国霍华德·休斯医学研究所（英文简称 HHMI）"国际青年科学家奖"。这个奖在中国的知名度不太高，但其含金量却不低。第一届入选的 7 名中国科学家中，还有颜宁、邵峰、张宏、王晓晨等青年学术明星。

2018 年 1 月初，由中央电视台、中国科学院联合发起的"2017 年度科技盛典"颁奖典礼在北京举行，付巧妹入围"十大科技创新人物"；2019 年 10 月，她入选专门支持青年科学家的首届腾讯"科学探索奖"；同年 11 月，她入选竞争异常激烈的国家杰出青年科学基金项目资助者名单，也就是说，她入选为众多科学"青椒"向往不已的"杰青"。

"看来这个'80 后'还真不简单！"看到最后这则消息，我萌生了采访付巧妹的想法。

之前曾采访过她的同事告诉我，付巧妹非常忙，不太愿意和媒体记者打交道，当时就给了她半小时时间。

为避免吃闭门羹，我请付巧妹单位的老领导——中科院古脊椎动物与古人类研究所前任所长、中科院院士周忠和先生从中斡旋。

谢天谢地，付巧妹没有"婉拒"。此后的几个月里，我见缝插针、登门拜访，先后和她聊了几次。

付巧妹是典型的江西妹子，身材纤巧，长发披肩，酒窝带笑，语调温柔，散发着南方女孩的清纯、灵秀；脚上那双又厚又硬的运动鞋和手里捧的超大号塑料水杯，透露出同龄女性少有的爽利、大气。

付巧妹做的科研工作，是用古DNA技术揭示现代人类特别是东亚人的演化谜团，古老、神秘而又现代；作为三个孩子的母亲，她在工作与家庭、研究与休闲之间的平衡术，令人佩服；而她一波三折、步步惊心的求学经历，更让人感佩。

科学研究

一战成名

作为科学界公认的权威学术期刊，《自然》杂志每年都会评选当年的"年度十大科学事件"。在该杂志评选的"2014年度十大科学事件"中，付巧妹领衔的关于"古DNA解密现代人起源"的研究榜上有名，并被视为"有理由庆贺"的学术成果之一。

之所以"有理由庆贺"，是因为2014年全球科技命途多舛，表现令人沮丧。正如《自然》杂志总结的那样，科学研究从胜利高峰坠落到令人失望的谷底，甚至是悲剧的深渊有多快：干细胞和宇宙研究面临信任危机，商业航天工业遭遇重大挫折。该杂志认为，在这样的惨淡之中，"有理由庆贺"的科研成果是：人类宇宙探测器首次在彗星成功着陆，追踪现代人类起源的研究，以及联合推动深入了解大脑奥秘的举措。

迄今为止，中国入选《自然》杂志"年度十大科学事件"的科研成果屈指可数。付巧妹获得这一殊荣时，刚到而立之年，而她牵头开展这项研究时，还不满 29 岁。

2013 年 2 月，付巧妹顺利取得德国马克斯·普朗克进化人类学研究所（以下简称"马普进化人类学研究所"）的生物学博士学位。刚做博士不久，她就被导师斯万特·帕博（Svante Pääbo）委任为负责人，牵头攻关一个充满挑战的重点课题——研究一根 4.5 万年前的西伯利亚人类股骨。通常，如此重要的项目只会让年资很深的实验室主任主持。

这根被命名为"Ust'-Ishim"的人类股骨，是科学价值难以估量的奇珍异宝。不知道它在西伯利亚河的岸边沉睡了多久，后来它被一个寻找象牙的艺术家偶然发现之后，就一直被当作艺术品收藏。后经科学家测定，这是一根生活在距今大约 4.5 万年前的早期现代人的股骨，这根股骨的主人是在非洲和中亚之外所发现的最早有直接测年的早期现代人。

在德国求学期间与导师、同学在尼安德特人骨架模型前合影　付巧妹供图

在平常人眼里，这不过是一根平淡无奇、毫无用处的朽骨，但在充满好奇心的付巧妹看来，这可是求之不得的宝贝，一定隐藏着许多不为人知的秘密！

"有意思！"付巧妹两眼放光，全身的细胞都为之激动。

兴奋之后是冷静。在此之前，付巧妹主要关注已经灭绝的古人类，而现在要研究第一个全基因组的早期现代人，其思路和方法都大不相同。初生牛犊不怕虎，付巧妹首先通过估算划定所需的数据，提出要研究的关键问题，制定相应的解决方法；然后，她带领大家一步步深入挖掘……经过十几个月的不懈努力，团队终于得到了这个个体的线粒体、Y 染色体及核 DNA，并在现代人研究领域的两大关键问题上取得了重要突破。

一是关于现代人的迁徙路径。在此之前，国际学术界比较一致的结论是，现代人祖先走出非洲的线路可能只有一条，即所谓的南线迁徙——他们离开非洲后，先抵达大洋洲的南部，然后进入亚洲和欧洲。而付巧妹通过综合分析后，得出了这样的结论：与非洲人相比，该现代人祖先更加接近亚欧大陆的群体，但既不具备某一亚洲、古欧洲和古北亚群体的特征，又不具备安达曼尼科巴群岛昂格人的特征，而安达曼尼科巴群岛昂格人与大洋洲人的遗传特征接近。这说明，现代人祖先走出非洲的路线并非只有单一的南线，而是存在多种路线的可能，实际情况远比人们想象的复杂。

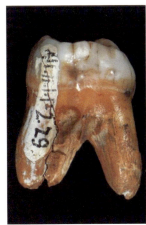

丹尼索瓦人白齿
图和指骨示意图
付巧妹供图

二是现代人祖先与古人类基因交流的时间。付巧妹在研究中发现，这块股骨中的遗传物质存在与尼安德特人的基因交流，时间大概在距今6万年到5万年。而在此之前，科学家推测，现代人祖先与尼安德特人的基因交流发生在距今8.6万年至3.7万年间。付巧妹的研究将这一时间范围缩小了2万年至3万年。

此外，她还发现，该个体与丹尼索瓦人（又称丹尼索沃人）没有基因交流。2008年科学家在西伯利亚南部阿尔泰山脉的丹尼索瓦洞发现了一块指骨，故称其为丹尼索瓦人。指骨的主人是一名5~7岁的小女孩，学术界称之为"X女孩"。2010年，科学家通过古DNA分析，证明了丹尼索瓦人的存在（付巧妹也参与其中）。现有研究表明，丹尼索瓦人生活在几万年前，与尼安德特人是表亲，对现代人中大洋洲人（尤其是美拉尼西亚人）及东亚人群有基因贡献。

这项工作在国际学术界引发极大关注，付巧妹也因此一战成名。

年轻的掌门

2014年2月，在马普进化人类学研究所演化遗传系做完博士后研究，付巧妹又转到美国哈佛大学医学院，研究人类遗传学。

2015年年底，她从美国哈佛大学医学院回国，成为中科院古脊椎动物与古人类研究所新成立的古DNA实验室主任。当时，她刚刚32岁，是该研究所最年轻的实验室掌门之一。

其实，这个古DNA实验室的成立可谓"蓄谋已久"。付巧妹在国外留学时，就利用回国探亲的机会，帮忙筹划这个实验室。说起回国的原因，她觉得非常简单，自己就没想待在国外。

已在利用古DNA技术研究欧洲古人类与早期现代人演化方面颇有建树的付巧妹，开始把研究的视野转向亚洲。在这个领域，亚洲人特别是东亚人的研究几乎还是一片空白。这位年轻的掌门雄心勃勃，希望在东亚的土地上，还原亚洲人特别是东亚人的演化历史，进而填补人类演化史上的学术空白。

什么是古DNA技术？付巧妹解释说，在这一技术出现之前，人类演化研究的方法主要有两种：一是体质人类学方法，即运用CT扫描技术、3D激光

付巧妹在美国做博士后时留影　付巧妹供图

扫描技术、几何形态测量技术等高科技手段，对古代人类头骨、牙齿等进行信息采集与分析，研究人类群体的体质特征和形态结构的演变与发展；二是利用现代人的 DNA 反推古代人类的演化。

"这两种方法都有一定的局限性。"她指出，第一种方法的观察测量对人骨样本的完整性要求很高，且停留在形态学层面；第二种方法，由于在人类演化的过程中，许多群体消失了，他们的 DNA 没能遗传延续下来，因此用有现代人的 DNA 信息就无法捕捉消失的群体的信息。

20 世纪 80 年代，古 DNA 技术在国外应运而生。所谓古 DNA 技术，就是通过现代分子生物学的手段，提取和分析保存在古代人类和动植物遗骸中的古 DNA 分子，用来研究人类起源与迁徙路线、人类遗骸的性别鉴定等内容。该技术解决了许多传统手段无法解决的科学问题，被誉为打开古代生命奥秘的钥匙。

得益于新一代基因测序和大数据分析等技术的快速发展，古 DNA 技术从 20 世纪 90 年代开始大放异彩。它不仅能分析个体的 DNA 信息，还可以研究

付巧妹在做实验　付巧妹供图

全球许多群体的演化；除了能研究年代更为久远的古人类，也可以研究十几万年以来的现代人的演化。

不过在国内，用古 DNA 技术研究人类演化还是名副其实的新兴学科，许多人闻所未闻。此外，它也是名副其实的交叉学科，离不开考古、生物信息、群体遗传、数据挖掘等多方面技术的协同。既新且杂，无疑为搭建实验室、开展研究增添了许多困难。国内高校没有这个本科专业，招的研究生都要从零开始，由于涉及的学科多，各方人手既要分工明确又要相互合作。此外，除了经常与国内考古学、人类学、医学等领域的团队打交道，古 DNA 实验室还与马普进化人类学研究所、哈佛大学医学院等国际团队保持密切联系。对于年轻的付巧妹来说，这不能不说是一个巨大的挑战。

中国"梦之队"

付巧妹最不怕的就是挑战。回国以后，她一边组建团队、培养学生，一边潜心耕耘、开疆拓土。从 2016 年开始，她带领的团队几乎每年都会在《自然》《科学》《美国院士学报》《当代生物学》等国际知名学术期刊上发表重要文章，不断刷新人们对自身历史的认知，研究的触角也从人类延伸到狗、大熊猫等动物身上。

2016 年，付巧妹团队与马普进化人类学研究所合作，首次将亚洲人群纳入人类起源和演化历史的研究版图。他们通过有效提取短 DNA 片段技术和大量 DNA 实验，分析研究了 51 个末次冰期距今 7 万年至 4.5 万年欧亚人类个体的基因组数据，翔实绘制出冰河时代欧亚人群的遗传谱图。在《自然》杂志发表的这一成果，因"首次在时空大框架下展示出旧石器时代晚期的人群动态遗传历史"，被评为"2016 年度中国古生物学十大进展"之一。

2017 年，研究团队对田园洞人个体进行 DNA 测序，完成了中国地区乃至整个东亚最古老人类的第一个全基因组测序。研究结果表明，田园洞人属古东亚人，且与比利时的一种西欧亚古人类存在遗传联系，为东亚史前人群的多样性研究提供了线索。该研究成果在《当代生物学》发表，《科学新闻》认为该基因组填补了东亚在地理和时间尺度上的空白。

2018 年，付巧妹团队从 2.2 万年前的大熊猫化石中提取、捕获了一个完整的线粒体，并对其基因组进行了测序。这是迄今为止进行基因组测序的最古老的大熊猫，为科学家准确还原大熊猫的进化历史提供了重要的科学依据。

2020 年 1 月，他们与中科院昆明动物研究所等国内机构合作，获得了中国古代家犬的线粒体全基因组。进一步的研究显示，这种 A2 单倍型家犬可能曾广泛分布于长江、黄河流域并占据主导地位，后期扩散到中国南方、

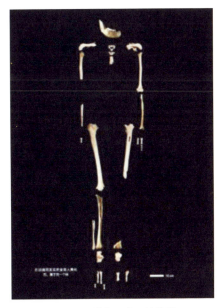

田园洞人骨架　付巧妹供图

东南亚、新几内亚、澳大利亚及太平洋的岛屿上。

同年 3 月，付巧妹团队通过大规模提取、分析新石器时代以来 67 例青藏高原不同海拔区域人群的线粒体基因组，发现 5200 年前青藏高原人群和现今西藏人群之间有较近的母系遗传联系，并揭示出青铜器时代自低海拔至高海拔区域的人群流动。

同年 5 月，付巧妹团队在《科学》发表论文，首次正式发表东亚，尤其是中国南、北方人群规模性、系统性的史前基因组研究。该工作证明了中国史前人群的南北分化格局、内部融合过程、迁徙扩散模式及人群的主体连续性，并展示了南岛语系人群的中国南方起源及迁徙流动在亚洲沿海人群史前史中所起的重要作用。

这项历时 8 年之久的工作，填补了东方尤其是中国史前人类遗传、演化、适应方面的重要信息，为解答中国人"我是谁？""我从哪里来？"等问题提供了有趣的答案。诸如，早在 9500 年前，我国的南、北方人群就已经分化；至少在 8000 年前，南北人群融合与文化交流的进程就已开始，4800 年前出现强化趋势；最早的南岛语系人群源于与我国南方的福建及其毗邻地区的相关人群，并且这一时间可以明确追溯到 8400 年前……

因此，审稿专家对这项研究给予高度评价：研究提供了非常珍贵的基因组数据，其代表的时间和区域，是前所未有而又必不可少的。

2020 年 5 月 14 日，在中科院和国家文物局联合举行的重大科学发现与研究成果发布会上，时任中科院院长白春礼专门发来贺信：这项成果对于"探索中国史前人群的迁徙历史、遗传格局及内部融合过程，对于明确现今主要生活在中国台湾及太平洋岛屿等地的南岛语系人群的祖先来源，具有重大的科学价值和社会意义"。

至此，以东亚人演化为主干、伴生动物演化为旁支的亚洲遗传图谱变得逐渐清晰。在全球人类的演化拼图上，亚洲特别是东亚板块日益鲜亮。

这支成立 4 年多的团队，平均年龄仅 33 岁左右，堪称人类演化研究国际赛道上后来居上的中国"梦之队"。在现代人起源与演化研究领域，中国也因为这支快速崛起的"梦之队"，从跟跑者、并行者，大步跨入领跑者的方阵。

田园洞人生活场景想象图
付巧妹供图

年轻的"梦之队" 付巧妹供图

我是不是搞错了?

对于付巧妹团队在研究上的高产出,有些人很不理解:你们怎么每年都有成果?言外之意就是,是不是你们的研究特别容易,一下子就能搞定?付巧妹心里清楚,他们的研究并不容易。每个项目都面临很多挑战、很多阻力、很多障碍,每个成果都需要多年的准备、酝酿,需要大量、烦琐、反复的实验和数据分析、验证过程,有的项目做了五六年还没有完成。

有些不了解这个领域的人甚至认为,古 DNA 有什么难的,只要拿到一个材料,去测定一下它的基因序列,就是一个大成果。但事实完全不是这么回事。

一方面,用古 DNA 技术研究人类演化固然有其天然优势,但也有明显的劣势。历经几千年、几万年、十几万年甚至几十万年的沧海桑田,保存至今的人类化石既少且小:有时候是一块指头肚大小的牙齿,有时候是只有几厘米的头发丝……从蛛丝马迹般的遗存材料中提取人类祖先的 DNA,无异于大海捞针。更要命的是，由于人类化石年代久远，而且与泥土、沙石融为一体、相互侵染，其中的人类 DNA 被高度降解，还易受各种微生物污染。以田园洞人来说，在提取的 DNA 中，真正属于田园洞人的仅占 0.03%。

如何去伪存真、见微知著？付巧妹通过方法创新，发明了高效、灵敏的"古 DNA 探针"，在大量微生物 DNA 中"钓"出属于古代人类的内源 DNA，才得以拨云见日，在漫长多变的人类演化历史长河中获得研究所需要的科学信息。

付巧妹在古 DNA 超净室工作　付巧妹供图

另一方面，采用古 DNA 技术研究人类演化还不仅仅是材料的问题，而且必须搭建一个严密、庞大的研究框架。"并不是谁拿到材料，得到这些数据，就能看到这些问题，得出重要的结论。"付巧妹说。这些研究不仅需要工作前期打下的坚实基础，还必须依赖后期的生物信息、群体遗传、数据挖掘等，是一个异常复杂、重要的后期分析、挖掘过程。

"如果拿到材料就可以出重大成果，那做得最好的肯定不是我们。"说到这里，她笑了。

与许多人想象的不同，每当得出一个重要的研究结果，付巧妹的第一反应不是惊喜，而是强烈的自我怀疑："我是不是搞错了？"她要么担心样本有污染，要么疑心分析的方法有问题，之后是不停地自我找碴和进一步论证。"所有找碴儿的办法都试过、确信准确无误之后，才如释重负，能放松下来高兴一会儿。"

多年的探索下来，付巧妹深知：对很多未知事物的认知和研究过程，是曲线的螺旋式上升，而非一步到位。某个阶段得到的新认识，之后某个阶段可能会发现其中还有缺陷。正确的态度是正面面对，并在此后的研究中修改、纠正，使之趋于完善、接近真相。

付巧妹在办公室　付巧妹供图

"那种抓住一点缺陷就攻击、批评的做法，非常不可取。"付巧妹说，"在这个过程中，既要小心求证、力求无懈可击，同时也要客观、辩证地对待自己的研究成果，善于发现不足，勇于承认缺陷，同时不要忘记在后续工作中修改、纠正。"

从一名学生到独立的实验室主任，年轻的付巧妹得到了国际同行的广泛认可。她每年都会收到许多重要的学术会议邀请函，或担任主报告人，或担任某个分论坛的主席。在国内外同行眼里，年轻的付巧妹已经是功成名就的资深人士，但她一直告诫自己，研究才刚刚开始，一切都只是揭开了冰山的一角，还有更多的谜团和未知在前方等候。

"清零过去，保持年轻的心态，做事情就不会有太多枷锁，走得也会更轻松一些。"她说，"如果老想着自己过去做了什么，估计也就走不太远了。"

日常生活

看到这里，许多人会以为，付巧妹肯定是个一心扑在工作上、顾不上家庭和生活的"女汉子"。事实并非如此。她有三个孩子，而且很会玩儿。

三个孩子的妈妈

付巧妹在工作上硕果累累，生活上也收获颇丰。在她成为实验室主任前后，三个可爱的孩子相继出生。

一边带团队，一边带孩子，许多人都觉得不可思议。付巧妹讲了一个小插曲：某个周末，她和她朋友一起带着孩子去游乐园玩，朋友的老公开车送她们，两个人便闲聊起来。他也是中科院系统的，得知付巧妹是中科院古脊椎动物与古人类研究所的，就问她，你认识你们所的付巧妹吗？

付巧妹笑了："我就是啊。"

那位爸爸瞪大了眼睛，满脸惊讶："付巧妹也带孩子啊！"

讲完这个小插曲，付巧妹很是感激："多亏有家里的老人，他们都非常支持我的工作，帮着看孩子。"

但是，老人毕竟不能代替妈妈，特别是已上幼儿园的大女儿，更需要妈妈的陪伴。付巧妹经常跟她"讨价还价"：

"你看妈妈是早晨送你好呢，还是下午接你好？"

"你说呢？"

"接你的话，妈妈可以多干会儿，接完了还可以陪你玩会儿；送你的话，咱们可就什么都干不了了。"

"那你就来幼儿园接我吧。"

双休日，老人休息，她和爱人带孩子。星期五晚上，她又跟女儿"谈判"："我还有很多活儿没有干，星期六妈妈加一天班，这样星期日就可以带你去滑雪，咱们玩一整天。你明天跟爸爸在家，行不行？"

女儿点点头："行。"

第二天付巧妹去上班，女儿主动跟她说："妈妈拜拜，早点回来！"

当然，付巧妹是人不是神，一天的时间也只有 24 小时，如何在搞好科研的同时照顾好孩子？

她自有妙招。比如，早起晚睡。她一般 6 点起床，晚上哄孩子睡觉后继续工作，一般要干到十一二点。再比如，随时随地办公。不管是火车上、飞机上，还是开会的间隙，付巧妹打开笔记本电脑就会进入工作状态。对她而言，哪儿都是办公室。

在付巧妹看来，家庭和工作非但不矛盾，还能与孩子一起成长。"尽管孩子还小，但经常会问一些很有逻辑的问题，而且有些问题会让你觉得，这还不简简单单是好奇心的问题，她们探究世界时的很多问题和角度，足以引发大人去思考。"在她看来，培养孩子的过程，也是自己思考的过程。

真是"巧妹"

除了工作、带孩子，付巧妹还很会玩儿。年底所里搞新年联欢，付巧妹登台献艺。她和所里的姐妹载歌载舞，蒙古舞跳得有模有样，赢得阵阵喝彩。

下台后，同事们很吃惊："没想到你还学过民族舞蹈啊！"

"我真的没学过。"付巧妹笑答，"就是前段时间午休的空儿，跟所里的大姐姐边跳边学的。"

写到这里，我不由得暗自叹服：付巧妹真是"巧妹"，学什么成什么！就说现在挺时髦的健身吧，她从没有刻意去学什么，都是随遇而安、因地制宜，碰到什么玩什么。在德国留学的时候，最早是学瑜伽，因为楼下有教的；后来得知有同事喜欢攀岩，在国内连攀岩都没见过的她就跟着去，很快就成了攀岩高手。到美国之后，办公楼下有做健身操的，她就学做健身操；回到北京，小区院子里有大姐、阿姨跳广场舞，她也带着孩子加入其中……

付巧妹在德国攀岩　付巧妹供图

"也说不上学什么成什么，只是能做下来吧。"付巧妹说，其实很多东西都是相通的，关键是要用心琢磨其中的规律和技巧。

累与享受

当然，攀岩、跳舞不过是紧张工作之余的放松，辛苦才是付巧妹的日常。

"你现在都是博士后了，怎么还这么累？"在快结束美国哈佛大学医学院博士后工作的时候，她妈妈专程从江西老家赶到那里，照顾即将生孩子的女儿。看到付巧妹周末也不休息，下了班还要自己做饭、收拾，妈妈又是心疼又是埋怨："早知道这样，还不如当年直接当老师算了，工作不忙，生活也挺舒服！"

更让妈妈不解的是，女儿回国当了实验室主任，反而比以前更忙、更累了。尽管认为女儿的工作最重要，自己愿意全力支持，但当妈妈的有时候还是忍不住唠叨："人家都是先苦后甜，你怎么越上一个台阶越辛苦呢！"

是啊，科学研究是一个非常特殊的工种，其中的苦与乐，不光上了年纪的父母觉得不可思议，恐怕许多同龄人也很难理解。

"人生每个阶段的困难都不一样，到现在也是一样。之所以愿意这样努力，这样专注，是因为对做的事情感兴趣。如果是做感兴趣的事情就很容易专注，不感兴趣可能就不那样了。"付巧妹说，"做科研最吸引我的，就是探索未知。在这个过程中做一些事，包括计算什么的，都让我感觉很快乐。当然，在得不到答案的时候也很痛苦。总体来说，我还是享受这种过程的。"

她坦陈，做科研是挺苦的，但自己没觉得苦。"我们是想还原人类演化的过程，搞清楚这个过程中发生了什么，也就是我们的祖先一路是怎么走过来，走到到今天的。"说到这里，付巧妹又激动起来，"我的工作跟任何其他科学一样，有太多的未知。人类演化的这个过程并不是我们此前想象或认为的那样，有很多事是我们想不到的。这些事情就发生在过去的人身上，是人类祖先的故事，而我们作为他们的后代，弄清这些事情就能知道我们自己是怎么来的，想想这个过程就很让人兴奋。"

当然，要想还原人类祖先的演化、变迁历史，绝非易事。付巧妹说，人类的基因一代一代演化下来，并不像我们每个人的家谱，那么连续、清晰、一脉相承，因为这涉及气候、环境、生存、文化等各方面的压力，这些压力迫使祖先们必须找到能生存下去的环境，这就需要不停地迁徙。这个过程中的每一天、每一年甚至每几十年，乃至几百、几千年，都会有很多变化，可能有某个人群消失，或者是某个人群被大换血，等等。其中，有太多的未知数。

"有一些人会觉得不理解，你做的这些东西这么难，为何还要费这么大功夫去做？它跟国民经济、民生福利有啥关系啊？"说到这里，付巧妹有些无奈："其实人不光有吃、喝、拉、撒的物质需求，很多情况下还有对自身的追寻，这是精神上的追求。"

她举了一个例子：大家都知道欧洲人是白皮肤、蓝眼睛，但实际上欧洲人并不是大家通常所认为的那样一开始就是白皮肤、蓝眼睛。他们团队在 2016 年的研究工作中发现，1.4 万年以后的欧洲人才出现蓝色的眼睛，之前他们的眼睛是深色的。"1.4 万年之后，虽然他们已拥有蓝色的眼睛，但皮肤依然是深色的，淡色皮肤出现的时间比蓝眼睛还要晚。"

"当然，你不知道这些也不会对你的生活有多大影响。但是，当你第一次知道真相时，是不是会觉得很惊讶、很神奇？这种精神上的愉悦，是不是也是一种幸福？"

成长之路

如此年轻就取得了如此优异的成绩，而且是事业、生活双丰收，那付巧妹是不是从小就成绩优异，一路走来顺风顺水？非也。

严重偏科

在江西省北部的庐山南麓，鄱阳湖西岸，有一座 2010 年才正式设立的年轻城市——共青城。它北邻九江，南接南昌，距离两个城市各 60 千米。共青城的城郊有个江益镇，1983 年年底付巧妹就出生在这里。

她是老小，还有两个哥哥。爸爸付德宝是一名民办教师，因为经常换学校，所以付巧妹从小就跟着爸妈不断地换地方。初中时，她先上的是共青城一中；初二时，爸爸要锻炼她独立生活的能力，就把她一个人扔回江益镇，上初三时又回到共青城一中。

童年时的付巧妹　付巧妹供图

付巧妹小学、初中的学习生活轻松、快乐。她偏科严重，语文很差，但数学特别好。初中一个年级有 8 个班，只要语文及格，付巧妹的成绩就能进全年级前 50 名。

父母对她的学习基本上不闻不问，到了初中才开始管，但也仅限于"不要看太多电视"之类。

三兄妹　付巧妹供图

15 岁时的付巧妹　付巧妹供图

懵里懵懂上了师范

初三上学期的第二个月，付巧妹回到共青城一中，班主任刘喜群教数学。刘老师慧眼识珠，发现这个学生特别聪明，而且有数学天赋，是棵难得的好苗子。为解决她偏科严重的问题，刘老师专门请语文老师放学后为她补课。

刘喜群老师　付巧妹供图

付巧妹没有辜负刘老师的期望。每次月考，她的数学成绩必然是全校第一或第二。在语文老师的悉心指导下，她的语文成绩也逐步提升，中考时居然及格了。尽管当时英语没发挥好，但由于数学、物理、化学基本满分，付巧妹中考的综合成绩在全地区名列前茅。

初三的那年夏天，付巧妹面临人生的第一次选择：初中毕业后，是上师范还是读高中？当时师范生非常热门，并不好考。共青城其他类中专都改革了，毕业生不再包分配，唯独师范照旧，师范生毕业后可以到公办学校当老师，还有正式编制。这意味着，上了师范就端上了铁饭碗。

那时付巧妹才 14 岁，还处在懵懂的状态，对社会、对自己的未来都没有太多认识。师范毕业生基本在当地当老师，工作稳定，收入也不错，爸爸付德宝就与女儿商量：是不是你也上师范？付巧妹当时并没有特别的想法，就同意了爸爸的建议。

只有一个人特别着急，就是班主任刘喜群老师。他找到付德宝，极力主张付巧妹上高中："这孩子这么聪明，数理化又有天分，上高中准保能考个好大学，上师范太屈才了！"

遗憾的是，付德宝没听进去。刘老师也没办法，心里连道可惜！

稀里糊涂的三年

就这样，那年初秋，付巧妹进了九江师范——一个培养教书育人的地方。

三年的师范生活，用付巧妹自己的话说，就是"整天过得稀里糊涂"，并不清楚自己想要什么样的生活。那个时候，她心里根本没有理想二字，每天按部就班，老师教什么就学什么。"感觉脑子像生了锈一样勉强在转。"尽管如此，她文化课成绩还不错，还学打篮球、画画……付巧妹学什么都还行，但就是不上心，过着"做一天和尚撞一天钟"的日子。

三年的师范生活很快就结束了。付巧妹作为优秀毕业生，被分配到当地一所小学当老师。如果照此下去，付巧妹可能会当一辈子老师。或许她在教育领域也能有所作为，但科学的星空将缺少一颗闪耀的明星。还好，这个遗憾并没有发生。当付巧妹提着行李站在即将工作的校园里，打量着周围的环境时，她突然改变了主意：这不是我想要的生活，我要上高中、考大学！

管不了那么多了

其实，付巧妹在师范毕业前一个月就有了这个想法。她开始意识到，自己的学习生涯马上就要结束，等待她的生活一眼就能望到底：毕业、教书、结婚、生孩子……

"这样的人生不是我想要的，我还要继续学习。"付巧妹对自己说。

促使她产生这个想法的，还有身边一些同学的影响。不同于其他班级，付巧妹所在的班有些与众不同，不少同学不甘心毕业当老师。就在她稀里糊涂混

付巧妹的父母　付巧妹供图

口了的时候，有好几个同学自学高中课程，准备回去参加高考。到二年级开学的时候，有同学已转回高中读书了。但付巧妹和他们不同，转读高中的挑战更大：自己原本偏科严重，初中时英语就不怎么好，而师范学校又没有英语课，荒废了三年能否再捡起来？更大的担忧是，自己改读高中，能顺利考上大学吗？在当地人眼里，女孩子当老师是蛮不错的职业，不光有事业编制，而且旱涝保收，没什么风险。如果放弃老师的铁饭碗去读高中，最后又没考上大学，岂不是鸡飞蛋打两头空？

"管不了那么多了！"主意拿定后，付巧妹把自己改读高中的想法告诉了父母。让她感激的是，父母不但没有反对，还表示全力支持。同样让付巧妹感激的是，工作单位的领导非常开明：你尽管去上高中，我们都非常支持你继续深造！

开始有了斗志

于是，付巧妹去找自己的初中班主任刘喜群："刘老师，我不想工作，还想读高中。"

"读高中好啊！"刘喜群老师听后特别高兴，"当初我就不赞成你读师范！"刘老师专门联系了当地高中重点班的班主任，介绍了付巧妹的情况。"那就让她来插班吧。"那位班主任说，"不过要尽快，高一就剩一个月了。"

付巧妹既喜且忧：自己的语文很差，荒废了三年的英语还要重新捡。而且，高一的数理化也不好学，尤其是物理，力学部分特别难……付巧妹能在一个月内学完高一的全部课程，顺利通过升级考试吗？她的父母以及刘老师都暗捏着一把汗。

在那一个月时间里，付巧妹基本不听老师讲课，全靠自学。让老师奇怪的是，这个学生看上去不但没有丝毫压力，而且还挺高兴、很放松！他们当然不知道付巧妹内心的小秘密。

"生活开始有目标、有斗志了，生了三年锈的脑子开始动了！"她满心喜悦，享受着主动学习的快乐，"虽然很快就期末考试了，但自己挺有信心的，觉得有意思了！"

高三转学

经过一个月的突击自学，付巧妹顺利通过了高一的期末考试，而且考得不错。到了高二，付巧妹学习成绩直线上升，还当上了班长。高二期末考试，她考了全年级第一名。

"我这个女儿真不赖！"爸爸很是骄傲。就在他满心欢喜的时候，没想到女儿又要"瞎折腾"——转学。付巧妹想转学的理由是：去更好的学校，接受更多挑战。另外，她自己责任心强，感觉当班长很费精力。

这个时候转学可不是明智之举。作为高考的冲刺年，高三是整个高中阶段最关键的时期。转学则意味着要面对新的老师、新的教学方式，自己能不能尽快适应？再说，两个学校的学习进度也不一样，当时目标中学的高二年级已学完高三的全部课程，进入复习阶段，而她高三的课程还没学完，转过去之后能否跟得上也是个未知数。

更让付巧妹为难的是人情。由于自己学习成绩优异，所在学校的老师和班主任都对她高看一眼、厚爱三分。为了留住这个好学生，班主任还跟她承诺，高三她可以不当班长，集中精力搞学习。暑期补习班用的高三教科书，也让她免费用。

尽管如此，付巧妹还是一门心思想转学。为了不欠人情，付巧妹在高三教科书上记的所有笔记都是用铅笔写的。补习班结束后，她用橡皮把书本擦得干干净净，完璧归赵。

暑期补习班结束后，她一个人到城里的舅舅家，跟他说了自己的想法。一向支持她的舅舅连连摇头："都这个时候了，怎么转啊？你想去的是全地区最好的高中，即便找关系、花钱都很难进，何况你还是高三插班呢？"

舅舅这里说不通，付巧妹就一个人跑去学校找校领导。她看到一位副校长在办公室值班，就敲门进去，先是自我介绍，然后讲了转学的想法。那位副校长说："我们这里分择优班（其实就是普通班）和重点班，你要来也可以，但只能进择优班，不能进重点班。"

"择优班我肯定不来。"付巧妹咕哝了一句。

"那你自己看着办吧。"副校长抬头看了她一眼。

"择优班就择优班吧，只要学习成绩好就行！"回去的路上，付巧妹拿定了主意。

这时马上就要开学了，她又遇到一个难题。高二的班主任为了留下付巧妹，又找刘喜群老师说情，劝付巧妹留下来。刘老师对自己一直那么好，他的面子不好不给。可是付巧妹转念又想，读书是自己的事，不能为了别的人、别的事而违背自己的意愿，这样自己会很难受。想到这里，付巧妹还是决定转学。她不好意思自己跟班主任说，就给刘老师打了个电话，请他代为转告。

"那你就按自己的想法来吧。"刘老师听完，沉默了片刻说，"班主任那边我去说。"

于是，新学期开学后，付巧妹就和妈妈背着行李，去了她向往的新学校报到。

高考失利

到校后，情况比付巧妹预想的要好，因为成绩优异，她被安排进了重点班，而且学费减免一半。即便如此，家里还是要为付巧妹支付租房和吃饭的钱，钱也不是很多，一个月不到 200 元。

尽管爸妈给的钱足够，但懂事的付巧妹不忍心再给爸妈增添负担。她平时省吃俭用，吃饭时都不买带肉的菜，加上高三学习强度大，开学没多久人就瘦了不少。

"你怎么啦？怎么瘦成这样子？"爸妈见了心疼不已，"你在学校要多吃点好的，家里不缺这点钱。"

付巧妹安慰他们："没事儿，我瘦不是因为吃的不好，是学习累的。高三就一年嘛，很快就过去了。"

在新学校，付巧妹靠自学不仅补上了落下的课程，而且成绩在班上名列前茅。高三期末最后一次模拟考试，她考了 680 多分。

老师们都为她高兴：只要高考发挥正常，上清华、北大都没问题！

没想到，付巧妹高考考砸了，总分才 500 多分。她平常数学能考 140 分左右，那年只考了 90 多分。其实，90 分也算很高的了，她后来才知道，那一年全国的考生都考得很惨，分数普遍低于往年。

"这下估计要回家种田了。"当时她已放弃了当老师的工作，如果自己这次考不上大学，就只能卷铺盖卷回家"修理地球"了。

那时候，高考报志愿还是在分数张榜之前，心灰意冷的付巧妹没指望能上一本，就选了几个在南方来说比较不热门的学校，随便填了一下。她在二本上花了些心思，认真选了几所学校。

没想到造化弄人，她竟然被一本录取了：西北大学。

当时，付巧妹对西北大学并无了解，连学校在哪个城市都不知道，接到录取通知书后查了查，才知道是在西安。直到进校以后，付巧妹才了解到，西北大学原来是有 100 多年历史的老牌高校了，地质学、考古学、文物保护技术等学科在国内都数得上。

同学们的录取通知书也都陆续到了。这时候付巧妹才知道，全国的一本分数线比往年低了几十分，重点一本的分数线也才 500 多一点儿，就连复旦大学的录取分数线，都比西北大学低。付巧妹的心情可想而知。

她无意中遇到了高一最后一个月插班时教过她的语文老师。这位老师一直看好付巧妹，觉得她尽管语文成绩不怎么好，但作文很有灵气。他劝付巧妹：你的数理化这么好，年龄也不大，再复读一年，肯定能上个更好的大学。付巧妹没有听这位老师的好心劝告，高三紧张、枯燥、高强度的学习让她"真的受够了"，简直是"够、够、够、够"了。

大学

就这样，付巧妹第一次告别家乡，坐着开往西安的火车，到了西北大学。那年西北大学的生源特别好，付巧妹的很多同学原来报的都是清华、北大等著名高校。付巧妹报的专业本来是生物，最后被调剂到了文物保护专业。

这个专业文理交叉，以化学为主，还包括高数、计算机、大学物理、考古和文物鉴定等课程。跟大多数同学一样，刚上大学的付巧妹并不清楚自己对什么感兴趣，所以大学期间什么活动都参加，学习平时松松垮垮，考试之前临阵磨枪。凭借高中养成的自学能力，尽管每次都是考试前几天开始冲刺，但她的各科成绩都名列前茅，数学、物理更是全班第一，每年都能拿学校一等奖学金，国家奖学金也拿过。此外，多才多艺的她还担任了学院的团总支副书记。

大学期间，付巧妹还有一项重要活动——勤工俭学，自己挣生活费，不给家里添负担。她做过历史博物馆讲解员。刚开始是义务劳动，后来博物馆的老师发现她讲得不错，就给她开讲解费，讲一次挣 10 元。暑假期间，她一天可以讲五六次。她还当过家教，一小时的收入是四五十元。尽管报酬不高，但对自食其力的本科生而言，却是一笔不小的收入，她教得也非常用心。大三时，她给一个初中生当家教，每到期末考试，这个孩子一定要付巧妹去给她补课复习，成绩立竿见影，马上就上去了，孩子和她父母对付巧妹都很感激。后来，付巧妹因为忙着考研，不能再当家教了，这个学生非常难过。考研复习期间，这个学生的妈妈还特意带着孩子，拎着牛奶去学校看付巧妹，让她专心考研。后来，这个学生去了德国，之后还一直和她保持联系。

放弃保研

转眼之间，付巧妹读大四了。这个时候，对于毕业后干什么，她还有些茫然。由于学习成绩优异，那年 10 月的时候，付巧妹得到一个好消息：文物保护专业有 2 个保研名额，其中一个给了她。就在大家为她高兴的时候，付巧妹却做出了令人吃惊的决定：放弃保研，准备报考中科院研究生院。原因是她还是想回归初心，学最想学的偏生物学方面的专业。其实，早在高中时付巧妹就喜欢上了生物，所以考大学时报的专业大都与生物有关。尽管大学期间尝试了很多其他学科，但她的内心深处，还是希望将来能做自己最感兴趣的事情。

"兴趣固然重要，但也得实事求是。"在好心的老师看来，许多人对保研求之不得，她放弃这个唾手可得的机会有点儿犯傻。老师分析说，现在距离考研只有两三个月，再开始准备时间太短、风险太大。另外，她这一届碰上高校扩招，大学毕业生比往年多出 50 多万，工作非常难找。如果考研不成，再找工作就悬了。老师的担心不无道理。对于付巧妹来说，还有一个顾虑：她师范毕业时已经折腾过一次了，如果这次考研不成功，怎么跟父母交代？她给爸爸打了个电话，想听听他的看法。

"你想考就考吧。"爸爸说，"你自己觉得行就行。"

"不想那么多了，考不上就回老家找个工作嘛！"主意拿定，付巧妹又一次拾起斗志，冲刺考研。

第一次从心所愿

"巧妹呀，你真是好样的！恭喜恭喜！"第二年暑假一个再寻常不过的一天，大学毕业回到老家的付巧妹接到读九江师范时一个老同学的电话。

"恭喜我什么呀？"付巧妹明知故问。

"你就别跟我绕弯子了，你哥哥都在电视上点歌祝贺啦！"

原来，抱着"失败也没关系，只要全力以赴就好"的心态复习考研的付巧妹，居然考了第一名，如愿考上中科院研究生院的硕士研究生。得知这个消息后，她打电话告诉了家人。喜出望外的两个哥哥在电视台给她点了首《青春少年样样红》，以示祝贺。

"不过巧妹，你还要继续加油啊。"那位在当地教书的老同学又在电话里说，"现在找工作可难了，前段时间，好几个名牌大学的毕业生来我们学校应聘，有的还被拒了。"

"看来大学老师说的没错，估计今后研究生找工作也不乐观。"听了老同学的提醒，付巧妹没那么高兴了。不过，她还是很开心，终于找到了自己最感兴趣的事情。

在中科院研究生院，付巧妹的导师是王昌燧老师和胡耀武老师。王老师是我国科技考古的领头羊之一，胡老师也在生物考古领域颇有建树。在他们的悉心指导下，付巧妹向一个全新的领域进发：通过检测、分析骨骼中所含的同位素，研究早期人类的食谱。

尽管这个专业不是纯生物类的，但毕竟与生物学有关。在十多年的

硕士导师王昌燧先生　付巧妹供图

求学生涯中，付巧妹生平第一次从心所愿。她彻底告别了之前的"平时松松垮垮，考试前熬夜突击"的学习生活，学习上非常专注、投入。

十字路口

没过多久，付巧妹又一次走到了人生的十字路口。

那年秋季，她刚读研究生二年级。一天，王昌燧老师给她发了封邮件："有个去德国考察的机会，你愿不愿意去？"王老师在邮件里说，德国有一个国际知名的科学组织——马普学会。这个学会听上去像中国的科协，其实是德国的中科院，下设很多研究所。其中，有一个马普进化人类学研究所，主要利用古DNA技术研究人类演化，在国际学术界有很高的知名度，所长斯万特·帕博更是古DNA领域的开拓者。王昌燧和马普进化人类学研究所有合作往来，现在有个难得的机会：他的一名研究生可以到该研究所考察半年，如果考察合格，就可以留下读博士。

"做古DNA研究，不是离自己喜欢的生物学更近了吗？"想到这里，付巧妹心中大喜："王老师，我愿意去！"

"你还是再考虑一下，"王老师告诉她，"马普进化人类学研究所以学术严谨著称，斯万特·帕博对学生的要求更是非常严格，如果半年考察不合格，就会被遣返回国。而且，你是代表我去的，你现在学的专业和他们的研究是两个领域，隔行如隔山，你去了之后要从零开始……"

"王老师让我去吧，我不怕挑战！"付巧妹抢着说。

过鬼门关

马普进化人类学研究所在德国的东部城市莱比锡。冬去春来，付巧妹第一次走出国门，来到异国考察。确切地说，是接受考察，"过鬼门关"。

"过鬼门关"的说法，是她到所后从师哥、师姐那里听到的。在她之前和之后，都有被淘汰、遣返的学生，中国的、韩国的、德国的都有。有的学生在那里苦熬了一年，结果还是被刷掉了。

对马普进化人类学研究所有了更多了解之后，付巧妹明白了，他们如此残酷地刷人，倒不是因为残忍，这里的学术思维跟国内不太一样，他们的想法是：如果你不适合这个工作或领域，就应该及早抽身，大家都不要浪费时间。

对初来乍到的付巧妹而言，语言的挑战倒在其次。在马普进化人类学研究所，英语是官方语言，她基本没问题。最大的挑战是专业。去德国之前，付巧妹认为古 DNA 应该还是和骨骼打交道，去了以后才知道，远不是那么回事。这个技术在国际上是新兴的顶尖科学，是从残存的考古遗迹提取出 DNA，分析、研究人类的演化历史。它纯粹属于人类遗传学，与她之前的专业差了十万八千里。

"我当时觉得自己特别差！"那段时间，称得上是付巧妹人生的至暗时刻："实验室每周五开组会，研讨项目，交流进展，碰撞思想，他们讲的我根本听不懂。刚去的那两个月，每周五的组会我都会感到崩溃。"

好在付巧妹不仅抗压能力超强，而且自学能力也超强。星期五的组会听不懂，周末她就一个人在办公室"过电影"。白天的活儿做不完，到晚上接着干。而且，让付巧妹窃喜的是，她在大学期间学的计算机、高数知识，现在都派上用场了！

原来，用古 DNA 技术研究人类演化是典型的交叉学科，既需要古人类学知识，更离不开基因测序等新兴技术。于是，付巧妹一边恶补人类演化知识的短板，一边偷偷地鼓捣起基因测序等生物信息技术。

"你为什么要做这些老师没有提到的事？"一次，当直接带她的师兄、导师斯万特·帕博的博士后偶然发现付巧妹在电脑上做生物信息分析时，忍不住问她。

"是我做错了吗？"付巧妹怯生生地说。

"不是你做错了，是我很好奇，你不是学考古的吗，怎么还会计算机编程？"师兄问道。

"我大学学的是文理交叉学科文物保护技术专业，学过一些这方面的内容，而且很感兴趣。"付巧妹这才松了口气。

这里不能不提她的导师斯万特·帕博。导师给付巧妹留下的突出印象有两点：一是学术严谨，另一个就是对学生要求高。"要达到他的要求是不容易的。"

与博士导师斯万特·帕博先生合影　付巧妹供图　　　　博士答辩通过时的一幕　付巧妹供图

付巧妹告诉我，他不是简简单单地教你怎么做，而是要你自己动脑、动手，做到他所希望的。

直到现在，付巧妹都记得后来成为马普进化人类学研究所所长的师兄对她说的一句话："只要能在斯万特·帕博的实验室得到他的认可，以后做任何东西都没有问题。"

"这个学生很聪明，而且自学能力超强，思考的问题也很深！"到第四个月的时候，导师和师兄就已经很认可她了。

付巧妹顺利过了考察关，留下读博士。跟她同时进去的另外两个来自其他国家的同学，则远没有她顺利。

在马普进化人类学研究所的经历，不仅为付巧妹确立了此后的研究方向，更培养了她严谨细致的工作作风和正确的科学理念。

在马普进化人类学研究所攻读博士和做博士后期间，付巧妹不仅和他人合作做了几个已经灭绝的古人类的研究项目，还牵头完成了4.5万年前西伯利亚早期现代人个体的研究，一下子声名鹊起。

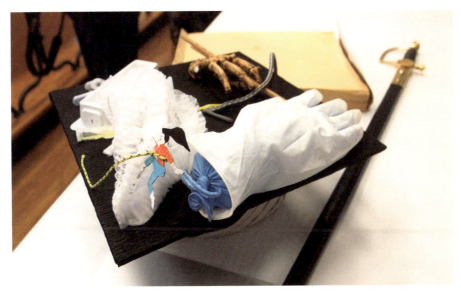

德国同事做的博士帽　付巧妹供图

导师斯万特·帕博这样评价自己的爱徒：付巧妹是我们招收过的最出色的学生之一。

座右铭

有句名言几乎妇孺皆知：性格决定命运。对此，付巧妹有自己的理解——性格决定的不是命运，而是选择。

说到选择，这位"80后"真没少折腾：师范毕业分配工作后重读高中，高三转学，高考选填志愿，放弃保研，考硕士换专业，上了硕士又换专业……

"现在看来自己还是比较幸运的。"付巧妹笑言。其实这份幸运，又何尝不是她的敢拼搏、肯付出换来的呢？

回顾自己的求学之路，付巧妹得出这样的结论：其实每一种选择都意味着有两种可能性，可能成功，也可能失败，并不是说哪个方向一定就会成功。但只要遵从自己的内心去做出选择，全力以赴了就不会后悔。

"其实事情没有绝对的对与错。"付巧妹说，好多事情不要想那么多、算那么多。"算那么多、想那么多也没用，把最坏的情况想好，做好想做的事情，就行了。"

"可能有的朋友为了保险起见，去选一条最稳的路，但是这个所谓的'稳'，最后也不见得是让自己开心的事情。"

她特别喜欢的座右铭是：天行健，君子以自强不息。

在付巧妹看来，这句话最能体现一个人努力去做自己想做的事情，同时愿意承受这个过程中的艰辛。"很多时候不要太在意别人的看法，或者认为当下哪个是最值得的。不要让这种想法限制住自己，要自强不息，去做自己喜欢的事。"

2019 年在办公室　赵永新摄

"当然，也不能盲目追求。"付巧妹的观点是，"要自己喜欢，还能让自己愉悦。就像我们见面之前，我在电脑上做一些自己感兴趣的事情，哪怕这个东西很难、很琐碎。在我这个阶段，我还是愿意花很多时间去接受比较难攻克的挑战。"

2020 年 1 月至 2021 年 11 月采写

2022 年 10 月 26 日定稿

汤楠

是你的就是你的

汤楠：1971 年生于陕西，北京生命科学研究所高级研究员、博士生导师，普沐生物创始人。主要从事肺再生和肺疾病的生物学机制研究和多病肺病的新药开发，荣获"顾孝诚讲座奖"等。

第一次见到汤楠，是在 2017 年的盛夏。

北京生命科学研究所位于北京市北六环附近的昌平生命科学园。2017 年 7 月的一个下午，我和实习记者洪蔚琳打车一个多小时如约赶到时，却扑了个空。

实验室管理员李娟告诉我们，汤老师还在报告厅听学术讲座，不知道什么时候能回来。我俩只好跟着李娟先到办公室等她。汤楠的办公室在二楼。推门进去，先是学生们的大办公室，她的办公室在最里侧，大小也就五六平方米，再加把椅子都困难。我没有想到的是，办公室里面还有个小男孩，正坐在椅子上埋头看书。

"这是汤老师的孩子琨琨。"李娟说，"你们先坐会儿，我已经给汤老师发微信了。"

我和洪蔚琳在靠近门口的沙发上坐下，一边打量着办公室的陈设，一边等汤楠回来。

"真不好意思，让你们久等了！"

就在我等得不耐烦的时候，身穿花裙子、扎着马尾辫的汤楠，一阵风似的飘了进来。

"那个人讲得特别棒，我听着听着就把时间给忘了。"她随手拿起两个洗过的桃子，往我和洪蔚琳手里塞。"吃、吃、吃，这桃子可甜啦！"

洪蔚琳连连摆手："我午饭吃得很饱，待会儿再说。"

"别客气，吃一个！这不算受贿吧？"

听她这么说，我不好意思再推，就接了一个吃，真是又脆又甜。

"中午李娟在外边买的，我尝了一个，挺好吃，就说：'得，你下去给我买点吧。'"

"妈妈，我去哪儿啊？"这时候，坐在椅子上的琨琨说话了。

"别在这儿捣乱，到外边看书去。"

"你得给我你的电脑才行！"

"我落车里了，亲爱的。"汤楠从一个白色的布袋里找出车钥匙，"你自己去拿吧，可别给我弄坏了。"

荒原上挖矿

挺不容易的器官

"你们为什么要采访我？我们还啥都没做出来呢。"汤楠轻轻把门关上，坐到自己的高背椅上。

"就说说您重要的研究成果吧。"

"没什么成果啊！我比同事差远了，真是没啥可谈的。"她摆弄着胸前的一卡通，有些局促。

看来，汤楠很少接受记者采访。我启发她："我俩都是外行，您就给我们科普一下，说说您的研究吧。"

"我研究的对象是肺。"汤楠的话匣子打开了，"其实肺是个挺不容易的器官，它相当于人体的空气净化器、交换器，我们在这里说话的时候，每小时大约要吸入、呼出450升的气体。不像有的器官可以休息，肺白天黑夜都在干活儿，要不停地一扩一收，呼气吸气。"

她告诉我们，尽管全世界都知道肺是非常重要的人体器官，但无论国内、国外，肺研究都是个冷门的小学科。因此，关于肺的研究一直比较薄弱，过去20年里几乎没有新进展。

在博士即将毕业准备做博士后的时候，原本研究血管发育的汤楠告诉博导——美国加州大学圣迭戈分校的兰迪·约翰逊（Randy Johnson）教授，她觉得肺气管发育很有意思，今后想做这方面的研究。

"我建议你换个方向。"约翰逊善意地提醒她：全世界得肺病的大多是发展中国家的穷人，制药公司不愿意在药物开发上投钱，研究经费也很难申请。

约翰逊给汤楠出了个主意：你还是研究乳腺吧，这是国际上的大热门，经费容易拿，文章也好发。作为生命科学领域的顶尖学者，约翰逊还兼任瑞典皇家学院客座教授、诺贝尔奖委员会成员（即诺贝尔奖的提名人），其学术影响力和判断力毋庸置疑。汤楠却没有听导师的劝告，凭自己的兴趣研究起了肺气管发育。几年之后，她的研究论文发在了《科学》杂志上。

哇，原来人的肺也可以再生！

2012 年 11 月，汤楠迎来了人生的转折。她结束 15 年的留学生涯回国，成为北生所的实验室主任、博士生导师，开始了独立研究。这一选择，转变的不光是她的身份，还有研究重点。她把研究重点从自己熟悉的肺气管发育，转到了完全陌生的肺再生上。促使她做出这一转变的，是当年 7 月 1 日《新英格兰医学杂志》上刊发的一篇论文。

这篇论文的作者是英国的一名医生。15 年前，他给一位 33 岁的女性肺癌患者切除了左肺，之后每年给这位患者的肺做高清度核磁共振影像检查，观察肺的变化情况。经过长达 15 年的连续观察和对比分析，这位医生得出一个非常确定的结论：这位患者的左侧肺切除后，右侧肺里的肺泡数量增加了 64%，肺功能也增强了。

"哇，原来人的肺也可以再生！"汤楠看得热血沸腾，就像当年哥伦布发现美洲新大陆一样。

早年当过医生的汤楠知道，医学界此前公认的观点是肺不能再生。人的肺受到损伤后，只会代偿性增生，肺的体积会变大，但肺泡的数量不会增加。这位英国医生却用无可辩驳的事实，颠覆了人们的传统认知。

同一条起跑线

肺再生，确切地说，是肺泡再生。早在 300 年前，科学家们就发现了肺泡的存在。肺的结构跟树有些类似：气管先分化为支气管，支气管再经过 20 多级反复分支，形成无数更细微的细支气管；细支气管的末端膨大成囊，囊的四周长出很多鼓鼓、中空的小囊泡——肺泡。一般人可能想不到，成年人的肺泡居然有 3 亿~5 亿个之多，如果把这些肺泡全部铺平，面积大约为 75~100 平方米，有半个网球场那么大。

肺的气体交换功能，主要是通过肺泡完成的。肺泡的周围分布着许多毛细血管，吸入肺泡的富含氧气的气体，透过肺泡壁和毛细血管壁进入血液，静脉血就变为含氧丰富的动脉血，并随着血液循环输送到全身各处；肺泡周围毛细血管里所含的二氧化碳等废气，则透过毛细血管壁和肺泡壁进入肺泡，通过呼气排出体外。

在科学界，"再生"并不是一个新话题。就连普通人都知道，人的毛发、皮肤、小肠等损伤、减少以后都可以再生。特别是随着干细胞研究的不断深入，科学家们已经知道，除了可以分化成多种组织细胞的"万能干细胞"——胚胎干细胞，人体的许多组织、器官里还有多种成体干细胞，在组织、器官受损后，可以定向分化、增殖成新的细胞。毛发、皮肤和小肠的再生，就是由这些器官内的成体干细胞完成的。但是，关于人的肺泡能不能再生，直到这位英国医生的论文发表，才有了定论。

"这位英国医生的发现，相当于拉了一条线。"读完论文，汤楠意识到，肺泡再生对于全世界的科学同行来说，都是一个陌生的领域。想到这里，汤楠心生欢喜：在国际科学舞台上开拓一片新天地，不正是自己多年的梦想嘛！

天真与无知

梦想很美好，现实很残酷。当汤楠带着学生一下子扑到肺泡再生上，才发现自己到了一片遍地荆棘的无人区，有种在荒原上挖矿的感觉。

尽管做博士后时研究的是肺气管，但当时汤楠对肺泡的了解几乎为零。她先通过查阅文献，了解这一领域的最新研究进展。费了半天劲，只搜到一点非常有限的基础性资料。肺泡的壁由单层的上皮细胞构成，上皮细胞分为两种：

2017 年夏，汤楠在办公室接受采访　赵永新摄

一种是又扁又平的一型细胞，主要负责气体交换；一种是立体的二型细胞，除了分泌表面活性物质降低肺泡的表面张力、便于气体交换，它还是肺泡上皮细胞中的干细胞，可以分化成一型细胞。文献能告诉她的就这么多，后面的工作就得靠自己带着学生摸索了。

研究肺泡再生不能直接在人身上做，汤楠选了小鼠作为模式动物。小鼠的肺跟人的肺非常接近，同时小鼠繁殖快，好培育。小鼠培养好后，一项基础性的工作是把小鼠的肺切除一叶，然后观察肺泡在剩下的肺叶里是怎么再生的。

刚开始，汤楠认为肺切除是个很简单的小手术，只要手脚够快，就可以把小鼠的胸腔打开，切下一叶肺，同时保证小鼠继续存活，这样就不用买昂贵的呼吸机了。结果，小鼠一开胸就死掉了。看来，呼吸机是非买不可了。于是，她先让实验室管理员李娟咨询呼吸机，调查哪一种又便宜又实用。

"可见我们最开始有多外行、多天真！"回忆这段经历，汤楠忍不住哈哈大笑。

类似肺切除这种很基础但没人做过的事，还有很多。肺切除的问题刚解决，新的难题又来了。研究肺泡中的一型细胞和二型细胞，需要先把这两种粘连在一起的细胞完好无损地分离开，并进行体外培养、观察。在现代生命科学研究中，细胞分离本来是很容易做的，但汤楠没想到小鼠的肺泡细胞分离极其困难。

　　尽管科学家 1955 年就发现了肺泡的一型细胞，但五六十年过去了，始终没有人能把它与二型细胞完整地分离。原因在于一型细胞太特别了，它不仅是普通细胞的 500 倍大，而且细胞壁特别薄，最薄的地方只有 40 纳米（1 纳米约为人的头发丝的 1/50000）。在高倍显微镜下做剥离实验时，一不小心就会把一型细胞壁弄破了。细胞壁一破，整个细胞就死掉了，后面的活儿就没法干了。

　　面对接踵而至的问题和愁眉苦脸的学生，自以为抗压能力很强的汤楠也有点儿沉不住气了。

还得咬着牙坚持

　　那段时间，不光所里的同事不知道汤楠在做什么，就连她本人在研究过程中也经常不知道自己在做什么。她和她的学生仿佛置身伸手不见五指的黑洞，既看不到尽头，又不知道该往哪里走。

　　她开始意识到，自己无异于在进行一场豪赌。

　　一个人的时候，汤楠开始闭门思过：肺泡再生值不值得自己把实验室的全班人马都押上去赌？这样做难道仅仅是为了满足自己的科研激情吗？问题这么多，难度这么大，如果 5 年之内做不出像样的成果怎么办？自己还好说，大不了换个地方，但学生如果没有像样的论文，毕业都是问题……思来想去，汤楠不再纠结，还得咬着牙坚持。

　　因为她想清楚了，做这项研究并不只是为了满足自己的科研兴趣，除了科学上的价值，还有巨大的临床需求。当过医生的她知道，无论国内还是国外，肺病都是危及生命的重症、顽症，比如肺癌、慢阻肺、肺纤维化等。而这些重大疾病，大都与肺泡再生有关。没有了解就谈不上治疗，只有把胚胎肺泡发育、肺泡再生机制等基础的科学问题搞清楚，才有可能采取手段进行干预，促进肺泡的再生，恢复肺功能，进而挽救数以亿计的患者的生命。开组会的时候，她把自己的想法告诉了学生。大家听了都频频点头，但就是打不起精神。

"汤老师，我也认为这项工作很有意义，但做起来真是太难了。"一个学生小声说。

"做科研本来就很难，何况我们做的都是别人没做过的。"汤楠打了个比方："大家都玩过挖宝的电子游戏吧？太容易挖到的肯定都是不值钱的大路货，而真正的宝藏，一定是埋在地下、不容易挖到的。"

"我相信地下一定有宝藏，只要我们'咔咔咔'不停地挖，就一定能挖到。你们说是不是？"

"是！"办公室的气氛活跃起来。

"那大家就别呆着了，继续干活儿吧！"

"我还是挺能忽悠学生的吧？"说到这里，汤楠自己都乐了。

看问题的角度

2017 年夏我第一次采访汤楠时，她随口说的一句话刻在了我脑子里。

汤楠回国刚开始做肺泡再生研究那几年，几乎每天面对的都是令人头疼的问题，有的学生忍不住抱怨：汤老师，问题怎么这么多啊？

汤楠的回答是：问题多，意味着机会也多。

"您的思维方式真特别。"我忍不住赞叹。

"实际上也是这么回事。"汤楠说，"其实做科研最怕的就是你提不出问题，或者找不到问题。就拿肺再生来说，因为不知道的问题太多，所以只要你有一点儿突破，就属于新发现，可以结题、发论文了，虽然我们从来不这样做。"

对于发论文，她的要求是：每一篇发出去的文章都要被同行当作"圣经"来读。只有这样，你才能在科研上站住脚，别人也才会跟着你做。

学生们也很佩服汤楠看问题的独特角度。她的学生武慧娟告诉我，做实验通常有两种结果：阴性和阳性。一般来说，拿到阳性的结果就说明你的设想是对的，你没有瞎折腾。但更多时候是费了半天劲儿，拿到的结果是阴性的。

"这个时候就会很郁闷。我们去找汤老师，她就会从一个特别积极的角度分析：结果是阴性的，说明我们又排除了一种可能性。排除了一种可能性，可能就预示着另外一种可能性。我们要不要朝另外一条路再探索一下呢？"武慧娟笑着说，"所以每次跟汤老师聊过之后，我就觉得其实阴性结果也没那么糟糕，也就没那么消极了。后来脸皮就比较厚了，碰到不理想的结果就比较坦然，压力也就没有那么大了。"

关于压力，汤楠的理解是：压力太大，把人搞抑郁了当然不行，但人生还是需要经历一定时间、一定程度的压力。一切来得太容易，就可能没有勇气或者不愿意努力继续往前走。

做些真东西

说起来容易做起来难。在采访中我了解到，他们实验室的每个课题，都要花几年才能完成。通常的情况是，一个问题，学生做了几个月都没有进展。

即便如此，汤楠也是不急不躁。她经常告诫学生，在科研上，千万不能忽悠自己。遇到墙不能绕着走，要想办法把墙上的砖一块一块地敲掉。"如果你绕着走，可能就把关键问题绕过去了。"

关键问题不能回避，细节上也不能含糊。实验室每周都会开组会，每个学

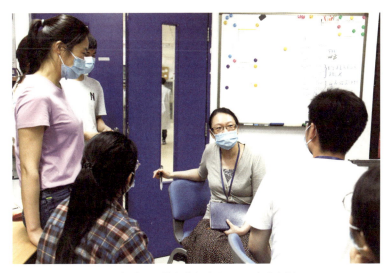

2020 年夏，汤楠和学生讨论问题　赵永新摄

生向大家汇报实验进展。有时候学生在某个细节上讲得不清楚，汤楠就会让他停下来，重新讲一遍，直到大家听明白为止。

她的名言是：魔鬼都藏在细节里。

对于学生来说，这些要求还不是最难的。最难的，是找到"FIGURE FIVE"。在汤楠看来，一项好的研究，或者说一篇好的论文，要有"FIGURE FIVE"。

"从 FIGURE ONE 到 FIGURE FOUR，是描述'是什么'和'怎么发生的'，但 FIGURE FIVE 才是文章的精华，就是要解释'为什么'。前面费了洪荒之力，完成了从 FIGURE ONE 到 FIGURE FOUR，就可以发很好的文章了。但对于我和我的团队来说，我们真正想做的，是如何'ONE MORE STEP'（再进一步），去发掘现象背后的机理，尽管这一步更难做。"

对于这一点，汤楠的学生王净深有体会。

高个子、黑皮肤的王净，是 2013 年年初到汤楠实验室的，称得上"元老级"学生。他告诉我，挖机理是一件很痛苦的事情，需要花与前四步同样甚至更长的时间。

"为了挖出机理，你必须下更大的功夫去做更基础、更下游的东西，经常是进一步退三步，跌倒，爬起来，跌倒，再爬起来，一步一步地往前迈。"他摘下眼镜，揉了揉因长时间盯电脑而发红的眼睛，"这就是所谓'痛并快乐着'吧。你经历的黑暗越长，黎明也会更灿烂、更美妙。"

他告诉我，自己跟汤老师读博最大的收获，是树立了一个重要的信念——做正确的科研，即一定要发现真正有意义、有价值的东西，不能为了发论文去做科研。

之所以这样要求学生，除了科学理念使然，汤楠还有另一层考虑：北生所实行的是长期稳定支持，自己拿的经费也还可以，又不用像其他单位的同行那样要化时间和精力申请基金，所以应该有良心，做些真东西。

是你的就是你的

为随时对比实验数据和图像，汤楠的办公桌前摆放着两台硕大的联机电脑

显示屏。两台显示屏上的屏保图片，都是一朵盛开的荷花。

汤楠告诉我，把荷花作为屏保，除了个人喜好，也是为了纪念一项来之不易的研究成果——在世界上首次运用实时动态成像方法，直观地描述了肺泡的发育过程，并进一步阐明了在细胞因子与机械力的双重调控下肺泡上皮细胞分化的过程。这项成果不仅为体内很多干细胞的增殖分化研究提供了新的思路，对波特综合征、肺功能不全等疾病的预防和治疗也有重要的参考价值。

2018 年 2 月 5 日出版的国际学术期刊《发育细胞》的封面文章刊发了这项成果。封面的图案，是所里的同事石孟利帮忙设计的，属于典型的中国风：莲藕代表肺泡祖细胞，荷叶代表扁平的肺泡一型细胞，花苞则代表立方体的肺泡二型细胞。

这项成果前后花了 6 年时间，主要贡献者是论文的第一作者——博士研究生李蛟。说话轻声细语、做事慢条斯理的李蛟，2013 年 7 月加入汤楠实验室后，接手了一个一直没有突破的课题：采用世界上最前沿的双光子显微镜成像技术，实时、连续观察小鼠胚胎肺的发育过程，从中了解肺泡的发育过程，弄清肺泡上皮细胞的发育、分化机制。

汤楠告诉李蛟："这个事情没有人做过，你自己慢慢摸索、慢慢去试。你需要任何条件，我都会想办法满足你。"

"这个课题没那么难吧？"北京航空航天大学生物工程系毕业的李蛟在本科和硕士研究生期间一直鼓捣各种电子仪器、生物仪器，加入汤楠团队之前还曾做过一个类似的课题——脂肪细胞脂滴的形成，所以对汤楠的话半信半疑。

按照汤楠的指导，李蛟先着手搭建胚胎小鼠体内、体外的肺活体成像系统。做了不久，李蛟就发现这个实验太折磨人了！

以相对容易的胚胎小鼠体外肺活体成像为例。做这项实验，首先要把胚胎小鼠的肺取出来，想方设法让它在体外存活。别说做了，光听就让人头大：要

肺胚胎发育的中国风示意图　汤楠供图

想让胚胎肺活下去，先要保证胚胎心脏的完整，然后给心脏扎一针，给它打培养基，这样可以通过心脏和肺血管循环，给胚胎肺输入营养。胚胎小鼠的心脏被肺包裹着，全加起来只有一小粒黄豆那么大。而胚胎小鼠的心脏也就一个小米粒那么大，要在小米粒大小的地方找到小鼠的左心室、右心室，找到合适的位置再扎一针，操作的时候针头稍微一偏，很容易就会把心室扎穿。小鼠的心脏一漏，就没法给肺里输入培养基，胚胎肺就难以存活……

这种实验操作没有任何容错率，做错一步，一只小鼠就废掉了。李蛟做了几个月，还是没有取得太大进展。他找到汤楠，低着头说："汤老师，这活儿太难了。"

"没事儿，你别着急，慢慢来。"汤楠让他坐下，和他一起讨论实验中遇到的具体困难，告诉他可以尝试什么样的方法。遇到她自己搞不定的，就和李蛟一起到所里的技术辅助中心，向那里的老师请教。

"如果没有汤老师的支持，我真是坚持不下来。"李蛟告诉我，光是搭建胚胎小鼠肺活体成像系统，就花了两年多。"我们实验室每周开一次组会，大家轮流介绍自己的科研进展。那两年中，其他同学每次都有或大或小的进展，而我每次都说'我这段时间又没有做成功，怎么都没能拿到结果'。汤老师总是笑着说'没关系，你去试就好了'。"

就这样，不知道扎坏了多少个胚胎肺、"浪费"了多少只小鼠，李蛟花了3年多时间，终于建立起稳定的胚胎小鼠肺活体成像系统，并在国际上第一次成功实现了对小鼠胚胎肺发育全过程的连续、实时观察。之后，他又进行了后续的生化实验和分析、研究，然后和汤楠花了半年多时间撰写、修改论文，直到2018年2月成果才发表。

2017年夏，汤楠在实验室　赵永新摄

"别着急，慢慢来。"当学生因实验失败或进展缓慢而焦虑、郁闷时，汤楠就会开导他们：只要你有自己的独门绝活儿，别人再怎么样都抢不走你的东西，是你的就是你的。

"事实也证明是这样。"已转入另一个新课题"小鼠成体肺再生活体成像"的李蛟摸摸脑袋，嘿嘿一笑，"到目前为止，国际上还没有一个实验室能够做这件事情。他们在等着我们实验室出结果，告诉他们下一步该怎么做。"

搭一座桥梁

关心科技的朋友会发现，近些年基础研究被提到了前所未有的高度，党和国家领导人在不同的场合都强调基础研究的重要性，比如："基础研究是科技创新的总开关""要筑牢建设世界科技强国的基石"。但是，基础研究毕竟不同于面向市场的应用研究和技术开发，它的特点是以兴趣为驱动，重在探索未知世界的奥秘，拓展人类的认知边界。因此，许多做基础研究的科研人员认为自己的任务就是发现新知识，至于新知识怎么用、成果如何转化，那不是他们的事。

汤楠却不这样认为。

不能只想着发论文

汤楠实验室的另一项重大原创性成果，是找到了 IPF（特发性肺纤维化）的发病机制，这在世界上还是第一次。

IPF 是一种常见的肺疾病。顾名思义，就是患者的肺发生了纤维化病变，而且这种病变会先从肺的边缘开始，然后向肺的中心不断蔓延，导致整个肺全部纤维化，患者最后就会呼吸衰竭而死。临床医学表明，IPF 患者诊断的中位生存时间只有 2~4 年，约 80% 的患者从确诊到死亡不超过 5 年，5 年生存率仅高于胰腺癌和肺癌，因此被称作"不是癌症的癌症"。由于 IPF 的发病年龄大多在 50~70 岁之间，随着人口的加速老龄化，该疾病的发病率越来越高，全球的 IPF 约为 320 万，而且每年新增病例多达 122 万。

IPF 之所以成为不治之症，是因为科学家一直搞不清楚它的致病机理，也就是发病机制，对症治疗也就无从谈起。这一困扰了全球科学家多年的谜团，最终被汤楠和她的学生揭开了。

2019 年 12 月 19 日，《细胞》杂志在线发表了汤楠实验室的研究成果。他们不仅建立了世界上首个 IPF 小鼠疾病模型，而且进一步阐明，肺泡再生障碍导致肺泡干细胞暴露于持续升高的机械张力，是诱发肺纤维化从肺叶边缘起始并不断向肺中心进行性发展的关键驱动因素。

这一成果首次揭示了肺纤维化其实是一种肺泡再生障碍疾病，并深入阐释了它的发病机制。论文发表后，立即在国际同行中引发轰动。国外的多家顶尖实验室随后跟进，先后发表了 4 篇重要论文，证明了这一结论的正确性。这项对临床治疗具有重要意义的重大成果，汤楠团队是如何发现的？

"借用一句电影台词，就是'念念不忘、必有回响'吧。"该论文的第一作者武慧娟告诉我，汤老师经常告诉大家做科研不能只想着发论文、解决科学问题，还要每天花几分钟时间想想研究的东西对健康和疾病有什么帮助。在平时讨论的时候，汤楠还经常跟她们讲一些与肺相关的疾病，像慢阻肺（老慢支）、肺气肿、肺纤维化什么的，提醒她们在研究的时候注意观察。"因为心里有这根弦，平常做实验的时候，我就格外留意小鼠肺上发生的一些现象，会想这些会不会和某种肺病有关系。"

正如法国著名科学家巴斯德所说："幸运只留给有准备的头脑。"2015 年的一天，武慧娟在显微镜下观察一只敲除了某个基因的小鼠的肺时，发现了一个细微而奇怪的现象：它的肺泡部位发生了致密化，而且是由点到面，从肺的边缘向肺的中心持续蔓延。

"汤老师，您快过来看看，这像不像您之前说的肺纤维化？"她赶紧去找隔壁的汤楠。

"让我瞧瞧。"汤楠盯着显微镜看了一会儿，忍不住大声喊了出来："慧娟你真行！这只小鼠的肺的确发生了肺纤维化，而且非常符合人的肺纤维化特征！"

"不过，你还得再做一批小鼠实验，看能不能重复出现这种现象。"她告诉武慧娟，"如果确认无误，我们就继续往下做，看看究竟是哪些因素导致小鼠的肺纤维化。"

就这样，经过三年多的深入探索、反复验证，她们终于在 2018 年做完了全部实验，把肺纤维化的发病机制彻底搞明白了。

"经过几年的苦，终于尝到了最后的一点甜。"武慧娟笑得很灿烂。

你得主动去找医生

除了提醒学生要注意把研究与临床相结合，汤楠自己还主动去找医生合作。

"搞基础研究要想对临床治疗有所帮助，必须要和医生合作。"汤楠认为，基础科研与临床医学之间、实验小鼠与病人之间，都有很大的鸿沟，如果不填上这些鸿沟，基础研究就永远只能纸上谈兵，没办法实现转化。

也许因为自己早年做过医生，汤楠对医生这一职业有自己的理解：许多医生特别有想法，渴望解决临床上遇到的难题。当然医生也有自己的问题，一是他们一天到晚忙着看病人、做手术，很难静下心来搞科研；另外是好多人没有接受过系统的科学训练，让他们往深里扎，也比较费劲儿。"所以你要主动去找医生，搭一座桥梁，把基础科学和临床医学连接起来。"

回国后，汤楠有意识地参加国内与肺相关的临床学术会议，寻找靠谱的临床医生。"合作当然也要看人，人品是最重要的。对方一定要端正、踏实，端正、踏实，才能够一起做事。"

回国后，她先后认识了几位著名的肺疾病专家，比如肺移植专家、无锡市人民医院副院长兼胸外科主任陈静瑜，中日友好医院呼吸与危重症医学科主任曹彬，中日友好医院呼吸与危重症医学科三部主任代华平。除了抽时间到医院现场观摩、当面讨论，汤楠经常通过微信、电话和医生联系，一起探讨实验和临床中遇到的问题。

"跟医生聊一聊还是很有收获的，感觉我们的研究与临床距离更近了。"汤楠说，"小鼠模型和患者还是有区别的，自己在做一些觉得和肺病有关系的课题时，会把小鼠的表型给医生看，是不是符合肺病患者的特征，医生也会问些临床上的问题。在他们看来难以理解的问题，我们一讲，他们'啪'一下就明白了。"

主动与医生合作，取得了"1+1 > 2"的效果。在特发性肺纤维化的研究过程中，她得到了代华平、陈静瑜的及时帮助，得出的结论扎实可靠、无懈

汤楠与陈静瑜（前排左一）团队合影　陈静瑜供图

可击；新冠肺炎疫情暴发后，她带领学生深入研究了陈静瑜提供的患者肺标本，在世界上首次发现新冠肺炎患者的肺泡可以再生，这种再生功能有助于恢复肺功能甚至可以解决肺纤维化。相关论文被《细胞—研究》第一时间刊发，在国际上引发很大关注，也给新冠肺炎患者吃了一颗定心丸。

"一般来说，做基础研究的瞧不上做临床的，但汤楠很尊重我的临床经验。我们合作得非常融洽，推动了肺病的研究和治疗，可以说是中国基础研究与临床医学合作的一个典范。"谈到与汤楠的合作，被誉为"中国肺移植第一把刀"的陈静瑜很是自豪。

希望更多人加入

在主动找医生合作的同时，汤楠也经常找其他单位的科研同行合作。在实验中碰到自己不懂或不擅长的技术问题，除了向所里的同事请教，她还会主动找高校或其他研究所的人帮忙。比如清华大学力学专家杨春教授、清华大学数学建模专家胡煜成博士等。在发表论文的时候，汤楠都会署上合作者的名字。

"科学就该这么做。"汤楠认为，从研究的角度讲，如果你不吸引别人来做，自己的思维就会有局限性。就像所长王晓东说的，做科学得走出自己的舒适区。因为你总是在舒适区待着的话，就会总用自己知道的手段去做自己能做的事情。如果大家都这么做，科学就不会前进。

让汤楠开心的是，很多人对肺研究都特别感兴趣，大家都愿意参与合作。"不管是临床医生还是别的领域的科学家，你跟大家讲一讲自己的课题，可能需要什么帮助，他们都觉得特别有意思，愿意和你合作。"

汤楠希望更多的人来做这件事情。"加入的人越多，肺的研究推进得就会越快。"

参与的人越多，最后发文章时署名的人就越多。署名的人多了，会不会降低自己的学术贡献和影响力？

"这有什么啊！大家一起合作，把科学上的问题解决了最重要。"汤楠笑答，"而且对于我来说，论文发了就清零了。"

快乐的"村里人"

从 2017 年夏到 2021 年春，我先后七八次采访汤楠和她的学生。每一次采访结束，我都忍不住慨叹：做科研真不容易！

"刚开始其实挺苦的，每一步都走得很艰难。"关于这一点，汤楠也不避讳，"所以我心里的压力也很大，也有控制不住、想摔杯子的时候。"

不过，让我既羡慕又好奇的是，每次见面她都是乐呵呵的，从没有愁眉苦脸过。对此，她的学生也很叹服。

"汤老师对我影响最大的一点，就是她的乐观。"武慧娟告诉我，"做科研大部分时刻都是在黑暗里摸索，偶尔才能看到一丝光亮。但不管遇到什么难题，汤老师永远像打了鸡血一样充满激情，很少见她有消沉的时候。"

汤楠现在指导着十多个学生，同时开展的研究课题有七八个，而且每个课题都是别人没做过的。从指导学生实验到撰写、修改论文，她的工作量之大，可想而知。

面对按下葫芦浮起瓢的问题和日复一日的辛苦，汤楠为什么总是这么乐观、这么开心？

活得像个农民

北生所有三个食堂，一大两小。大的是中餐厅，花样多、价格实惠，缺点是人多，可谓摩肩接踵、熙熙攘攘；两个小食堂，一中一西，饭菜可口，环境也好。汤老师一直把我当客人，每次聊完到饭点的时候，总是带我到西餐厅，如果这里没有座位，再到小的中餐厅。

找好座位后，汤楠都让我坐着别动，她自己跑前跑后，取餐具、倒水……搞得我像个小孩。饭菜上来后，我们边吃边聊，话题也由科研转到生活等相对轻松的话题上。

"汤老师，除了工作，您的生活大致是怎样的？"

"我的生活？"汤楠愣了一下，随即哈哈大笑，"朋友都说我活得像个农民。"

她告诉我，她老公在外企工作，晚上经常要跟国外的同事联系、开会，所以一直是她陪孩子睡觉，10 点钟准时上床。"有天晚上 10 点刚过，一个朋友给我打电话，当时我已经睡了，没听见。第二天我给朋友打回去，她很诧异，你这个当科学家的，怎么作息时间跟农民一样？我说'我就是这样子的'。哈哈哈！"

汤楠家住在清华大学里，距离北生所 20 多千米。她一般 6 点半起床，7点以前从家里开车出发，7 点 20 前赶到办公室。下午她一般 7 点以后离开所里，到家就 8 点左右了。

"那周末休息日和假期呢？"

"北生所的人好像没有周六日和节假日的概念，加班都习惯成自然了。"她说，"除了偶尔陪孩子参加一些活动，自己基本上都在办公室待着。就像我小时候经常跟着爸爸到单位混，琨琨放假也跟我在办公室看书、写作业，一日三餐也是在所里吃食堂。"

我听后心里有点五味杂陈："您过得太辛苦了。"

"是这样。除了孩子和工作，生活基本没有其他内容了。"汤楠点点头，"刚回国时那阵子还有点个人爱好，比如游泳。后来儿子回来了，工作也越来越忙，个人爱好全牺牲掉了。"

"现在真是除了工作和家庭，就没其他了。"说到这里，她忍不住自嘲，"听上去好可怕啊，我就跟工作狂似的。"

"不过，工作肯定是我最大的爱好。"她一边吃一边说，"那些没有解决的问题，自己的猜想，通过猜想去验证东西，感觉就像很多人喜欢玩字谜一样。而且每天都会有一些小的发现，比如和学生交流几句，他随便说了句话，让我有了新灵感，就会特别开心。周末、过节在办公室看看文献、改改文章，就觉得很充实、很快乐。"说到这里，她笑了："可能我开心的阈值比较低吧，不需要诺贝尔奖级别的那种。"

幸福其实很简单

汤楠的开心阈值确实比较低。

西餐厅除了供应意大利面、沙拉等简单的西餐，还有咖啡。

"你看，这是我们餐厅自己做的咖啡，又漂亮又好喝！"她喝了一小口咖啡，透露出满满的幸福感。

汤楠不喜欢做饭，却喜欢做咖啡。发现西餐厅的咖啡不错，她就跟服务员学着做，学会后买了一套咖啡壶，有空时自己在家做着喝。

"就像你说的，人除了事业还有别的东西。"她说，"本来我们就是从家到实验室两点一线，如果工作不快乐，家里不快乐，做人就不快乐了。生活不能愁眉苦脸的，总得要快乐一下。"

"能从日常的小事中享受到快乐，也特别难得。"

"其实生活没有想象的那么难。"汤楠告诉我，她老公是搞 IT 的，收入比她高。"留学的时候我就告诉他，以后想搞基础研究，老公说他算过了，以他当时的工资，今后衣食无忧也够了，只要我开心就好。我现在收入也还行，所以就感觉挺满足的。"

"但现代人都觉得钱越多越好啊。"

"没钱肯定不幸福，但也不是钱越多越幸福。"她说，"我一直觉得，刚开始需要钱的时候，钱越多，幸福感越强，是一条成比例的上升曲线；但到一定程度，满足了生活的需求后，曲线就变成平的了。"

她很赞同所长王晓东的观点：吃来吃去，也就吃那么多；住来住去，最后还是觉得自己家的那张床最舒服。

"这也可能与在北生所的小环境有关。"她告诉我，北生所远离繁华闹市，同事们都把心思放在做最好的科研上，所以就挺简单的。"我有时候也和同事开玩笑：也许因为我们是村里的，没见识过外边的花花世界，所以也就没那么多想法。"

"农村人比较朴实，我们就是村里的。"说到这儿，汤楠想起一件事，没说先笑起来："我妈不是学医的嘛，年轻时跟着医疗队上山下乡。一次听当地的两个农民唠嗑。一个说'你说毛主席天天吃什么？'另一个回答'那还能有啥，油泼辣子面嘛！'"

"哈哈哈！"说到这里，汤楠大笑："你看，陕西的农民就是这样，认为天底下最好吃的就是油泼辣子面，毛主席老人家天天就吃这个。可能我也是这种心态，没见识过外边的花花世界，觉得这样就挺快乐的。"

在穿着打扮上，汤楠也不讲究，一年四季穿来穿去就那几套衣服。她现在出门背的包，还是多年前去泰国旅游时买的一个布袋子，当时就花了60元人民币。她特别喜欢布袋上绣的

汤楠背了十多年的布袋子　赵永新摄

大象图案，一直舍不得扔。因为背的时间长了，包的带子断了，她就让妈妈帮着换了两条新的，继续用。

她告诉我，自己最喜欢吃巧克力，早晨喝一杯咖啡，吃两块巧克力，就觉得很幸福了。

"幸福其实很简单，就看自己想要什么吧。"

选择性遗忘

汤楠还有一个"快乐大法"：选择性遗忘。

我问她："您在研究中经常遇到的困难是什么？"

"当时肯定有很多困难，但我都不记得了，记住的都是快乐的事情。"汤楠说，其实回想起来有些时候也挺生气、挺痛苦的，比如文章被退回来、审稿人提了一大堆问题。"但是这些事过去了就过去了，能想起来的都是特别美好的事情。"

汤楠和小时候的琨琨　汤楠供图

在生活上，汤楠也经常选择性遗忘。

汤楠刚出国念书时压力很大，去了几个月人瘦了十几斤。她曾给爸妈寄回一张照片，黑瘦黑瘦的，他们看了特别心疼，觉得女儿一个人在国外很不容易。"但我现在已经记不清楚当时有过什么困难了，记得的就是和大家一起出去玩儿，在实验室很开心。"

"有句话不是说'一人得病，全家吃药'嘛，我之前也遇到过。"她告诉我，儿子小时候有一段时间经常感冒，还传染给她们夫妻俩，俩人一边上班，一边照顾他……搞得非常狼狈。"现在回想起来，就记得他特别可爱，每次特别好玩儿……记得的都是这种事情了。"

"这可能跟我的个性有关系。"汤楠说，选择性遗忘也不妨是一种自我保护、让自己快乐的方式吧。

幸运与感恩

"您也有抱怨的时候吗？"

汤楠与爸妈在加州大学圣迭戈分校医学院留影　汤楠供图

"当然有。"汤楠说，"其实每个人都会有抱怨的时候，但不要总是抱怨吧。"

"这可能是受我爸妈的影响。"她告诉我，她父母年轻时也非常忙，经常加班加点。"但两人在家从不叽叽歪歪。尽管他们不会说'前途是光明的，道路是曲折的'这种话，但你能从他们的身上感觉得到。"

在采访中我发现，她经常使用两个词：幸运和感恩。

我感觉挺幸运的，在国外念书时碰到的三位导师都非常好。

自己回国后也挺幸运的，到了北生所这样一个能让你集中精力做科研的地方，同事们也都很给力。

我老公一直支持我，全家三口在所里吃食堂，他也不说什么。所以我挺幸运、挺感恩的，有事业，身体健康，有幸福的家庭。

我的学生也非常好，都很热血，有想法，而且都特别靠谱。遇到这样一群好学生，我觉得挺幸运的。

……

"我听学生讲，在做实验的过程中，有时候会觉得很崩溃，不知道该怎么办，往哪儿走，而您一直不停地鼓励他们。您怎么这么自信？"

"我也不是一直自信，也有快崩溃的时候。"汤楠说，"不过，搞科研本来就是很难的事，别人也都和你差不多。"

说到这里，她拿起手机，翻出一张照片给我看："前几天所里邀请一位做药的科学家来演讲。他叫单倍，早期是一家初创公司的科学家，实现财务自由后到了一家大的制药公司，后来做到高级副总。我觉得他讲得特别好，受到很大的鼓励。他做了个PPT（幻灯片），有一页特别棒，我还专门拍下来了。"

我看了看她用手机拍的那张PPT，上面写着：

Do what you like and enjoy——做你自己喜欢的事；

Be confident——相信自己；

Impactful and meaningful——做有意义的事；

Never give up——再坚持一下；

You are not alone——会有人帮你的；

Proud and graceful——一直觉得很幸运，感恩。

"我特别认同这几句话，还转给我们实验室的学生。"汤楠说，"其实真的'不是你一个人在战斗'，这个世界上有许多你不认识的人，在和你一起努力。"

科学家妈妈

作为一个母亲，除了在事业上有所成就，最大的幸福就是孩子了。

我采访汤楠，有两次在办公室碰到她的儿子琨琨：一次是2017年夏，那时他上小学四年级；另一次是2020年秋，他刚上初一。每一次，琨琨都在安安静静地看书。

据汤楠的学生讲，每逢周六日、节假日，琨琨就跟着妈妈来办公室，一个人写作业、看书。前几年琨琨小的时候，还经常向他们大声抱怨：你们又和我抢妈妈！

2017 年夏，汤楠和儿子琨琨　赵永新摄

尽管在孩子身上花的时间很少，但琨琨各方面都非常出色，除了功课好，篮球、钢琴也都不错。2021 年 1 月，琨琨还顺利拿到了英国皇家音乐学院的 8级钢琴证书。

在小食堂吃饭的时候，我就跟汤楠讨教教育孩子的方法。听她讲完，我禁不住暗挑大拇指：汤楠真行！不仅科研做得漂亮，在儿子教育上也很有一套。

基本上是放养

"我们基本上是放养。"汤楠说，"我觉得潜移默化对孩子是最重要的，父母做好榜样就行，不用天天灌输。"

汤楠告诉我，她和老公工作忙、没有看电视的习惯，琨琨也看得很少，主要是看动物、星系、宇宙类的科普节目。他看会儿电视就自己写作业、看书，汤楠则在电脑上干自己的活儿，互不干扰。"只要父母自己把事做对、做好了，孩子差不到哪里去。"

事实上也是如此。2017 年夏我和洪蔚琳采访汤楠时，曾问 9 岁的琨琨："在你眼里，妈妈是个怎样的人？"

"负责任。"琨琨的回答稚气而响亮。

"那你希望自己将来干什么？"

"当一名老师。"他眨巴着亮亮的黑眼睛说。

"为什么？"

"因为老师非常负责任！"

汤楠也很欣慰："我的父母做事就比较认真、踏实，非常尽职尽责。他们的这种品质影响了我，现在又传到了儿子身上。"

2020 年夏，汤楠与读初中的琨琨
赵永新摄

得让孩子多见识

"中国的父母都是望子成龙，您对孩子就没有要求吗？"我问汤楠。

"没什么具体要求吧。"汤楠认为，每个人的思维不一样，孩子的特点和父母一定不一样。"我儿子对文字特别敏感，从小在美国的时候，出去就经常问这是什么字，那是什么字，我们就告诉他。结果别的小朋友在学 ABC 的时候，他就会拼字了。琨琨语言学习能力很强，我们只给他报过一个外教英语班，其余都是他自学的，小学四年级就能自己读英文版的《哈利波特》了。"

"那您希望自己的孩子将来从事什么职业？"

"这个无所谓。我觉得他们这一代真的是挺幸运，有条件去经历一些事。不像我们小时候，信息闭塞，视野狭窄，见识很少。琨琨的兴趣比较多，除了读书，还喜欢弹钢琴、打篮球。"汤楠认为兴趣最重要，只要有兴趣就有信念，就会觉得自己做的事情是对的，能够坚持下去。所以，不管是孩子还是学生，应该给他们创造一个比较开放的环境，让他们有更多的选择，尽量多地去接触和见识。一个人如果见识少，就很难知道什么是自己喜欢的。

不要夸孩子聪明

虽然对琨琨的学习成绩没什么要求，但汤楠认为，他对自己应该有要求，特别是在做事努力、认真上。

在孩子教育上，汤楠认为要以表扬为主。"老师就跟我讲，在学校学生经常面对的是批评，回家后家长要以鼓励、表扬为主。如果在学校已经被批评了很多次，回到家再挨家长批，孩子就会很沮丧。所以，还是要多表扬。"

"不过，不要夸他聪明，要夸他努力、认真。"汤楠告诉我，"一定不能说'哇，你好聪明啊！'，而是要说'你今天做得很棒，是因为你努力了，坚持下来了'。"

琨琨上初一以后，课程和作业都多了，自然比上小学辛苦。汤楠就跟他讲：辛苦是人生必经的一个过程，各行各业干好了都不容易，哪怕是当一个厨师，把菜炒好了都不容易，都要有基本的素养，比如认真、努力、负责任。

琨琨大了以后，成功就成为母子经常交流的话题。汤楠常对他"现身说法"：我们都不是天才，妈妈成功的一个原因，是时间安排得特别好。比如，回家先把衣服放到洗衣机里，因为需要四五十分钟；接着再去洗菜、做饭……这样就能不浪费时间。

养成好的习惯

人无完人，孩子也是一样。如果他有些事做得不对，做家长的应该怎么办？

"我有时候也对孩子发火。"汤楠说，她和老公对琨琨都不是特别严格，但该严厉的时候还是要严厉，嬉皮笑脸是没有用的。"我们家得有一个人装得很厉害，我就是那个要装厉害的。比如他磨磨蹭蹭、学习效率不高的时候，我也教训他：'过来，坐下来咱们好好谈一谈。'"

我也是只有一个孩子，对他大的方面比较满意，但就是有一点让我很感意外：我和爱人都不是自私的人，平常也经常教育他不要只想着自己。但我没想到的是，他吃饭的时候不管不顾，只拣自己喜欢的吃。

汤楠也遇到过同样的问题。"你们要重视这个事。"有一次妹妹给她打电话说琨琨吃饭的时候只顾吃好的，如果夹了个菜发现不好吃，又放回去了。"我说他他还不服气，你们可得好好管管。"

汤楠也觉得这个习惯很不好，不单单是餐桌礼仪的事。怎么让琨琨改掉这个毛病？她采取的办法是循序渐进。先给他讲道理：做人不能自私，不能光想着自己、吃自己爱吃的。然后付诸行动：你不想吃，不能放回去，可以放到妈妈碗里。再到后来，她要求琨琨夹了觉得不好吃的菜必须吃掉，连妈妈碗里也不许放。

"慢慢地，他这个习惯改过来了，现在胃口很好，也没有说不爱吃什么。"汤楠说，其实现在孩子都挺聪明，关键是要养成好的习惯和负责任的品质。

要认识自己的根

在孩子的教育上，汤楠还特别注意一点：一定要认识自己的根。她的这个经验，既因为琨琨是在美国出生并且待过几年，也来自她对华人孩子的观察。

"好多在美国长大的华人孩子，身份定位定错了。"她讲了一件事，"某位美国出生的篮球明星，他刚到 NBA 打球时好像不自信，梳了一个黑人喜欢的小辫。我想可能是他把自己的定位定错了、缺乏自信。定位定错了，对自信心有很大影响。"

汤楠觉得中国人还是要有身份认同，认可自己是华人，对民族、国家要有自信。

从"糊涂"到清楚

谈到自己的成长经历，汤楠笑了："我从小就稀里糊涂的，到很晚才知道自己将来要干什么。所以，我特佩服那些从小就目标明确、胸怀远大理想的少年英雄。"

长在西安的山东人

汤楠生在西安，长在西安，却一直以正儿八经的山东人自居。原来，汤楠的父母都是山东人。她妈妈出生在青岛，从小就随父母去了西安；爸爸老家在烟台，大学考到西北工业大学，毕业后留在西安工作。山东人为何不会讲山东话？这要从汤楠生长的小环境说起。

在西安市东北端的阎良区，有一个"飞机城"（现中国航空城），聚集了许多与飞机相关的科研、生产单位，比如西安飞机制造公司（简称"西飞"，即现西安飞机工业（集团）有限责任公司）、中国飞行试验研究院、中航第一飞机设计研究院、西安航空职业技术学院等。

学空气动力学的爸爸非常崇拜钱学森，毕业后到中国飞行试验研究院做工程师，一辈子从事飞机设计、研制工作，为我国的航空事业作出了杰出贡献。学医的妈妈毕业后先在西飞职工医院当护士，后来成为该院的副院长。

当时，"飞机城"汇聚了北京、上海、东北等全国各地的专业人才，大家在公共场合都说普通话。在家里，父母和姥姥、姥爷说山东话，和汤楠、汤桦姐妹俩则说普通话。对此，汤楠至今还有点愤愤不平：全家就我最惨了，既不会说陕西话也不会说山东话，只会讲普通话。

汤楠的父母都非常敬业，爸爸经常加班加点，妈妈也是随叫随走。到了周末，汤楠经常跟爸爸到单位加班，埋头工作的爸爸顾不上管她，她就一个人写作业、玩儿。

直到今天，汤楠还记得爸爸经常对她说的一句话：笨鸟先飞。对此，小汤楠很不忿：我怎么会是笨鸟呢？

贪玩的孩子

她的确不笨，6岁就上小学，上大学时也是班里年龄最小的。

聪明归聪明，但汤楠小时候特别贪玩，学习不怎么认真。她是个急性子，一放假就天天趴在书桌上写作业，写完了就玩儿。结果，妈妈看她把作业写完了，马上给她布置新的作业。

"所以我就得跟我妈斗智斗勇。我妈问我作业写完没有，我其实写完了，但跟她说没写完。"说到这里，汤楠大笑，"所以你想想，咱容易吗？"

上小学的汤楠　汤楠供图

"小时候能玩的东西可多了，哪像现在的孩子这么可怜。"回忆小时候好玩的事儿，汤楠滔滔不绝地讲起来：

上大学时的汤楠　汤楠供图

汤楠初中回老家青岛游玩时留影　汤楠供图

那时候不像现在，糖是稀缺品。吃完糖，我就在地上掏个洞，把五颜六色的塑料糖纸埋到地下，再盖上块玻璃，心里想说不定哪一天挖开一看，里面能长出什么财宝。

夏天树上知了叫的时候，天一黑就拿起手电筒，到院子里的树底下到处照，满地找知了猴儿（学名金蝉）。发现地上有个小孔，就开始挖挖挖，把蜷缩在土里的知了猴儿掏出来。回到家，把知了猴儿放到纱窗上，看它慢慢蜕皮，露出青色的背、嫩黄的翅……"蝉原来是这样子变出来的，好神奇啊！"

就连写字用的塑料圆珠笔芯，都能变废为宝。墨水用光了之后，我就把蓝色、红色的塑料笔芯掏出来，拿小刀在上面切、切、切，切出密密的豁口；然后把切好的圆珠笔芯一拉、一弯、一串，就变成了漂亮的手链、项链，戴上美得不行。

自己的圆珠笔不够用，就把妈妈的圆珠笔偷来，在纸上一个劲儿地乱写乱画，直到把里面的墨水画没了，再拿出空笔芯，切、切、切……

"所以我妈就老纳闷儿：我说汤楠，没见你写多少作业，怎么圆珠笔用得这么快？"

"拆弹专家"

汤楠小时候喜欢做的另一件事，是修东西、拆东西。家里的电灯、马桶……坏了，她都自告奋勇拆下来修理。

坏的修，没坏的就拆。家里能拆的东西她几乎都拆过，包括爸爸买的进口索尼录音机。20 世纪 80 年代初，她爸通过关系买的一台索尼录音机，全家人宝贝得不行。

"这个洋玩意儿怎么还能说话？"趁着大人不在家，好奇的汤楠找来小螺丝刀，把录音机大卸八块，然后仔细地看这个、瞧那个，研究完了，再一个零件一个零件地装起来，完好如初。对此，汤楠的父母见怪不怪，从来没有批评过她。

从小学到中学，汤楠的学习成绩一直不稳定，考分忽高忽低。老师经常找她父母："汤楠这孩子挺聪明，就是淘气、学习不认真，成绩是螺旋式上升、波浪式前进。你们可得盯紧点儿！"

非内分泌科不进

就这样边玩边学、边学边玩，不知不觉就要考大学了。当时汤楠不知道自己将来想做什么，爸爸希望她学航空，她觉得自己从小就看飞机，再学飞机很无聊。最后，她听从妈妈的建议，报了西安医科大学（现西安交通大学医学院）。

上大学以后，汤楠渐渐对生命科学产生了浓厚的兴趣。在毕业纪念册上，她写下了自己的梦想：拥有一个属于自己的实验室。

当时，她想留在学校的基础部做研究，但妈妈告诉她国家的基础研究还很落后，做起来特别吃力，生活上也比较清贫，还是先当医生吧。"当医生可以，但我非内分泌科不进。"汤楠跟妈妈讨价还价。

汤楠觉得，在医院的各个科室中，内分泌科是最需要动脑筋的，医生需要

汤楠大学毕业时的纪念册　汤楠供图

做实验，研究数据，进行逻辑分析，查找、判断病因以及相关因素的上下游关系。

没成想当了两年医生，汤楠就做不下去了。看着那些治不好的病人饱受折磨，她觉得太压抑、太难受。特别是在血液内科轮转的时候，看到得白血病的小孩最后夭折，父母哭得那么惨，汤楠觉得自己的内心不够强大，不适合当医生。

她决定还是回去搞研究。1995 年，汤楠回到学校读硕士。但没多久她就明白了，妈妈说得没错，国内的基础研究太落后了，老师讲的知识很陈旧，实验设备非常差，许多想看的英文科学期刊也找不到。当时出国留学在大城市已经很流行，汤楠就想着要不要到国外读个博士？

她开始通过电子邮件联系美国的导师。没过多久，加州大学圣迭戈分校的理查德·菲特尔（Richard Firtel）教授回复她了：你已经做了两年医生，按照美国的学制，就相当于有博士学位了，可以直接来做博士后研究。

当时汤楠已经结婚，有同学劝她：你都老大不小的了，婚也结了，还出国干什么？但汤楠觉得还是应该出国念几年书。征得老公同意后，她中途退学、没等拿硕士毕业证，就在 1997 年冬天买了张机票，一个人去了美国。

漫长的留学

汤楠的父母原本想着，女儿出国待几年就学成归国，然后踏踏实实工作了。没承想，汤楠一出国就是 15 年，做完博士后研究还觉得不过瘾，不仅又读了一个博士，还又做了一回博士后。

大部分"70 后"科学家，从大学毕业到开始拥有自己的实验室、独立做研究，所需的时间也就 10 年左右；"80"后科学家的成长就更为迅速，二十七八岁成为 PI（实验室主任）的学术明星也不乏其人。相比之下，汤楠就慢多了。她 1993 年大学毕业，2012 年年底才拥有自己的实验室。中间光是出国留学，就花了 15 年。起步比同行晚这么久，不怕赶不上趟？

"当时没想那么多，就是顺其自然吧。"汤楠并没有为此遗憾，"我的选择都比较简单、随性，基本上是跟着内心的想法走，没经历那么多纠结。"

崭新的世界

"哇，好漂亮！"

这是汤楠第一次出国。确切地说，是第一次走出西安。当她拉着行李箱走出圣迭戈机场，看着外面一排排高大挺拔的棕榈树时，心情无比激动。更让汤楠激动不已的，是崭新的科学世界。

她在国内学的是临床医学，生物学的底子很薄，那些从教科书上得来的知识也很陈旧。到了加州大学圣迭戈分校的理查德·菲特尔教授实验室后，她突然发现：哎，这些教授怎么对自己做的东西这么了解？而且特别

在美国留学期间的汤楠　汤楠供图

先进，特别有意思！就连那些同事，都知识非常渊博，什么基因、信号通路，讲起来一套一套的。这些闻所未闻、奥妙无穷的生命现象，让一直就想做科研的汤楠兴奋不已。就像读环环相扣、引人入胜的侦探推理小说，她一头扎进了奥妙无穷的科学世界。

不过，当时汤楠对分子生物学一窍不通，学习的难度和承受的压力可想而知。要强的她并没有退缩，一边刻苦自学，一边虚心向同事们请教。实验室的同事都很热情，特别是比她早来的瑞士同事鲁迪，既博学多识又乐于助人。刚好两人各有所长：理论底子扎实的鲁迪不喜欢动手做实验，而汤楠的操作能力

汤楠在美国过的第二个圣诞节　汤楠供图

很强。于是，他俩取长补短：汤楠碰到不懂的地方就向鲁迪求教；作为回报，她做克隆实验的时候就帮着鲁迪一起做。就这样，汤楠进步很快，一年以后就"出师"了。

挑战之二

　　除了科学上的困难，她需要同时面对的第二个挑战，是生活上的。

　　在国内的时候，她衣食无忧，而且一直被姥姥当心肝宝贝宠着。汤楠刚出生不久，当护士的妈妈就响应号召，上山下乡当赤脚医生去了，是姥姥一手把她带大的。姥姥特别疼爱这个外孙女，汤楠基本上是衣来伸手、饭来张口。即便上了大学，姥姥还是把她当小孩看。有时候汤楠周末忙于学习、没有回家，姥姥就做一大盒汤楠喜欢吃的红烧鸡块，让姨妈坐公共汽车送到学校去。

现在就冰火两重天了。刚到美国的汤楠人生地不熟，找宿舍、买家具、做饭……全得自己想办法。而且，美国的文化和国内很不一样，不像国内的导师，除了学习，生活上也经常嘘寒问暖。美国的导师就不同了，他们很少问学生住宿怎么解决、生活上有什么困难，可以说"漠不关心"。远离亲人的汤楠，第一次理解了什么叫异国他乡。学习、生活的双重挑战，让汤楠备感压力，人很快就瘦下来了。

不过，汤楠从没向爸妈诉过苦。她学着自己想办法，遇到挫折、情绪不好的时候就跟同事聊聊天，缓解一下。好在留学生都非常友好，实验室管理员苏珊也特别友善，周末除了组织大家一块儿出去玩，有时还邀请学生到家里吃饭。渐渐地，汤楠这个"老外"慢慢融入了美国的生活和学习。

"人就是这样，你扛过了一个个压力，就成长起来了。"回忆往事，汤楠很感念这段经历，"其实后面的压力会越来越大，你学着慢慢适应，也就习惯了。"

去加州大学旧金山分校做博士后前留影。离开圣选戈，汤楠有些不舍 汤楠供图

应该再读一个博士

除了生活上不怎么管，导师在科研上也很放手，鼓励学生们自由探索。汤楠倒是很喜欢这种方式，她自己选课题，自己设计实验方案，打下了非常扎实的分子生物学功底。2000 年 8 月，她顺利完成了博士后。

按照一般人的想法，此时的汤楠就可以学成归国了。然而，她心里想的却是自己的科学基础还不够扎实，应该再读一个生物学博士，接受更为系统的科学训练。这一次，她选了加州大学圣选戈分校分子病理学系的兰迪·约翰逊教授做导师。兰迪当时 40 岁出头，已经是科学界的顶尖学者。交谈过之后，汤楠感觉自己喜欢他的思维方式和研究方向，就在他的指导下做血管发育学研究。

跟兰迪读博士，汤楠更加感受到东西方文化的差异。有一次聊天，汤楠跟导师说起中国的一句谚语"一日为师，终身为父"，他听完居然很紧张：什么叫"终身为父"？

汤楠就给他解释：中国对老师非常敬重，学生会像对待父亲那样，一辈子尊重、感恩老师。兰迪听完，连连摇头。

汤楠讪笑自己"太小家子气"。随着与西方人接触的增多，汤楠慢慢了解到：西方人崇尚自由，注重个人隐私，认为租房、结婚之类纯属个人私事，别人不应"关心"。在科研上，导师更强调独立性，鼓励学生自己闯、自己试。

后来，汤楠成熟、豁达了很多，意识到不能总站在自己的立场去想问题，而应该站在对方的立场去想他为什么会这么做，这样就会想通很多事情，不会钻牛角尖。

2005 年年底博士快毕业的时候，汤楠觉得意犹未尽：尽管自己读博士期间也发了不错的学术论文，但毕竟身份还是学生，应该再做个博士后，锻炼一下独立科研的能力。此时，汤楠在同学中已经属于"大姐大了"。不过，她并没考虑"什么老大不小了要找工作"，就是想着在科研上更独立一些。这个时候，她又发现了新的兴趣点。在做血管发育研究的过程中，她发现血管有个特点，它总是跟着肺气管走，气管怎么走，血管就跟着它走。血管为什么和肺气管结合得如此紧密？这种排列组合背后有什么奥妙？就这样，在好奇心的驱使下，汤楠选定了自己的博士后研究课题：肺气管发育。导师兰迪听了她的想法后，就劝她研究相对热门、经费也好申请的乳腺。他没有想到，这个中国学生居然没听他的忠告。兰迪最后说了一句："以后你就知道经费的重要性了。"

"我当时也没想那么多，就是觉得要按着自己的兴趣来。"事后回想，汤楠说，"可能你想得越少，事情就越简单。如果想得太多，没准儿最后就想到坑里去了。"

真是个猛人

这次，她选的导师是美国科学院院士、加州大学旧金山分校（UCSF）的盖尔·马丁（Gail Martin）教授。

在做决定之前，汤楠就听说，盖尔·马丁是颇具传奇色彩的女科学家。她年轻时喜欢艺术，博士毕业后跟老公去了英国。此后，她不仅在胚胎干细胞发现中做出了重要贡献，为其命名，还发明了胚胎干细胞的体外培养方法。直到现在，学术界还在用这个方法培养胚胎干细胞。胚胎干细胞研究是诺贝尔生理学或医学奖的热门选项，盖尔当时是热门人选。最后的结果却让人大跌眼镜：2007 年，其他三位科

汤楠的博士后导师盖尔·马丁　汤楠供图

学家凭借在胚胎干细胞研究上的贡献摘得这一殊荣，盖尔意外出局。

不过，这并没有影响盖尔的国际学术地位。在医学研究委员会（MRC）评选的"世界百名女科学家"中，她榜上有名。盖尔的老公也很厉害，是加州大学伯克利分校的生化系主任，英国皇家学院院士。汤楠跟盖尔做博士后时，年过 60 岁的她已经在科学界功成名就，不像年轻时那么拼了。不过，盖尔年轻时干活儿不要命的作风依然深深影响着汤楠。

1989 年旧金山湾区发生大地震，从伯克利到旧金山的跨海大桥被震坏了，交通中断。那时候盖尔跟老公住在伯克利，大桥维修期间，她就开车绕路一个多小时赶到加州大学旧金山分校上班，风雨无阻。

比这更令人惊叹的是这件事：盖尔年纪很大了才要孩子，当时 UCSF 的医院和科研楼在同一座建筑，医院妇产科在最高层，盖尔的实验室在妇产科楼下。生完孩子当天，她就离开产床，一个人跑到实验室去给培养的细胞换培养基。

"你就想她有多猛！"汤楠忍不住赞叹，"真是个猛人！"

更大的挑战

其实，汤楠也该为自己点赞。做博士后期间，她经受住了更大的挑战。得益于在盖尔实验室受到的硬核发育学训练，汤楠的肺气管研究做得比较顺利，两年多就把实验做完了。那个时候博士后找工作竞争已经很激烈，要想找个好工作，必须要有一篇好文章。特别是当她得知可能有个潜在的竞争者（那个人也在做肺气管发育）时，心里就更紧张了。"必须赶紧把论文写完，早点投出去！"

偏偏这个时候，琨琨出生了，而且生产过程很不顺利。虽然是高龄产妇，但汤楠对自己很有信心，觉得自然顺产没问题。没想到，后来折腾了半天没生出来，最后只得做紧急剖宫产。结果，剖宫产手术过程又出了问题。汤楠得了肺血栓，小琨琨吸入胎粪，两个人的情况都非常危险，双双进了重症监护室，一周以后才转危为安。前后折腾了一个月，汤楠才回去上班，重新开始写论文。

因为要送孩子进托管班，汤楠把家搬到了离老公工作近的地方，自己每天花 3 个小时去学校。当时她备感焦虑：同事都住得那么近，还经常加班，自己到底能不能早点把论文发了，早点毕业？论文发得也不顺利。2010 年年初，她把写好的文章投给了《自然》，等了快一年，最后居然给退回来了。没办法，汤楠又把文章修改了一下，投给了《科学》。

"博士后那几年是够折腾的。"汤楠笑着说，"当时都忘了是什么感觉了，回想起来还是挺佩服自己的。"

师生情谊

尽管不像年轻时那么拼命，但导师盖尔在学术上的严谨一如既往。有一次汤楠在她的指导下写一篇文章，一个下午就写了一小段。快下班的时候，汤楠拿给导师看，没想到她觉得不满意，一下子全给删了。

"这不一下午就过去了嘛！我当时特别着急，想着赶紧写完了就完了。"汤楠说，"这就是盖尔，她才不管你着急不着急，科学的事一点都不能马虎。"

除了科研，汤楠还特别欣赏导师的为人。在加州大学圣迭戈分校，一般顶尖学者退休的时候，学校都会出面组织一个大的欢送会。但 2012 年盖尔退休的时候，却婉拒了学校的安排，她坚持跟自己的家人、好友与实验室的人一起吃个饭，玩一下。学生在校外租了一个地方，盖尔请了两个最好的院士朋友，和大家一边吃着冷餐，一边听每个学生介绍自己的工作，其乐融融。

汤楠还和同事们一起，给导师做了一个电子相片纪念册。不同时期的学生都提供一些个人照片，包括实验室的工作照片和个人的生活照片。盖尔看后特别喜欢。

退休之前，原本喜欢艺术的盖尔通过三年自学，考取了旧金山亚洲艺术博物馆的讲解员。退休后，她除了在博物馆做义务讲解，每年还自费到亚洲各国考察当地的建筑艺术。

汤楠办公室的窗台上，除了几盆绿植，还摆着一个精美的小象彩塑。这个

汤楠（后排左二）做博士后期间与导师（前排中）、同学合影　汤楠供图

小象彩塑，是 2013 年盖尔去印度考察时给她买的礼物，汤楠特别喜欢。

　　2013 年，盖尔在印度考察结束后，又到北京考察古建筑。汤楠放下手头的工作，先陪她去了雍和宫，后又到北海公园看九龙壁。盖尔回美国后，给汤楠发了一张九龙壁的照片，还跟她探讨"九龙壁上的龙有几只爪子"。汤楠从来没想过这个问题，盖尔得意地告诉她：中国龙有 5 只爪子。

　　每逢元旦，汤楠都会给盖尔发新年祝福，她也很高兴。尽管她们现在很少谈科学上的事，但盖尔知道汤楠做的工作，很为她的中国学生骄傲。自己做了导师以后，汤楠经常跟学生讲要活成盖尔那样，工作做

盖尔给汤楠买的小象彩塑　赵永新摄

得不错，也有幸福的家庭。

说到这里，汤楠说，科学家不是政客，他们更看重学术，你工作做得好就是好，不管你是哪国人。她告诉我，尽管由于研究的领域不同，自己很少跟博士导师兰迪·约翰逊联系，但导师依然记得她。"去年我们所的张二荃老师到国外开会碰到兰迪，兰迪对他说：'汤楠是我最优秀的学生。'"

"我当时听了很激动，就想着跟导师联系一下，但一忙起来就忘了。"汤楠有些自责地说。

2013 年，汤楠在北京陪盖尔游玩时留影
汤楠供图

"中国人民站起来了"

2012 年汤楠回国时，拿到了多个"国字号"知名高校、科研单位抛来的橄榄枝。不过，她最终选择了一个体制外的"三无"研究所。后来的事实证明，这一次她又"赌"对了。

赌国运

博士后研究快要结束了，汤楠开始考虑回国的事。想到当时汤楠一家三口都在美国，她自己在美国找个教职也应该不难，我就跟她开玩笑："您这是学习钱学森，放弃国外的优裕生活，回国效力。"

"赵记者，话可不能这么说。"没想到，汤楠听了非但没有"点头称是"，还很认真地纠正我，"我们跟钱学森那一代老科学家可真没法比。那个时候中美差距确实大，无论是生活待遇还是科研条件，国内差得不是一点半点儿。他们能冲破重重阻力回国报效，真的是不容易。"

"我之所以选择回国，其实考虑得很现实。"她告诉我，从读博士起，她就想做点别人没做过的东西，自己搞一摊儿。但她后来发现，美国的科研体系其实不太鼓励开创新的研究方向，自己留下来也不可能去特别好的地方，做自己想做的东西。

"其实当时是赌了个国运。"汤楠说，她在美国留学十几年，中国各方面都发展很快，科学上也是今非昔比。"真的是国运上来了，我们都是随着国运走的一个小分子，有机会做自己想做的事。"

当时，她向多所高校和院所提交了申请，也都拿到了职位。但到最后，她放弃了这些知名的高校、科研所，选了体制外的北生所。

"三无"研究所

不搞科研的可能没怎么听说过北生所。的确，在我国科教领域，北生所不但年轻，而且特别。2005年，在当时国务院领导的关心下，为探索现代化的科研管理体制，发展生命基础科学，北生所正式挂牌。作为科技体制改革试验田，北生所是不折不扣的拓荒者。在管理体制上，它既没有行政级别，也没有事业编制，实行的是全员招聘制；在经费支持上，北生所实行包干制，不同级别的 PI 每年都有相应的固定科研经费，不需要自己申报项目；在研究方向上，所里不加干涉，鼓励 PI 挑战最难的科学问题，做国际一流的原创性发现；PI 的工资实行年薪制，职称晋升是由国际小同行匿名评估，通过评估的晋升一级，通不过的就自动离职，而且没有任何商量的余地。所以，汤楠选择北生所其实也是一种赌。干得好你继续留任，干不好就得卷铺盖卷走人。此外，汤楠选择北生所还有一个因素，那就是北生所所长王晓东。

跟北生所一样，王晓东在国外的知名度比在国内高。他 1985 年赴美留学，凭借在细胞程序性死亡研究上的杰出贡献，41岁就当选美国科学院院士，是改革开放后赴美留学的华人科学家中第一个获此殊荣的。在美国留学期间，汤楠曾听过王晓东的两次学术报告，场面堪称火爆。听讲的除了学生，还有美国的许多顶尖学者，学术报告厅的走廊上都站满了人；他的演讲深入浅出、幽默风趣，台下掌声、笑声不断。

面试时跟王晓东谈过之后，汤楠心里更有底了：有他在，这个所不会差到哪里去。

头顶两座大山

在全球致死率最高的前十大疾病中，与肺相关的就占了三个，并且没有有效的治疗药物。其根本原因，就在于人们不清楚肺的再生机制和修复机理。由于研究难度大、经费申请困难，国内外同行或望而却步，或浅尝辄止，肺再生研究一直徘徊不前。

在这样的背景下，汤楠2012年回国加盟北生所之后带着几个刚招收的学生，向肺再生这个处于未知状态的世界级科学难题发起挑战。

北生所没有让汤楠失望。她到所里报到的第一天，所里的后勤人员早已帮她把实验室建好了，万事俱备，只欠东风。不过，在北生所工作，汤楠也有"难言之隐"。到所里不久，一位朋友去看她，问她感觉怎么样。

"我上面压了两座大山，永无翻身之日啊！"汤楠笑答。

原来，她的实验室在二层，三层是邵峰的实验室，四层是王晓东的实验室，可不是头顶两座"学术大山"？

王晓东前面介绍过，跟汤楠年龄相仿的邵峰也是一名厉害的科学家。他2005年加盟北生所，几乎每年都会在CNS（《细胞》《自然》《科学》的英文简称）上发表重要的科学论文，40岁就评上中国科学院院士，在当年评选的"新科"院士中年龄最小。

而且，北生所的其他同事也都很厉害。比如搞乙肝病毒研究的李文辉、做神经科学的罗敏敏等，不仅头脑聪明，而且都超级努力，每天的工作时间都在十几个小时以上，周六日、节假日加班都是家常便饭。就怕别人比你聪明，还比你努力。置身这样的环境，起步晚好多年的汤楠自然感觉"压力山大"。

敲打

不过，汤楠还是感觉自己来对了地方，甚至有"不是一家人，不进一家门"的感觉。尽管同事们都很拼，但并不"内卷"，每个人做的课题都不一样，大家对标的是国际同行。而且，所里的关系非常简单，同事们在科研上相互合作、交流、分享，没有谁藏着掖着。

让汤楠既喜欢又有些害怕的，是所里每星期二举办的学术研讨会，他们自己美其名曰"PI Club"，也就是"实验室主任俱乐部"。说是俱乐部，其实一点都不浪漫，而是真刀真枪的学术研讨会。每位实验室主任轮流讲自己手头的研究进展，然后听其他人点评。每次点评，都是表扬的少、挑刺的多，如果回答得不好，就会很难堪。轮到汤楠讲时，她都要挑最亮点的工作，准备得比到外面开学术会议还认真。尽管如此，她还是经常被同事们不留情面地"敲打"：你为什么要做这项工作？你自己觉得很有趣，但如果逻辑起点就不对，还有继续做的必要吗？

这样的敲打自然让人不舒服，但汤楠心怀感激。在她看来，无论是正反馈还是负反馈，都是正能量。"这种敲打，其实是聪明的大脑帮你理思路、找问题，只会让你做得更好。"所里的其他同事，也都对这种敲打习以为常。他们有时候会相互开玩笑：我们是世界上脸皮最厚的人。

成熟

在这个过程中，汤楠越来越清楚自己究竟要做什么。

来北生所之前，她想得更多的，是如何满足自己的科研兴趣，把论文的故事讲好、发到有影响的杂志上。和同事们交流多了之后，汤楠的想法慢慢变了：除了满足自己的兴趣、解决最难的科学问题，还要考虑重要的现实需求。对她而言，就是要从根本上理解慢性肺疾病的损伤和修复机理，做出理想的动物模型，最终能帮助病人。

渐渐地，汤楠变得越来越成熟。"科研成熟的一个标志就是，我大概明白我要干什么，大概明白怎么去干这件事，大概明白自己能扛住多大的压力，大概明白自己的边界在哪里。"汤楠告诉我，虽然不是说每件事都能走通，但她现在不会轻言放弃了。"即使我们不一定能够达到最终的机理，找到最佳的治疗方案，但是我们坚信，只要通过不懈努力，一定可以更进一步。我相信这件事，我的学生们也相信这件事。"

2020 年 10 月，汤楠在接受作者采访
赵永新摄

现在，尽管自己的实验室上面还有"两座大山"，但汤楠的感觉已经不同以往：我的实验室是在龙脉上，风水好着呢！

"我也没有说要跟谁比优秀，只要能推动肺领域的科研与发展，就够了。"汤楠说。

她的确做到了。自 2016 年她们那篇关于肺泡再生机制的学术论文发表后，汤楠经常被邀请到国内外的学术会议上做报告，还经常被选举为肺再生板块的"chairman"（主席）。只不过，台下的同行不知道的是，这个"chairman"买机票时都是货比三家，买最便宜的。

"现在国际同行也都很认可我们，认为我们实验室是多个方向的领头羊，他们是跟在我们后面做。"说到这里，汤楠忍不住笑起来，"正如毛主席老人家当年站在天安门城楼上说的，我们中国人民站起来了。"

和学生一起走

汤楠并没有沾沾自喜。"我觉得自己还处在学习阶段，还可以在肺泡研究领域开辟几个新方向，有更多新突破。"她告诉我。

新冠肺炎疫情发生后，汤楠在研究新冠肺炎患者肺泡再生的过程中，觉得肺脏的自身免疫很有意思，就想往这方面走。刚好，所里新来了一个做免疫研究的年轻 PI 徐墨，汤楠就派一个学生去他的实验室学习，然后与大家一起分享、交流。汤楠也和其他同学一起，向这位同学虚心学习，一起讨论肺免疫研究该从哪里入手。她很喜欢跟学生一起走的感觉：学生讲的东西我能跟得上，能从他们那里学到很多东西，能和他们一起成长。

在汤楠实验室的带动下，这几年国内、国外从事肺再生研究的团队增加了好多个，全球科学界对肺疾病也越来越重视。但是，她觉得还远远不够。

"毕竟这个领域的研究到现在不过 10 年，不知道的东西太多。"汤楠说，她希望有更多的人加入进来，大家一起往前推，在解决基本科学问题的基础上，能在肺重大疾病的治疗上有更多突破。

2019 年 10 月，汤楠在办公室　赵永新摄

研发新药

听到这个消息，估计你会和我一样兴奋。汤楠已经在治疗肺重大疾病方面扬帆起航——研发治疗 IPF 的新药。

刚到北生所时，汤楠并没想过自己哪一天也要做药。因为她清楚她面对的是一个完全陌生的新领域，不知道什么时候才能有突破。而且，从基础研究到临床转化，从动物到人，中间都隔着一个巨大的鸿沟。因此，能否根据自己的研究成果研发治疗肺病的新药，只有天知道。

可能连她自己都没想到，幸福提前来敲门了。

2017 年年底，在研究 IPF 的过程中，她和学生不仅在世界上建立了第一个 IPF 小鼠模型，第一次发现了 IPF 的发病机制，还找到了导致 IPF 的重要分子靶点。已经在新药开发上摸爬滚打了好几年的所长王晓东得知这一消息后，立即对她说："把这项研究做扎实，将来根据你们的发现开发治疗 IPF 的新药。"

王晓东说的没错。2019 年 12 月 IPF 发病机制的论文在《细胞》发表后，包括拜耳、罗氏在内的好几家制药大公司就联系汤楠，希望与她合作，一起开发治疗 IPF 的新药。

"我们不给别的药厂背锅。"汤楠婉拒了他们的邀请，决定根据自己发现的靶点，试着开发新药。她这个想法也得益于北生所的超前布局与探索。早在研究所成立之初，所长王晓东就聘请专家成立了两大新药开发技术平台——化学转化中心和抗体研究中心。而他本人从 2010 年发起成立了新药研发公司百济神州，并于 2019 年年底开发出中国第一个在美国食品药品监督管理局（FDA）获批上市的抗肿瘤新药泽布替尼。在他的带动下，所里的李文辉等好几位同事，也先后成立了自己的公司，根据他们自己发现的新靶点研发新药。

不过，做药对于汤楠来说完全是个新课题，必须找到靠谱的人一起合作。好在这很容易，因为擅长抗体药开发的抗体研究中心主任隋建华老师，就在她对门。汤楠把靶点告诉隋建华，请她先设计、筛选抗体。几个月之后，筛选出来的抗体在小鼠模型上实验，效果比之前国际获批的两种化药效果好很多！

"哇！"汤楠大喜过望，就和隋老师商量继续往下做。不过，她也知道，研发药物治疗重大疾病是一个非常漫长的过程，不是靠某一个人或一群人就能实现的，而是要靠几代人的努力。

就拿他们正在开发的 IPF 新药来说，在上临床之前，除了在小鼠身上做试验，他们还要在猴子等灵长类动物身上做毒理、安全方面的试验。数据出来证明没问题后，才

2020 年 2 月，汤楠在自己创办的
新药研发公司门前　赵永新摄

能向国家药品监督管理局申报临床试验，申报获批后，才能开展临床试验，而临床试验也要花好几年时间。新药能不能获批上市，最终还要看临床试验的结果。尽管前路漫漫，但汤楠并不着急。"IPF 是慢性病，患者要一辈子服药，所以这些程序都是必要的，我们只能把自己能做的事情做好。争取不走回头路，就已经是最快的了。"

2019 年年底论文发表后，除了医药公司，隔三岔五就有病人给她们打电话、写信，主动要求做临床试验的志愿者。

她给患者一一回信：谢谢你们，但现在离临床还很远，我们继续努力。汤楠告诉学生：病人到了最后都是病急乱投医，但我们不能利用病人的这种心理，不顾病人的生命安全，盲目上临床。

"你们大约什么时候开始做临床试验？"

"争取 2021 年吧。"

"你们人单势弱，没有新药研发经验，这么按部就班、慢悠悠地走，就不怕被实力雄厚、经验丰富的制药巨头抢了先？"

"那有啥啊？无论谁第一个做出来，对患者都是好事。"汤楠笑着回答，"不过，我们对自己还是比较有信心的，因为我们的科学基础很扎实。还是那句话，不用想那么多，是你的就是你的。"

2017 年 7 月至 2021 年 11 月采写

2022 年 4 月 30 日定稿

辛晓平

草原就是我的命

辛晓平：1970 年生于甘肃，中国农业
科学院农业资源与农业区划研究所研究员、
博士生导师，呼伦贝尔草原生态系统国家
野外科学观测研究站站长。主要从事草地
生态学、遥感与信息技术应用等研究，荣
获中国"十大科技创新人物"等。

"你是什么人，读者，

百年后读着我的诗？

我不能从春天的财富里送你一朵花，

从天边的云彩里送你一片金影。"

写诗的人是泰戈尔，读诗的人叫辛晓平，是当时我国第一位也是唯一一位野外科学观测研究站站长。

时间是 2011 年 5 月 7 日，地点是北京以北 1600 多千米外、位于内蒙古草原深处的呼伦贝尔草原生态系统国家野外科学观测研究站。这个研究站的名字确实有点长，为方便阅读，以下就简称"呼伦贝尔站"或"台站"。

由中国农科院资源区划所筹建的呼伦贝尔站，是目前我国草甸草原中唯一一个国家级野外台站。辛晓平是呼伦贝尔站的主要筹建人，先后担任常务副站长、站长。

这天是泰戈尔 150 周年诞辰。上午 10 点多，灿烂的阳光洒进辛晓平兼做宿舍和办公室的房间里。已在电脑前工作了几个小时的她从文件柜里找出泰戈尔诗集，随手翻到这篇《你是谁》：

开起门来四望吧，

从你的群花盛开的园子里，

采取百年前消逝了的花儿的芬芳记忆。

在你心的欢乐里，

愿你感到一个春晨吟唱的活的欢乐，

把它的快乐的声音，传过一百年的时间

……

读到这里，辛晓平心有所动。她放下书，打开窗户向外望去，翠绿的草原生机盎然，向远处的天边铺展开去。明媚的阳光、草原的芬芳，带着来自 100 多年前的"活的欢乐"，拨动了辛晓平的心弦，让她莫名地感动，泪盈于睫。

也就是在这个时候，辛晓平的心里升腾起一个愿望：希望呼伦贝尔站也可以跨越 100 年、200 年，在未来的某一天，有人因她和同事们今天的工作而欢喜，有所共鸣。

从 21 岁跟着老师到甘南做生态学实习算起，辛晓平已经在草原上"游荡"了近 30 年。为了心爱的呼伦贝尔站，她和同事们更是含辛茹苦，尝尽了局外人难以想象的悲欢离合。

在记者采写的新闻稿中，经常有"坚持""奉献"等字眼。辛晓平觉得，这些赞美之词或许适合她的同事、学生，却唯独不适合她。"我之所以把自己的青春乃至生命给了草原，不为别的，只是因为喜欢。"

是的，就像三毛之于沙漠，辛晓平对于草原，是与生俱来地喜欢，心甘情愿地喜欢，如醉如痴地喜欢，刻骨铭心地喜欢。因此，她从来不认为自己是在"坚持"或者"奉献"。正如她最欣赏的那句话：We do what we have to do, so we can do what we want to do（我们做那些不得不做的事，是为了做自己想做的事）。

命中注定

她曾这样对我说："也许很久以前，当我奶奶在草原上放羊唱歌的时候，我已经呼吸过草原的空气了。"

生于秦安，根在甘南

1970 年 4 月，辛晓平出生在古丝绸之路上的一座小城——甘肃省天水市秦安县。秦安虽小，却颇有来头。它古称成纪，秦朝时隶属陇西郡，素有"羲里娲乡"的说法，是古丝绸之路的要冲。西汉时威震匈奴的"飞将军"李广就出生于此，长大后曾在这里纵马驰骋；三国时诸葛亮挥泪斩马谡的街亭之战，就发生在秦安县境内的陇城。

尽管小时候物质生活匮乏，但在辛晓平的记忆中，更多的是幸福。她的父

辛晓平的父母　辛晓平供图

亲辛继祖、母亲李向阳都是大学生，毕业后回到县城做中学老师。她有两个姐姐，自己是老小。父亲酷爱文学，家里因此飘着浓浓的书香。除了父亲偷埋在地里、躲过"文革"之灾的《西游记》《红楼梦》《战争与和平》《约翰·克利斯朵夫》等中外名著和唐诗宋词，家里还订有《少年文艺》《小说选刊》《十月》等文学期刊。吃过晚饭，一家人经常围坐在灯前，玩古诗接龙的飞花令，你一句"乱花渐欲迷人眼"，我一句"眼前有景说不得"……其乐无穷。

如果不是 11 岁那年跟父亲回老家探亲，辛晓平还不知道，出生在黄土高原的她，根却在甘南草原。

她爸爸 1933 年出生在甘南，虽然称不上名门望族，也算得上殷实之家。她爷爷是汉族，奶奶是藏族，养育了 9 个儿女。辛晓平的爸爸排行老大，受进步思想的影响，他在

童年时的辛晓平（前左一）、大姐（后排左一）、二姐与爸爸合影　辛晓平供图

15 岁那年离家出走，先是参加解放军，后来从部队转业考入兰州大学中文系。

辛晓平 11 岁那年，暑假期间随爸爸第一次回甘南探亲，住在夏河县的大姑妈家。平均海拔 2600 米的夏河县地处青藏高原与黄土高原的接合部，居住着藏、汉、回等多个民族；县城依山面水，西北角就是有名的藏传佛教格鲁派六大寺庙之一——拉卜楞寺。

湛蓝的天空，雪白的云朵，辽阔的草原，成群的牛羊，金光闪闪的佛寺……所见所闻让辛晓平眼界大开，欢喜异常：自己的身体里原来流淌着草原的血液。

一次偶然的"离家出走"，给她埋下了梦想的种子。在姑妈家，辛晓平和表妹因为一件小事吵了一架。气鼓鼓的她一个人跑出县城，想到长途客车站坐车回家。结果，她在找汽车站时迷了路，就一个人走到清澈的大夏河河边，坐在草滩上，望着远处的青山出神。

这时，河对面的小路上走来一群到拉卜楞寺朝佛的藏族男女。走在最前面

初中毕业时的辛晓平（中）　辛晓平供图

大一时的辛晓平（左）　辛晓平供图

的是一个头发花白、满脸沧桑的藏族老阿妈，她双手合十，先是仰首望天，然后身体前倾，慢慢跪下去，全身匍匐在地上，默默祈祷……她身后的男男女女像她一样，虔诚地磕着等身长头，缓缓地向前移动。

眼前的场景是那么美丽、悠长，辛晓平看着看着，心里生出一种天长地久的眩惑感……

失之北大，得之兰大

暑假结束了，辛晓平又回到秦安，继续上学。老师对这个喜欢打扮成"假小子"的学生又爱又恨：她聪明伶俐，不仅语文成绩好，数理化也不错，唯一的毛病就是淘气。老师讲课的时候，她听一会儿，就和同学钻到课桌底下，拿着小树条你来我往地打闹嬉戏。老师发现后怒气冲天，一边用课本敲她俩的头，一边大声训斥。几天之后，辛晓平又故态复萌，老师也拿她没办法。

日月如梭，转眼到了1988年夏，辛晓平要考大学了。当时，喜欢文学的二姐已从浙江大学化学系转到兰州大学中文系，她不想重蹈姐姐的覆辙，第一志愿就按自己的想法报了一心向往的北京大学物理系，当时她最喜欢天体物理学。结果，她的物理、数学接近满分，其他科目却考得不理想，总分和北大提档线就差了1分，与北大物理系失之交臂。辛晓平的第二志愿，按"父母之命"报了兰州大学，专业是生态学。当时生态学还是个很新的专业，全国只有两所大学开设这个专业，一个是远在天津的南开大学，一个是甘肃的兰州大学。

由物理至生态，多少有些鬼使神差。辛晓平之所以作出这样的选择，缘自两个非常感性的细节。一是高中生物课上老师展示的一幅挂图，上面是一只漂亮的长颈鹿在抬头吃绿色的树叶；二是11岁甘南之行时的见闻，碧绿的草原、雪白的云朵、朝佛的藏族老阿妈……

1988年秋，辛晓平到了省城，成为兰州大学生态学专业的学生。初进兰大，辛晓平还心有不甘：难道就这样和心爱的物理告别了吗？

入学后，她一直想着找机会转到物理系。直到大二下学期，辛晓平开始接触理论生态学时，遇到了改变她人生选择的两位恩师——因生态位理论而闻名

大四毕业时与室友合影（左二为辛晓平）　辛晓平供图　　　　硕士毕业时的辛晓平　辛晓平供图

的王刚教授和从事进化博弈动力学研究的陶毅博士。从刚开始质疑种群动力学模型的推导过程，到在王老师、陶老师的引导下对非线性系统动力学感兴趣，辛晓平逐渐被生态学吸引，打消了转系的念头。

沉迷文学

20世纪80年代的大学生可谓朝气蓬勃、意气风发，他们是全社会羡慕的天之骄子。大家豪情满怀、志向远大、学习勤奋，梦想着毕业以后报效祖国。自幼受父母熏陶的辛晓平更是如此。她平时留短发，一身运动装，每天6点半起床，简单洗漱之后，就背起书包哼着流行歌曲到教室上自习，晚上10点多才回宿舍。大学四年，她上了44门课，比其他同学多出近1/3，而且每次考试都在班里数一数二。

唯一一门拖后腿的，是体育。为长大后"仗剑闯天涯"，辛晓平从小习武，到高中时，小洪拳、女子长拳等已经打得像模像样。到了兰大，她满怀期望地选修了武术课，没想到体育老师把大部分时间都花在了教学生压腿、站桩等基本功上。当老师极其认真地为同学们做示范时，不以为然的辛晓平常常走神儿。老师发现后自然不喜，功夫最好的她考试成绩刚过70分。

这并没有影响辛晓平的好心情。除了自己喜欢的物理、生态、武术，她还有一个爱好——文学。每逢周末，她就从学校图书馆借一大摞书，再买上10个馒头，回到宿舍闭门读书。她一读就是通宵达旦，饿了就吃馒头，一个周末下来，馒头吃完了，一摞书也读完了。从《四世同堂》《家》《春》《秋》等中国名著，到《静静的顿河》《大卫·科波菲尔》《哈姆雷特》等外国经典，乃至古龙、金庸、梁羽生的武侠小说，都读得津津有味、爱不释手。

最让辛晓平百读不厌的，是法国作家罗曼·罗兰著、傅雷先生翻译的长篇小说《约翰·克利斯朵夫》，许多章节她都能大段大段背下来。她被这位像奔腾的江河一样充满激情的天才钢琴家迷住了：他是那样才华横溢、桀骜不驯、情感丰富、思想深邃！无数次，辛晓平沉浸在克里斯朵夫的世界里，和他一起分享友谊的纯真、爱情的美好、创作的欢乐和生命的一往无前。

让她倾心不已的，还有《安徒生童话》《法国童话选》等外国童话。《海的女儿》《美女与野兽》《夏洛的网》……已经成年的辛晓平，居然像孩子一样，沉浸在如梦如幻的童话世界里，流连忘返、如醉如痴。

"你都这么大了，还这么喜欢童话？"室友忍不住问。

"童话的主题是真善美，不只是写给孩子的啊。"辛晓平笑答。

情定草原

如果照此下去，说不定辛晓平会和二姐一样，走上文学之路。但是，美丽的草原把她从文学殿堂拉了回来，而且是"一见倾人城，再见倾人国"，一往而情深，百折而不悔。

用辛晓平自己的话说，就是：文学像朋友，草原是我的命。

大三暑假，21岁的辛晓平和几个同学跟着老师到甘肃省临夏回族自治州的临夏县做样方调查。所谓样方，就是用来调查植物群落数量而随机设置的取样地块，草本植物一个样方的面积一般为1平方米。其基本流程是：先在有一定代表性的草地上确定样地大小，在选好的样地范围内依据植株大小和密度确定样方；然后，在样方内把所有的草都剪下来，晒干以后，再测量、分析每一种草的"四度一量"，即高度、盖度、密度、频度以及总的生物量。

临夏县与甘南藏族自治州夏河县相邻，居住着回、汉、藏、撒拉等多个民族。到了夏天，当地百姓有过"浪山节"的习俗。"浪山节"很像藏族同胞过"林卡"，全家人带上宿营所需之物，乘车到野外，在山坡、草地或河边选个地方搭起帐篷，然后席地而坐、吃饭饮酒；兴之所至，就吹拉弹唱、载歌载舞。唱的歌曲，是在青、甘、宁等地流行的"花儿"。

一天，做完样方的辛晓平躺在草地上小憩。头顶上蓝天悠悠、白云飘飘，身边的草穗儿在明亮的阳光里摇晃。这时，她耳边响起过"浪山节"的人唱的"花儿"。阳光浓烈，草原芬芳，歌声悠扬，地远天高……此情此景，把流淌在辛晓平血液里的某种东西唤醒了：草原，才是自己的最爱！

让辛晓平更加笃定的，是第二年的海北站之行。

海北站的全称是中国科学院海北高寒草甸生态系统定位站，位于青海省海北藏族自治州门源回族自治县境内的祁连山地，是中国科学院西北高原生物研究所在 1976 年建立的。1989 年，海北站成为中国生态系统研究网络开放台站，2006年升格为国家野外观测站，是国内乃至国际高寒陆地生态系统的研究基地。

1992 年夏，辛晓平跟老师到海北站做实验，两个不期而遇的场景在她心里定格，难忘终生——

我们的样地在一面山坡上。有一天雨后初晴，从样地里一路往回走，脚下的青草地一直绵延到远处的祁连山。随着山势上升，绿色的草原被紫褐色的杜鹃灌丛代替，杜鹃灌丛上方是被雨水浇洗的艳丽的红色山体；再往上是雪线，雨后蒸腾的云和雪像帽子一样戴在山尖，后面是湛蓝如洗、美得无法形容的天空。

又有一天，一个傍晚，做完实验回家的路上，翻越围栏时我一回头，看到深蓝的天空升起一轮金色的、又圆又大的月亮。那月亮像有声音似的，一下子击中了我心里的某个地方……

从那个时候，我的内心深处可能就有了一个梦想，就是做和草原有关的工作。

当然，打动辛晓平的不止这些。在做样方的过程中，她对草原有了更深的了解。就像她自己所说：你平常看草原，可能就像把一本书拿过来随便翻一下；做样方的过程跟用心读书一样，可能你并没有发现特别深奥的东西，但那个过程就像抽丝剥茧，让你更加了解草原。

在做样方的过程中，辛晓平惊喜地发现，看上去差不多的草原，其实差很多！单是草的种类，就多得让人称奇。就说海北站的高寒草原吧，乍看过去不过只有两三种草，但做过样方之后才知道居然有 20 多种。

她心里想着："看似不起眼的草原，居然蕴藏着这么多未知的奥秘，承担着这么多重要的功能。我将来要是能一辈子留在草原上就好了！"

特别是读完硕士研究生后，辛晓平研究草原的决心更坚定了。她读硕士时的导师赵松岭，在干旱、半干旱地区的雨水高效利用与生态修复方面成就斐然，被誉为"中国集水农业第一人"。读硕士期间，辛晓平在定西做了 3 年冬小麦研究。尽管她很认同导师的研究方向，自己的工作也做得不错，但心里就是放不下那个执念：还是做草原好！

硕士快毕业的时候，辛晓平死活要上北京，原因是想找个地方去搞天然植被。

就是喜欢，没办法。

知遇之恩

遇到伯乐

1995 年秋，辛晓平告别家乡，来到位于北京西郊香山脚下的中科院植物研究所，师从高琼先生，读植物生态学博士。

这时，她倔强的老毛病又犯了。高先生的研究重点是生态系统模型，而辛晓平此前受理论生态学的影响，心里不认同简化了很多非线性过程的生态系统模型。她第一年跟着导师做模型，到第二年就转到了生态分形和空间格局研究上。

1997 年年底的一天，高先生把辛晓平和她师妹叫到办公室，告诉她俩：你们正常的博士论文答辩时间是明年 6 月，但我明年 4 月要出国。你们要么提前到明年 1 月答辩，要么后延一年，到后年 6 月答辩。

她和师妹都选择了提前答辩。辛晓平开始夜以继日地赶写博士论文。答辩时间快到了，她五天五夜没合眼，终于把论文改好了。尽管她认为自己的研究做得不错，但毕竟做的内容与导师的主流方向不一样，对于能否通过答辩，心里特别没底。

读博士期间与舒璞老师（左为辛晓平）
辛晓平供图

结果让辛晓平喜出望外，答辩进行得很顺利，还得到了"高度评价"。答辩委员会的主任，是我国草原生态学领域的第一位中国科学院院士李博先生。对普通大众来说，李博可能是个很陌生的名字，但在生态学界的小圈子里，他却是泰山北斗式的人物。

李博先生 1929 年出生于山东，1953 年 7 月毕业于北京农业大学农学系，同年 8 月分配到北京大学，给我国植物生理学的开拓者、中科院学部委员（即后来的院士）李继侗先生当助教，同时从事植物生态教学、研究。当时，内蒙古在筹建第一批国营牧场，其中包括位于呼伦贝尔草原的谢尔塔拉种畜场（即后来的谢尔塔拉农牧场）。1956 年，李博第一次跟李继侗先生到呼伦贝尔草原调研，并撰写了学术报告《谢尔塔拉种畜场的植被调查》。

1957 年，内蒙古大学成立。经周恩来总理亲自点将，李继侗先生离开北大援建内蒙古大学，并出任副校长。在李继侗先生的邀请下，李博和妻子蒋佩华于 1959 年年初调入内蒙古大学生物系任教。在此后的几十年里，李博先生

李博先生（后排立者）　辛晓平供图

不仅在该校开设了我国第一个植物生态专业，为国家培养了大批生态学人才，还跑遍了内蒙古草原进行实地调研，被誉为"用双脚丈量过内蒙古土地的教授"。

20世纪80年代，李博先生与北京大学遥感应用研究所所长陈凯共同主持了国家"六五"科技攻关项目"遥感在内蒙古草场资源调查中的应用研究"，组织近百名专家和专业技术人员开展调研，编制出草场资源系列图。90年代，在担任中国农科院草原研究所所长期间，李博先生提出"以生态系统理论和生态工程方法改良和管理草原"，并主持了国家"八五"科技攻关项目"中国北方草地草畜平衡动态监测"，开展了大面积草地估产、草畜平衡评估和监测，建立了北方草地资源动态监测系统。

1995年，李博先生主持建成了包括北方牧区221个旗县、300万平方千米的草地遥感估产与草畜平衡监测系统，使我国草地资源的信息管理步入国际先进行列。李博先生的研究成果，曾荣获国家自然科学二等奖、国家科学技术进步奖，以及第二届乌兰夫基金奖基础科学特别奖。1993年，64岁的李博当选中国科学院院士。

1998年1月博士论文答辩时，辛晓平对李博先生还不太了解，但此后发生的几件小事，让李先生成了她心中最感恩的导师。

那天答辩刚结束，李博先生就找到辛晓平，希望她来自己的团队做博士后。"中国农科院资源区划所所长唐华俊刚把我从内蒙古调过来，正在组建研究团队。"他告诉辛晓平，"你做的研究很有意义，刚好可以跟我做的草原生态遥感结合起来。"

"到我这儿来吧，你做的东西会派上用场。"李博先生看着她说。

在这之前，辛晓平自己已联系了几家工作单位：一是中国林科院，跟慈龙骏先生做荒漠化研究；二是中科院动物所，跟王祖望先生做生态理论研究；三是英国陆地生态研究所，做森林生态方面的研究。同时，她读博士时的导师高琼先生，也希望辛晓平能留在中科院植物所生态中心。

"自己遇到伯乐了！"听了李先生的话，辛晓平很激动：以前都是自己找别人，这次是别人主动找自己。她只考虑了一天，就打定了主意：跟李先生做博士后。1998年2月过完年，还没等中科院植物所颁发博士学位证书，辛晓平就到李博先生那边了。

她清楚地记得，自己去中国农科院资源区划所报到时，门卫和扫地的大爷听说她要念李博先生的博士后，就对她说："姑娘你真有福气！李先生人特别好，对人也特别好。我们在这里干了这么多年，很少有人搭理我们。唯独李先生，天天跟我们打招呼！"

让辛晓平打心眼里敬重李先生的，还不止这些。

在中科院植物所读博士的时候，她基本上就是自己干自己的，很少有机会跟李先生这样的"大人物"交流。在跟李先生做博士后的几个月里，他经常主动跟辛晓平聊天，例如生态遥感在未来草原研究中的作用、当前我国草原面临的主要问题、国际生态学的主流研究方向……他没有把辛晓平当学生，而是平等交流的同事。

"李先生挺有思想！"辛晓平满心欢喜，"今后就跟着李先生做生态遥感了！"

祸从天降

当时李先生正牵头实施一个国家自然科学基金重大项目——"中国东部陆地农业生态系统与全球变化相互作用机理研究"。这个项目的经费是500万元，研究范围北起内蒙古、南到广东。1998年5月，李先生到匈牙利德布勒森出席第十七届欧洲草地管理学术会议，辛晓平留在北京做一些前期工作。她心里想着等李先生回国后，就跟他到野外做调查。

辛晓平万万没有想到，祸从天降。

5 月下旬的一天，她正在办公室查阅资料，一位同事慌慌张张地闯进来："不好了，李先生出事了！"

"李先生怎么了？"辛晓平心里一惊。

同事告诉她：李先生在匈牙利参加会议期间，途经一个小镇，别人在原地休息，他一个人走到外边的草地上收集标本。他弯着腰、端着相机，倒退着给草地上的植物拍照，不知不觉走到了铁轨上。这时，一列火车从他背后疾驶而来……

"啊？！"辛晓平听完，趴在桌子上放声痛哭。

那段时间，连她自己都不知道是怎么过来的。一天，李先生的爱人蒋佩华先生给她打电话，让她到家里去一趟。平时就很瘦的蒋先生看上去更瘦了，她指着书桌上的电脑对辛晓平说："这台电脑是公家的，你让所里的人拿回去吧。"

辛晓平听完，眼泪夺眶而出……

从小学到大学，让辛晓平感念的老师有好几位，但只有李先生，让她有一种"高山仰止、山高水长"的感觉。如果可以，她真的想"士为知己者死"。

一个学生，四位导师

一个很现实的问题摆在辛晓平面前：李先生走了，自己何去何从？

当时她的调动手续还没有办完，可以有三个选择：或回到中科院植物所跟中国林科院的慈龙骏先生做博士后，或在中国农科院再换一位导师。

辛晓平去找唐华俊所长。唐所长让她自由选择：所里欢迎你留下；你要是走，我们也支持。

"留下来干吧，能干就留，不能干再走。"她心想。在中国农科院半年，她已经喜欢上这里的氛围。

辛晓平做博士后期间到新疆考察时留影　辛晓平供图

中国农科院研究生院领导经过考虑，就给辛晓平安排了另外一位导师——中国工程院院士刘更另，让她尽快联系。辛晓平没有马上去找刘先生。她心里转不过这个弯儿：李先生刚去世，自己就另找导师、改换门庭？

"给我一段时间，让我好好送别李先生。"抱着这样的想法，她悄悄收拾行李，一个人跑到湖北宜昌，在那里做了3个月的草山草坡研究。等她心情平复，回来再找刘先生时，得到的答复是：我的博士后名额满了，你另外找人带吧。

辛晓平也很理解刘先生：换了她是导师，如果自己的学生3个月不见人影，肯定以为这不是个好学生。没有导师，博士后怎么做？辛晓平是中国第二届博士后，博士后少，导师也少。

研究生院领导研究后，又协调了地学出身的许越先副院长做她的导师。因为担心再次被拒，辛晓平带上自己的大学成绩单和报考硕士、博士时的推荐

1998年夏，辛晓平在东北参加学术会议期间留影
辛晓平供图

信，去找许先生。看了她的资料、听她讲了"出走"的真实想法，许先生说："你是棵好苗子，我就勉为其难吧。但是我刚开始带博士，还没资格带博士后。这样，我给你做导师，你再找几位有资格的老师做你的副导师。"

就这样，研究生院又帮忙找了3位副导师：最初指定的导师刘更另先生、唐华俊研究员，以及环发所所长林而达研究员。跟着这4位导师，辛晓平留在中国农科院继续做博士后研究。

游荡

挖草药的"村姑"

"吴场长，你快去看看吧，又有人来挖草药了！"2003年6月的一天上午，呼伦贝尔市谢尔塔拉农牧场副场长吴宏军刚回到办公室，还没来得及凉快下来，就接到手下人的急报。

"今年怎么整的，挖草药的人这么多！"他一边抱怨，一边带上门，跟着那个人上了车。

那天烈日当空、热气袭人，路边的牛羊都无精打采地趴在草地上休息。一进入二队的草场，远远就看见有三四个人撅着屁股在那儿忙活。

"你们是干什么的？快停下！"车子在那几个人附近停下，吴宏军跳下车，一边走一边吆喝。听到喊声，那几个人站起身。他们有的手里拿着剪刀，有的拿着钻头，还有一个女的手里拿个小本本。

吴宏军盯着他们问："你们是哪儿的？挖草药是破坏草地的非法行为，知道不知道？"

"我们不是挖草药的。"几个人面面相觑，摊着两手辩解。

"又是剪刀又是钻头，不是挖草药是干啥？赶紧把剪刀、钻头留下走人，要不连人一起抓了！"吴宏军一脸怒气。

"大哥，您误会了，我们真不是挖草药的。我们是在做草原生态调查，剪刀是剪样草的，钻头是取土样的。"那个女的不卑不亢地解释着。她看上去30来岁，身材高挑，脸色黑红。

"什么草原生态调查？你们是哪个单位的？"

"我是中国农科院的，这几位老师是内蒙古大学的。"

"内蒙古大学的？我怎么不认识？"

"你该知道刘教授吧？"她指了指旁边的一位老者说。老者看上去有70多岁，个子不高，又黑又瘦，戴一副老式眼镜，看上去像一位老农。

"我是内蒙古大学的刘钟龄。"老者不慌不忙地接话说。

"您就是刘钟龄教授啊？久仰久仰！"吴宏军马上换了一副口气，"真是大水冲了龙王庙，一家人不认识一家人。我有眼不识泰山，您老别见怪！"

"没关系，不打不相识。"刘钟龄指着那个女的说，"这位是中国农科院的博士后辛晓平同志。"

"你好你好！"吴宏军热情地打着招呼，心里却犯嘀咕："博士后？咋看上去像个村姑呢。"

这位"村姑"，就是辛晓平。

第一个独立课题

2000年秋，做完博士后研究的辛晓平申请到科技部的一个抢救性基础研究项目——北方草地生态系统野外观测基础数据库和共享研究。这个项目的研究期限是5年，主要是系统收集、整理新中国成立以来我国在草原研究方面积累的数据，比如草地的"四度一量"和土壤成分、湿度等，为今后的草原生态研究、保护与利用提供科学支撑。

呼和浩特、乌鲁木齐、银川、西宁……辛晓平拿到项目后，马不停蹄地跑，半年内跑了100多家草原研究单位。每到一处，她就登门拜访搞草原研究的老先生，请教当年的研究情况，询问保存下来的研究数据。到2001年4月，

2002 年 7 月，辛晓平（中）
在新疆考察　辛晓平供图

跑了一圈下来之后，辛晓平发现，找到的数据很不系统，有很多空白点。

"何不趁着做这个项目，把北方主要的草原都跑一遍，做个系统的实地调查？实地调查资料加上已有的历史数据，不仅可以整体掌握我国北方草原的现状，还可以分析几十年来北方草原的动态变化。"辛晓平心里琢磨。

这无疑是个大工程，单靠她一个人难以完成。于是，她决定两条腿走路：一是请全研究室的同事参与；二是与外单位合作，聘请各地区已经退休的老先生帮忙。他们搞了一辈子草原研究，不仅熟悉情况、业务熟练，而且对草原有感情，做事也靠谱。听辛晓平讲了自己的想法，内蒙古的刘钟龄、新疆的崔恒心、青海的王启基等几位老先生都满口答应。他们还表示钱多钱少没关系，不给钱都没事儿！

这几位老先生当中，辛晓平打交道最多、给予她帮助最大的，是刘钟龄先生。

刘先生生于 1931 年，说起来还与李博先生颇有渊源：他是李继侗先生在北大时带的硕士研究生，与李博先生既是同事也是朋友。1957 年，刘先生就跟随李继侗先生到刚成立的内蒙古大学支教。当他第一次看到辽阔的内蒙古大草原时，就被深深地震撼了：这么完整的大草原，不正是做生态科学的最好阵地吗？

从此，他一辈子扎根内蒙古，把全部身心都放在草原生态的研究与教学上。自 1979 年开始，刘先生就和中国科学院植物研究所合作，在锡林浩特站开展长期定位观测研究。从内蒙古大学退休后，刘先生带着儿子刘晓东继续搞草原生态研究。他还参加过多个全国性的草原研究项目，对我国北方草原的情况非常熟悉，对内蒙古草原更是了如指掌。

刘钟龄先生（右二）在内蒙古阿拉善
考察荒漠植被　辛晓平供图

　　2000 年，辛晓平第一次登门求教，刘先生就把自己几十年来积累的研究数据和盘托出：你都拿走，我一分钱不收。听说辛晓平是自己的好朋友李博的学生，刘先生的话匣子就打开了。他如数家珍地向她介绍内蒙古草原的历史和现状。说到野外调查，刘先生主动帮辛晓平出谋划策：野外调查的最佳线路，如何设计实验，调查中应注意哪些问题……

2002 年夏，辛晓平（右一）与刘钟龄先生（左二）等
人在野外调查　辛晓平供图

2004 年，辛晓平（左三）与刘钟龄先生（左二）等人
在内蒙古锡盟做家庭牧场调查　辛晓平供图

辛晓平如饥似渴地听着，不禁想起已经去世的李博先生，既感伤又感动。

野外调查

野外调查一般在草原的生长季进行，也就是每年的4月到9月。初夏时节，在北京憋了几个月的辛晓平怀着"归雁入胡天"的喜悦，和比她大几岁的同事杨桂霞，离开北京奔赴草原。她们一般先去内蒙古，之后再跑宁夏、甘肃、青海、新疆。与当地的老先生会合后，装上调查要用的剪刀、钻头、尼龙袋，带上能吃几天的馒头、黄瓜、西红柿、榨菜，开上加满油的旧吉普，他们就沿着提前设计好的路线，开始野外调查。用他们的行话说，这叫"跑样带"。这一跑就是半年左右，等秋风起、牧草黄的时候，辛晓平和杨桂霞才风尘仆仆地回到北京。

在人烟稀少的草原上搞野外调查，其艰苦情形可想而知。他们就像草原上的牧民，日出而作、日落而息，在野外一跑就是一整天，晚上躺到床上骨头像散了架。中午饿了，他们就席地而坐，吃自己带的馒头、西红柿，喝矿泉水；只有在当地的牧民家里，才能吃上一口热饭，喝上一口热水。晚上走到哪儿就住到哪儿，常住的是几十元一晚的小旅店。如果碰到汽车抛锚，就在野地里搭个简易帐篷，幕天席地，凑合一晚上。

尽管条件很艰苦，他们却没有愁眉苦脸。特别是辛晓平，到了草原就像回到了家，满心欢喜。她喜欢唱歌，一会儿是高亢嘹亮的《青藏高原》，一会儿是舒缓悠扬的《美丽的草原我的家》。车上的人受到感染，也跟着大声唱起来——

草原就像绿色的海，

毡房就像白莲花。

牧民描绘幸福景，

春光万里美如画。

牧羊姑娘放声唱，

愉快的歌声满天涯……

虽然已经是而立之年，但辛晓平还是不改淘气的毛病。有一次下大雨，车子陷入一个大水坑里出不来，大家就下来推车。她笑着对杨桂霞说："杨老师你胖，你在前、我在后，推起来劲大！"

"一二三！一二三！"大家使出吃奶的劲儿用力推。好不容易车子重新启动，后轮溅起的泥水洒了他们一身。

"真好玩！"辛晓平居然乐了。

"有什么好玩的？"杨桂霞擦着眼镜上的泥点子，没好气地说。

"杨老师，你在北京能有这样的经历吗？"辛晓平一脸狡黠。

几年风吹日晒，原本在三姐妹中皮肤最白的她，成了脸色最黑的，面颊上还出现了两块草原牧民特有的"高原红"。

有人跟辛晓平开玩笑："你脸这么黑，肯定嫁不出去。"

一旁的刘先生听见了，说："用不着担心。从审美观来说，我们最喜欢你这样的姑娘，黑红黑红的，好看！"

辛晓平心里暗笑。其实，她才不在乎黑白丑俊呢。与她眼中的草原相比，这算得了什么？内蒙古高原的广袤辽阔、青藏高原的高亢热烈、西北荒漠的贫瘠与艳丽，这些美丽的风景背后藏着什么样的自然规律？所有这一切都深深地牵引着她，让她不知疲倦地游走在各地的草原上。她一边读着草原的书，一边唱着草原的歌，把书本里学的知识实地印证了一遍，对草原了解得更深，也爱得更深。

无冕院士

白天干活累，晚上睡得香。有一次他们错过了住店，就在野外搭帐篷睡。第二天早上辛晓平醒来时，天已经大亮。

"辛晓平同志，昨晚睡得好吗？"

她走出帐篷，看到迎面走来的刘钟龄先生。他倒背着手，神情悠闲，看样子是刚在附近转了一圈。

"刘先生您早起来了，咋不叫我们呢？"

"你们年轻，多睡会儿。"刘先生笑吟吟地说。

望着这位身材瘦小的老先生，辛晓平既惭愧又感动。刘先生小时候得过小儿麻痹症，一条腿落下了毛病，走路时一瘸一拐的。尽管如此，比辛晓平大三四十岁的他干起活儿来却那么充满活力，仿佛永远不知道什么是累。

草原上没有厕所，大小便不方便，刘先生有一个妙招：吃饭的时候少喝水，在车上吃黄瓜解渴。辛晓平也跟着学，结果没几天就不行了。夏天的草原又干又热，她一会儿就出一身汗，不喝水根本扛不住。

他们白天剪样方、采土样，晚上分拣草样，把每一种草称重后，打包、装袋。跑了一天的刘先生也不去休息，一边看年轻人干活儿，一边兴致勃勃地给他们讲课。从内蒙古高原的形成历史、各种草地类型的特点、每一种草的特性，到蒙古族的演化、风俗习惯……真是上下古今无所不晓。辛晓平碰到任何问题，都能从刘先生那里得到答案。

刘先生不仅博学，还特别宽容。辛晓平是个不服从权威的人，经常跟刘先生唱反调。每当这个时候，他不直接反驳，而是不急不躁，耐心细致地解释为什么是这样，而不是那样，辛晓平听得心服口服。

刘先生搞了一辈子草原学，研究成果丰硕，不仅为内蒙古的生态保护与畜牧业可持续发展做出了很大贡献，在全国学术界也很受尊重。

"他为什么不申报院士呢？"辛晓平刚开始觉得奇怪，凭刘先生的学问、贡献、资历，当个院士肯定没问题。跟刘先生打交道多了，辛晓平渐渐明白了：他根本没把院士当回事儿，心思全放在了研究草原上。刘先生的学问人品，让她佩服得五体投地。在她眼里，刘钟龄先生就是"无冕院士"，一个没有个人私利的人，一个既高尚又纯粹的科学家。

有大美不言的野花野草为伴，有刘先生这样的长者为师，对于辛晓平而言，在草原上工作和漫游，是一件极美好而浪漫的事情。如果可以，她会心甘情愿地在草原上"游荡"一辈子。

扎根

新任务

2004 年春的一天，唐华俊所长把辛晓平叫到办公室，给她安排了一项任务：筹建呼伦贝尔草原国家野外台站。

国家野外台站，是为科技创新与经济社会可持续发展提供基础支撑和条件保障而建的科技创新基地。其主要职责是：获取长期野外定位观测数据，开展高水平研究，为生态学、地学、农学、环境科学、材料科学等领域的发展服务。野外台站一般依托科研院所和大学等单位建设，经科技部评估合格后，可升格为国家级台站。

"你知道，李博先生 1997 年调到咱们所时，就有在呼伦贝尔建野外台站的设想。他去世后，这件事就搁下了。"唐所长对她说，现在国家很支持野外台站建设，但农业部对草原领域的了解还是一片空白。"你这几年没少在呼伦贝尔跑，已经有很好的基础。这件事我亲自抓，你具体负责，杨桂霞给你当助手。"听到这个消息，辛晓平喜出望外。

作为一名在草原生态领域干了 20 多年的科研人员，她深知野外台站的重要性。生态研究是一门"慢科学"，只有依据几十年乃至上百年的野外观测、科研数据，才能从中梳理出大自然的演化规律。要想做到这一点，除了年复一年地"跑样带"、测数据，还离不开野外台站这个固定的研究基地和支撑平台。更何况，这个野外台站，要建在李博先生生前念兹在兹的呼伦贝尔大草原！

科研宝地

早在 1956 年，李博先生就陪同李继侗先生到呼伦贝尔草原考察过，不仅为谢尔塔拉农牧场的建立、发展提供了科学依据，还提出了草原生态学研究

1999 年 6 月，辛晓平在呼伦贝尔考察　辛晓平供图

的一系列设想。此后，李博经常到呼伦贝尔草原考察。1983—1993 年，他更是在呼伦贝尔草原布设了 7 个试验样地（也称试验点），每年夏天都带学生去做实验，积累了宝贵的科研数据。李博先生生前在全内蒙古总共布置了 19 个试验点，仅呼伦贝尔就有 7 个，足见他对这片草原的珍视。

　　辛晓平 1999 年就到呼伦贝尔做过调查，2001 年之后更是每年都去。经过这几年的研究，她越来越意识到呼伦贝尔草原的重要性——它堪称全球最典型的草甸草原。

　　按气候特点，草原分为热带草原和温带草原两大类；按生物学和生态特点，草原分为四个类型：草甸草原、平草原（又称"典型草原"）、荒漠草原和高寒草原。属于温带草原的草甸草原，是森林向草原过渡的一种植被类型，年降水量一般在 400 毫米左右，土壤为暗栗钙土。这类草原植物种类组成复杂，每平方米内有 30 多种不同植物，如贝加尔针茅、羊草、地榆、黄花、日阴菅，等等。草甸草原植物群落的高度可达 40~50 厘米，每公顷可产干草 1600~2400千克，是温带草原中产量最高的一种类型。草甸草原不仅是发展牛、马等大家畜的畜牧业基地，也是草原生态旅游的理想之地。

有一利必有一弊。由于草甸草原自然条件较好，很容易被开垦为农田，种植春小麦、油菜等农作物。因此，在全球范围内，保存至今的草甸草原面积有限，主要分布在欧亚大陆。其中，保存最完整、种类最丰富、自然条件最优越，也最具典型性的，当数内蒙古东北部的呼伦贝尔草原。

打开中国地图就可以看到：大兴安岭沿着西北—东南方向，绵延 1200 千米，宽约 300 千米，是内蒙古与东三省的"界山"。这座形成于一亿多年前的古老山系，经过长时间的缓慢移平，形成一个南北长约 300 千米、东西宽约 50 千米的森林—草原交错区。其面积之大，在整个欧亚大陆独此一家。

草甸草原，就分布在这片广袤的森林—草原交错区内。其中，兴安盟、锡林郭勒东部和松嫩平原开垦严重，保存最好的草甸草原是呼伦贝尔草原。呼伦贝尔草原总面积 1.68 万平方千米，其中植被、土壤、质地都很典型的草甸草原，就在海拉尔市周边大约 1000 平方千米的地方。

在做"北方草地生态系统野外观测基础数据库和共享研究"项目的时候，辛晓平按照刘钟龄先生的建议，在呼伦贝尔选了两个实验点，一个在谢尔塔拉，一个在海拉尔南边鄂温克旗的伊敏。凑巧的是，李博先生生前在这两个点都做过考察研究，留下了珍贵的历史数据。

在游客眼里，呼伦贝尔是中国最美的草原；在生态学家看来，呼伦贝尔则是开展生态学研究的宝地。从宏观的地理视角看，呼伦贝尔是西北季风入侵我国东部大通道的第一个关口，是东北乃至全国的生态安全屏障。辽阔的森林和草原植被不但孕育了巨大的陆地碳库，也是东部黑龙江、松嫩水系的发源地，保障着东北乃至东北亚的水文安全。由于位于东部湿润季风区—西部干旱区的交汇处、东北平原到内蒙古高原的过渡带，呼伦贝尔的生态景观结构复杂多样，堪称北方陆地植被物种多样性最丰富的区域。

"李博先生生前曾经说，呼伦贝尔草原是人类珍贵的自然遗产，是一个不可多得的天然生态实验室。如今在他倾心的这片草原上建野外台站，难道不是老天爷的安排？"想到这里，辛晓平既兴奋又感慨。

筹备

鄂温克旗政府所在地叫南屯，南屯有家不大的美容院。这家美容院有一套三室一厅的房子，因为客人不多，老板就在其中最大的一个房间里放了两张床，白天给客人做美容；另外的两个房间和小客厅，一直闲置。

辛晓平（右一）与唐俊华（右二）在鄂温克旗
考察样地时与当地干部交谈　辛晓平供图

2004 年之前辛晓平和杨桂霞来跑样带的时候，因为每次待的时间不长，就到处打游击，随便找个地方住。2004 年决定建呼伦贝尔站之后，就要在这里"长期抗战"了。为节省住宿费，辛晓平和美容院的老板商量后，就把空闲的两室一厅租了下来，既当宿舍又当办公室。由于地方不够，辛晓平和杨桂霞就把那两个房间让给男同事住，她俩把那两张美容床放平，在上面凑合着睡。美容床实在太窄了，她俩翻身时稍不留神就会掉到地上。

不过，这丝毫没影响她们的工作热情。在唐俊华所长的大力支持下，周清波、辛晓平、杨桂霞、陈仲新带着张保辉、王旭、张宏斌、闫玉春、陈宝瑞等几个小伙子，每天早出晚归，在谢尔塔拉和伊敏的两块样地上忙活：安装气象观测仪、碳通量测量仪等科研设备，开展植物类型调查、土壤、气温等方面的科学实验。

晚上躺在美容床上，辛晓平忍不住担心：2005 年科技部就要开展国家级野外台站的评估，要求相当严格。与那些有数十年建站历史的老台站竞争，呼伦贝尔站这个满打满算只有 8 年的小字辈，有戏吗？

好梦成真

2005 年夏的一个晚上，唐俊华和辛晓平、陈仲新、杨桂霞等几位同事，

2006 年 7 月，台站的平房启动规划建设时，辛晓平（右）
与谢尔塔拉农场场长　辛晓平供图

在北京市海淀区魏公村附近的一个小酒馆里开怀畅饮。大家推杯换盏、大呼小叫，全然不顾周围客人的感受，以至让旁人侧目：这几个人是怎么了？什么事值得这样高兴？

当然是值得高兴的事。凭借扎实的科研数据和不可替代的独特性，呼伦贝尔站顺利通过科技部组织的评估，晋升为国家级野外台站！

听到这个消息时，辛晓平就像当年"剑外忽传收蓟北"的杜甫，"漫卷诗书喜欲狂"！

"咱们现在是高兴，但今后做起来可能会有想不到的麻烦。"酒至半酣，陈仲新望着手中的杯子说。他之前在中科院植物所工作，曾接触过野外台站，知道做野外台站不容易。

"怕什么！国家站我们都评上了，还有什么过不了的关？喝酒！"辛晓平满不在乎。后来的事实证明，她错了，而且是大错特错。

国家站

我们这些年轻人啊，我们是多么珍重责任感啊，我们是多么容易激动和被感动啊。

——梁晓声《这是一片神奇的土地》

杨桂霞的日记

作为与辛晓平一个研究室的同事和大姐，哈尔滨工业大学计算机系毕业的杨桂霞本来一直做农情遥感，也做得挺好，后被辛晓平"拉下水"，自 2001 年起就跟着她出野外、跑样带，后来协助辛晓平筹建呼伦贝尔站。呼伦贝尔站成为国家台站后，站长由唐华俊所长兼任，坐镇北京，协调指挥；辛晓平和杨桂霞分别担任台站常务副站长和副站长，她俩到呼伦贝尔出差的次数就更加频繁，每次去待的时间也更长了。

2019 年 8 月，杨桂霞重访呼伦贝尔站时在草原上留影 赵永新摄

她和辛晓平原本都以为，台站成为国家站之后日子应该更好过，没想到事实恰恰相反。杨桂霞的这几篇日记，就是在台站工作、生活的日常写照。

2006 年 5 月 19 日 晴 火车上

今天又开始出差了，28 个小时的火车，明天下午 6 点到海拉尔。很累也很烦，下铺的人还在喝酒。他已经喝太多了，刚刚看了我一眼，我对他笑了一下，他冲我喊道："笑什么？再笑把你的头扭下来！"

好吓人！今晚一定不能睡觉，万一他真的发酒疯伤害我怎么办？

好想婷呀。女儿对不起，又把你一个人扔在家里了。以后有时间妈妈一定多多地陪你。

空气中弥漫着酒臭和脚臭味。在乘客喃喃的梦语、呼噜声、醉汉的自言自语中，火车在慢慢地向前走。现在经费太紧张了，实在不舍得坐飞机，以后有钱了，我绝不再坐火车去呼伦贝尔。

夜已深，我不能入睡。

2006年8月8日　晴　海拉尔

今天又来到了呼伦贝尔，陪农业部和农科院院计财局领导考察基础建设。站里的条件实在太差了，这几年一直住在租的农房里。由于离住的地方太远，中午做野外实验只能在草地上吃馒头、火腿肠、咸菜。3周没见到晓平了，她瘦了很多，也黑了很多。她说已经一个多月没来月经了，别是怀孕了。她已经36岁了，该要孩子了，可是现在条件这么差，她这么累，营养又跟不上，现在要孩子太亏待孩子了。

今天是农历七月十五，路边有人在烧纸。我给大姐打了电话，让她替我给妈妈、爸爸烧些纸。爸爸、妈妈，你们离开我已经一年了，我好想你们。因为工作我不能到坟前去看你们，请你们原谅我，也保佑我。

2006年8月12日 晴 海拉尔

今天开始写基建的申请报告了，感谢农业部、农科院各位领导，我们终于要有自己的办公室和宿舍了，终于可以洗澡了。

2007年5月19日　晴　北京

今天又是半夜2点到的北京，这两周已经有3次半夜2点到家，明天早上8点还要到单位开会，没办法。晓平生孩子了，站里的基建手续、站里的日常运行都要负责，好累呀。

2007年7月18日　晴　北京

前两天，中国农科院党组书记、院长翟虎渠视察了我们站，唐华俊所长向翟院长一行汇报了试验站的基础设施建设、科研进展、业务运行，以及对外科研合作交流等情况。

翟院长一行首先看望慰问了试验站的科研工作人员，对大家多年来在野外艰苦条件下所做的工作给予了充分的肯定，并作出重要的指示。

……

寂寞

辛晓平和杨桂霞终于结束了在美容院和农民家的流浪生涯，有了自己的立足之地。这个立足之地，就在谢尔塔拉农场。谢尔塔拉是蒙语，意为"金色的牧场"。这个农场建于 20 世纪 50 年代，国内知名的三河牛，就是在这里培育的。

为最大限度避免人为干扰，呼伦贝尔站建在人烟稀少的草原深处，最近的村子也在 9 千米之外。对于科研、监测来说这无疑非常理想，但对于常年在此生活和工作的人来说，就是另外一回事了。

俗话说"离愁最苦"，建站之初，这里上不了互联网，手机信号也时有时无。白天有事忙活，大家的日子还比较好过；太阳落山之后，台站就被无边的

冬天的呼伦贝尔站（左一为辛晓平）　辛晓平供图

黑夜淹没了。与辛晓平、杨桂霞以及张保辉、张宏斌、陈宝瑞、闫瑞瑞等年轻人做伴的，只有天上的星星。离家久了，思亲之情和寂寞无聊，就像看不见的老鼠，啃噬着他们的心。

实在忍受不下去了，张保辉他们就跑到村里买酒喝。几人对坐，一边喝一边吼：妹妹你大胆地往前走，往前走啊，莫回呀头！通天的大道，九千九百、九千九百九十九……

他们喝的哪里是酒，分明是寂寞！

穷

比寂寞更难过的，是穷。

国家台站的牌子，最初并没有给他们带来一分钱。招人、增加样地、添置设备、一日三餐……所有开支，一靠唐华俊所长从所里统筹，二靠他们自己想辙。2006 年盖的第一处办公房，用的就是辛晓平的"私房钱"。她那年入选"中国农科院杰出人才"，有 100 万元的人才支持经费，42 万元用来修了台站的院子，58 万元用来盖了一排 300 平方米的平房。

由于这 100 万元到年底才能划拨到位，夏季盖房的时候，杨桂霞只好跟施工队队长商量：你先把钱垫上，盖好后我再还你。

结果到秋天房子盖好了，钱还没有到账。那位施工队队长以为杨桂霞迟迟不给他钱是想跟他要好处费，就给她打电话："杨老师，你给我个账号，我给你准备了点提成，略表心意……"杨桂霞赶紧跟他解释："我不是这个意思，真是暂时没有钱，一旦有了马上就给你！"

除了盖房，用钱的地方还有很多，处处捉襟见肘，台站的人天天为钱发愁。大家聚在一起开会，一半的时间都在讨论怎么使用有限的经费。

为了把台站维持下去，那几年辛晓平除了不停地写项目申请书、争取草原研究经费，还重操旧业做了几年冬小麦研究。做农业项目的经费比做草原多，辛晓平就精打细算，拆了东墙补西墙，把做小麦研究省下来的钱补贴台站的日常开支。即便这样，还是入不敷出。他们只好节衣缩食，从牙缝里往外抠钱。台站除了正式员工，还有招聘的技术员，那几年常年有 20 多个人吃饭，辛晓平狠狠心：每个人每周只供应 2 两肉。在盛产牛羊肉的牧区，这听上去就是个笑话！

经过那段时间的"锻炼"，辛晓平养成了一个习惯：不管和谁一起吃饭，东西一点儿都不能剩，必须打包带走。如果哪一次由于爱面子，没有把剩菜剩饭打包，她心里就会惦记好久，以至于自责、后悔得睡不着觉。这个习惯一直保持到现在。有时候因为工作在海拉尔市与人吃饭，她也不怕别人笑话，仍旧把剩下的饭菜打包。回到站里后，自己在办公室用电饭煲热一热，一个人吃"小灶"。

"这就是病，都成强迫症了。"她笑道。

台站的人对勤俭节约习以为常，来实习的大学生却难以理解，还为此与辛晓平的学生打了一架。国家台站有一项职责：为外单位的同行和高校学生来此工作、实习提供食宿。当然，来的人也不是白吃白住，要交成本费。

2007 年暑假，呼伦贝尔大学的十几名学生到台站实习。过了没几天，就有学生抱怨吃得太差，有一个男生大声嚷嚷："这饭菜哪里是人吃的，简直就是猪食！"

这话被辛晓平的研究生、负责伙食的李刚听见了。他实在气不过，就上前跟他们理论："你们在这里连吃带住，一天就交 30 元，还嫌吃得不好？我们已经够省的了，你们还说是猪食？知道吗，你们吃的都是我们从牙缝里节约出来的！良心让狗吃了？"

"不是猪食是什么，我们学校都没这么抠门儿！"那个学生不服气。说着说着，双方动起手来。

由于房间不够，辛晓平把自己的房间腾出来给实习的学生住，她则搬到了堆放杂物的库房凑合，还美其名曰"独享单间"。当时她正在库房里休息，听到外边的声音不对，立马赶过来把他们劝开了。她把李刚叫到外边，狠狠批了一顿。

"都怪我自己当年不会做人，"几年之后说起这事，辛晓平直后悔，"真不该那么批评李刚，他是在给我打抱不平。"

这样的穷日子持续了五六年。2009 年，辛晓平和杨桂霞的项目被纳入农业部牧草建设体系，每人每年有一笔固定的支持经费，可以拿出一部分补贴给台站。2010 年起，农业部每年给台站划拨 100 万元运行经费。

至此，天天为钱发愁的日子才算结束。

<h2 style="color:red; text-align:center">危机</h2>

运行经费刚有了着落，科研样地又出问题了。所谓科研样地，就是开展科学观测和科学实验用的标准地块。为避免人为干扰影响日常监测数据，科研人员必须把样地用围栏圈起来，以防外人和牛羊破坏。

2005 年呼伦贝尔站成为国家站之后，辛晓平她们通过承租、划拨的方式，先后取得了 5 块草原样地，总面积 7000 亩。加上之前各为 500 亩的两块样地，呼伦贝尔站共有 7 块样地，总面积 8000 亩，包括草原改良样地、牧草选育样地、刈割样地、放牧样地等。在青海海北站、河北沽源、内蒙古锡林浩特、鄂

呼伦贝尔站的实验样地之一　赵永新摄

尔多斯等 5 个国家草原台站中，除"老大哥"锡林浩特站外，样地类型之多、面积之大，就数呼伦贝尔站了。就在她们满心欢喜、风雨无阻地在样地上开展各种科学实验时，样地危机不期而来。

第一次发生在 2010 年，殃及的是放牧样地。

多年的工作经验让辛晓平知道，放牧实验是在草原上搞生态学研究和保护利用规划最不可或缺的一项课题。内蒙古有 3000 多年的放牧历史，草原系统的演化史也是一部放牧与保护的平衡史，如果国家草原台站不开展放牧样地研究，就等于"捡了芝麻，丢了西瓜"。更何况，呼伦贝尔站的放牧样地在全国的草原生态研究中是独一无二的：其他放牧样地的草原，基本上是放羊，或者以放羊为主；而在呼伦贝尔，由于这里的草原又高又密、产草量很高，是以放牛为主。在此之前，中国还没有专门的放牛科学实验。因此，2008 年辛晓平申请到一个 70 万元经费的课题后，就迫不及待地开建放牧样地：招人、选地、建围栏、设计实验方案、添置仪器设备、买做实验所需的牛……第一年就砸进去了 40 多万元。在当时台站节衣缩食、艰难度日的情况下，40 多万元可是一笔不小的投入。

"这钱花得值！"辛晓平知道，放牧实验实在太重要了。

第二年，她们就开始做放牧实验。除了辛晓平自己的团队，这个实验还吸引了国内多家科研单位的同行以及美国、日本、英国的学者。大家齐心协力，各显身手，热火朝天地搞放牧实验。没想到，等所有的设备都投下去，实验刚开展了两年，在美国学习的辛晓平就接到来自国内的坏消息：放牧样地要搬迁！理由是：海拉尔区旁边要建一个工业园，放牧样地要被划出去修路。

这块放牧样地是辛晓平跑遍了 400 平方千米的谢尔塔拉，反复比较后才选定的，属于最理想的实验场所。而且，这时放牧实验已经做了两年，积累了宝贵的基础数据，一旦搬迁，白白浪费两年时间不说，那些来之不易的科研数据怎么办？还有，她怎么向参与实验的国内外专家交代？

人在美国的辛晓平着急得不行，三番五次给工业园区领导打越洋电话交涉，陈说利害。

"这是上级领导决定的，我们也没办法。"那位领导说，"我看你们还是

搬吧。"

这可怎么办呢？辛晓平心急如焚，吃不下饭，睡不着觉。搬还是不搬？她陷入了两难：样地和台站，都在人家的一亩三分地上，今后还少不了和他们打交道。如果不搬，把关系搞僵了，今后的工作就更难开展；如果搬，前两年的心血就将付之东流……

左思右想之后，她只有妥协："如果实在顶不住，也只能搬了……"

就在她坐立不安、左右为难的时候，意外接到了"喜报"：工业园规划有所调整，放牧样地暂时不修路了！

"谢天谢地！"辛晓平喜极而泣。

第一次样地危机，就这样有惊无险地过去了。

第二次危机发生在2014年，这次麻烦更大，她最心疼的两块样地要被占用。

虽然台站有那么多样地，但在辛晓平看来，特别有价值的就是两块：放牧样地和刈割样地。

放牧样地前面已说过。所谓刈割样地，就是打草样地。"刈割"是学术术语，"打草"是当地牧民的说法。从放牧的角度看，草地可分为两大类：一类是用于夏季放牧的草场，一类是不放牧、只打草的草场，秋天打的草留作冬、春季的牛羊饲料。从科研的角度看，刈割样地与放牧样地同等重要：在没有放牧的情况下，通过常年观测，既可以研究自然状态下草地系统的生长、演化，也可以研究气候变化对自然草场的影响。

2014年4月，辛晓平忽然接到报告：几个穿工作服的人在刈割样地里打了许多铁桩，说是市里要在这里建铝业工业园。技术员上前解释、阻拦，对方根本不予理睬。她赶紧向呼伦贝尔市的朋友打听，回答令人沮丧：从鄂尔多斯调来的新任市委书记要大力发展铝业，计划在海拉尔区建一个铝业工业园，刈割样地和放牧样地都在规划范围内。

"这可怎么办呢！"辛晓平急了。刈割样地的观测、实验是从2004年开始的，放牧样地也已经做了六七年；除了国内的科研项目，还有一个多国科学家参与的草原监测与模拟全球对比实验，多位国内院士和国外知名科学家都参与其中。

"这次可真是搬不起！搬了之后重起炉灶，经济损失不说，这些年的科研、观测就全白做了！"她冲进谢尔塔拉农牧场副场长吴宏军的办公室，气呼呼地

徐大伟在刈割样地上检查监测仪器　赵永新摄

和他理论。

"辛老师，这事儿我可管不了。"吴宏军给她倒了一杯水，"你想想啊，这是市委书记定的'一号工程'，我哪里说得上话。"

最后，时任中国农科院副院长唐华俊请农业部出了一个公函。工业园决定往后退 4 千米。

后退 4 千米固然能保住样地，但今后的科研还是会受影响，因为铝厂污染很大，排出的废气、废水能污染周围十几千米的地方。

"也只能这样了，总比样地被占了强吧。"尽管心有不甘，但辛晓平只能接受这个结果。

幸运的是，第二年，也就是 2015 年，主张建铝业工业园的市委书记被双规，接替他的呼伦贝尔市原市长当初就反对发展铝业，再加上中央环保督查组派员来此督查，呼伦贝尔市的领导高度重视，铝业工业园项目被叫停。

"两块地都保住了！"心有余悸的辛晓平暗自庆幸，"这两块样地积累的实验数据是国内同类实验中最好的，如果因为被占用而断档，就太可惜了。"

收获

台站收获的，当然不只是这些宝贵的实验数据。在跑草原、调研的过程中，辛晓平走访了成百上千户牧民，对草原的现状和内蒙古的文化与历史都更加了解。这让她开始从人文史观的角度，重新审视草原生态系统保护：牧民是草原生态系统的一部分，搞草原生态研究不能忽略草原上的牧民以及他们的牛羊。只有把生态理论研究与牧民的生产实际结合起来，通过技术创新提高放牧效率，实现草畜平衡，才能更好地保护草原，科学研究也才能真正做到"顶天立地"。

辛晓平带领团队，在做数据监测、科学实验的同时，开发实用技术，为牧民生产服务：

数字牧场。她们把信息技术应用到草原生态监测、管理和放牧中，构建了较为完善的数字草业理论与技术研究体系，制定了我国草业信息技术领域第一

陈宝瑞（左）与杨桂霞在改良后的草场上留影　赵永新摄

个行业标准，并开发出先进的草地监测与生态管理核心模型和系列软硬件技术产品。随着数字牧场在谢尔塔拉农牧场、陈巴尔虎旗等周边地方的应用推广，草场退化与畜牧超载老大难问题得到很大程度的缓解。

退化草场改良。经过多年对比、分析，她和副研究员闫瑞瑞、客座研究员乌仁其木格等做的退化草地改良实验，不仅发了论文，还促成了农业部2013年的公益性行业科技项目"半干旱牧区天然打草场改良与培育技术"，相关技术也在逐步推广。

改良打草场。在多年摸索的基础上，副研究员陈宝瑞开发出一套草场改良的综合技术，从2016年起开始推广。两年后的结果让他兴奋不已：改良后的打草场不仅羊草比例、产量大幅增加，质量也上去了！

人工草地牧草良种培育。徐丽君负责的牧草栽培试验项目，经过9年多的努力，从全国收集了数百份材料，并培育出紫花苜蓿等优质新品种，其中的"中草13号"还通过了区域评审，拿到了新品种证书。

这些看得着、用得上的新技术不仅受到牧民的欢迎，也让当地政府对台站刮目相看：辛老师的研究很接地气嘛！

除了累计发表近 500 篇学术论文，获得一批能派上用场的专利、标准和技术产品，台站还为当地和国家提供草原保护利用的咨询建议十余份。其中"调整牧区建设思路，加大牧区建设力度""我国六大牧区的主要问题及对策——牧民财政补贴研究"等建议被有关部门采纳。

如今，台站在呼伦贝尔市的名气越来越大，研究人员被当地人尊敬地称为"老师"。2012 年，辛晓平还被选为呼伦贝尔市政协常委，为当地的草原生态保护与农牧业发展献计献策。

欢欣与泪水

"真美啊！"2009 年 7 月，第一次到呼伦贝尔站的徐丽君脱口而出。她被眼前的美景震撼了：湛蓝辽阔的天空，触手可及的白云，一望无垠的草原，金黄的油菜花……

"你是第一次来台站吧？"接她的司机师傅说。

"对啊，这你也能看出来？"徐丽君很惊讶。

徐丽君（左）与乌仁其木格在察看紫花苜蓿的生长情况　赵永新摄

"等你明年再来的时候，感觉就不一样了。"那位师傅没说什么，只是笑了笑。

这番简短的对话，徐丽君至今记得。

的确，到呼伦贝尔旅游的外地人，都会觉得草原无比美丽、可爱，但常年在草原上工作的人，就是另一种感受了。

夏天是休年假的黄金季，而对于台站的科研人员来说，却是一年之中最忙碌的工作季。他们每天早出晚归，不是在草地上做实验、测数据，就是出野外搞调查、采样品。头顶上是热辣辣的太阳，周围是嗡嗡飞舞、无孔不入的蚊虫，穿着工作服的他们一会儿就汗流浃背，脸上起包、身上长痱子是家常便饭。坐车到野外搞调查，常常一跑就是几百千米，道路崎岖不平，颠得人五脏六腑都在翻腾；回到台站，七八个人挤在一个房间睡觉，汗臭、脚臭……臭不可闻。由于站上没地方洗澡，他们只好在忙碌了一天之后，轮流坐车到农牧场场部的公共澡堂洗澡。

"不这样怎么叫野外台站？"讲起这些，习以为常的他们都一笑置之："做自己喜欢的事情，苦点累点不是很正常嘛。"

但有一种苦是刻骨铭心的，那就是与家人、孩子的长期别离。对于闫瑞瑞、徐丽君等初为人母的年轻妈妈来说，更是不堪忍受。

台站工作人员在烈日下剪样方　赵永新摄

　　"我刚休完产假就要出野外，宝宝还没断奶，看到那么柔软的小宝贝，真是舍不得走！离别了一段时间之后，我终于受不了了，最后说服家人，在台站附近找农户租了一间房子，把孩子和老人一块儿接了过来。忙了一天之后看到可爱的小宝宝，再苦再累都不觉得了，像打了兴奋剂一样，精神百倍。"徐丽君一边说，一边笑着抹眼泪儿。

　　和徐丽君一样，闫瑞瑞也是在台站附近的村里租了一间农民的房子，把小孩和老人从北京接过来，一边工作一边看孩子。

　　所有这些困难，都没有挡住科研人员对科学的向往、对草原的热爱。近几年，除了徐大伟、侯路路等"80后""90后"陆续加盟，呼伦贝尔站还吸引了多位"海归"：美国科罗拉多州立大学的庾强博士、密歇根州立大学的邵长亮博士……他们的到来，极大拓展了台站的研究领域，提高了呼伦贝尔站在全国和全球的学术影响力。庾强博士领衔建立了中国全球变化联网实验，用联网实验手段研究全球变化对中国及全球草原生态系统功能和过程的影响，填补了养分研究网络和干旱研究网络等国际联网研究在中国的空白，并在全球率先开展了养分和降水交互作用的联网研究。邵长亮博士则建立了覆盖呼伦贝尔及内蒙古高原不同类型、不同利用方式的11套通量塔，将草原碳循环

侯路路（左二）和来台站实习的大学生　赵永新摄

呼伦贝尔台站的科研团队　辛晓平供图

研究从台站尺度拓展到区域尺度，并在国内首次利用通量观测开展了草原生态系统热浪研究。

在他们的努力下，台站先后入选"国家牧草产业体系综合试验站"、国防科工委"高分遥感地面站"、农业农村部"草地资源监测评价与创新利用重点实验室"、中国资源卫星地面定标场，以色列和法国地球观测项目 VENμS 卫星验证站，并牵头成立了"国家草原监测与数字草业国家创新联盟"。在 2019 年科技部组织的评估中，呼伦贝尔台站在全国四大类 97 个野外台站中名列第一。

陈宝瑞、闫瑞瑞等年轻人，也获得了"呼伦贝尔英才"等荣誉称号。呼伦贝尔台站作为集体，还于 2012 年荣获中央国家机关"青年文明号"、2018 年荣获"全国青年文明号"称号。

对此，辛晓平心里五味杂陈。

"他们是不是被我带到坑里了？"看着一个个年轻人抛家别子，跟着她从繁华舒适的首都来到遥远偏僻的呼伦贝尔草原，收入那么低，工作又那么辛苦，辛晓平几乎天天感到愧疚：自己把他们带下来，又不能给他们应有的待遇……

她知道，毕竟时代不同了，不能以自己的标准要求别人。这些年轻人所受的教育、身处的环境和人生追求，与 1970 年出生的她大不相同。而且，现在城市和野外的生活、工作差距也越来越大，辛晓平认为，他们所放弃的比自己当年放弃的要多得多，守住这份热爱需要付出更多。

"我到草原上工作是因为我自己喜欢草原，他们呢？他们其实有更轻松、更舒适的路可以走。"想来想去，辛晓平只好自我安慰：既然钱这么少、条件这么差他们还不走，这么多年一直坚持着，说明他们也和我一样，是喜欢草原的吧？

家事

酒殇

草原的保护、台站的发展、同事的冷暖……辛晓平无不牵挂在心；唯独忘记的，是她自己的健康。

2008 年 8 月，到台站小食堂吃饭的同事们没有看到辛晓平。往常，只要是在站上，她一日三餐都要来食堂，大家一起吃饭。吃饭的时间不在食堂，辛晓平干吗去了？

原来，她在自己的办公室里"吃小灶"：用新买的电饭煲熬小米粥喝。她的胃闹毛病了，只能喝小米粥，一连喝了好几个月。台站的人大多数有胃病。他们出野外时，饿了就席地而坐，吃冷馒头、包子，喝矿泉水；加上在野外吃饭没有准点儿，饥一顿饱一顿，时间长了，这样那样的胃病就不请自来了。但辛晓平的胃病，却主要是喝酒喝的。

去内蒙古出过差、办过事的人都知道，在草原上喝酒极其郑重。除了要先喝为敬，还得一饮而尽，否则对方就说你"不够意思"；别人敬你，你也不能推三阻四，否则就"不够朋友"。一顿饭下来，酒喝痛快了，事也说妥了，朋友也交上了。

为办名目繁多的手续和这样那样的证书，辛晓平、杨桂霞、张保辉、陈宝瑞等都没少喝酒。但喝得最多的，还是辛晓平。

与其他人不同的是，辛晓平后来居然喜欢上喝酒了，而且是欲罢不能，不醉不休。对此，我这个不能喝酒的人难以理解。

"对于我们刚到草原的人，刚开始喝酒是被迫的，但后来你就理解了。"她这样告诉我，"当地的人并没有强迫你，而是觉得这么好喝的酒，喝完感觉又这么好，你为什么要拒绝这种高兴？特别是，喝到微醺的时候，大家都开始唱歌，那种感觉特别好。而且，喝了酒说话就像李白写诗，不用动脑了，一下子就说出来了。"

"不动脑子就说话，其实也是一种幸福。"她慢悠悠地说着，心似乎到了别处，"在草原，你要是不喝酒，你看不到草原有那么美。喝了酒，会觉得草原的歌那么好听，草原那么迷人。"

2008 年夏的一场大酒之后，辛晓平胃黏膜出血，只能喝小米粥。

两年后胃不疼了，辛晓平又开始喝，直喝得旧病复发才作罢。就这样，喝两年停两年，直到 2018 年那次，喝得差点出大事。

这年 6 月，在满洲里，她和几位专家朋友计划到蒙古国考察。头天晚上，她开怀畅饮，喝了 6 两 50 多度的海拉尔纯粮，胃也没怎么不舒服。结果，第二天上午快到中蒙边境的时候，出事了。

辛晓平偶尔一低头，觉得不对劲：地上怎么这么多煤渣子啊？再抬头看天，天上怎么也是煤渣子啊？她立刻意识到，眼睛出问题了！驾驶员赶紧掉转车头，把她送到海拉尔医院。检查的结果是眼睛玻璃体充血、脱离。

"你运气不错。"医生说，"在没有发生视网膜脱落之前，玻璃体就脱离完了，还不至于影响视力，否则你就失明了。"

现在，辛晓平不敢再喝了。眼睛出事比胃疼可怕，胃不好就只是难受，眼睛看不见可就完了。

"所以，我现在成了'不能交的人'了。"辛晓平悠悠地说。

父母老了

与辛晓平的健康问题相伴而来的，还有家里的事：一直照顾父母的大姐突

辛晓平与大姐（后排中）、二姐（后排右）、父母合影　辛晓平供图

然去世。十几年来，辛晓平的父母一直由在秦安老家的大姐照顾。大姐在县城当老师，和父母住一个小区，两家的楼面对面。有大姐照料，一心放在工作上的辛晓平从没为父母的事操过心。

2017年9月，所里的一个同事到呼伦贝尔休假，顺便到站上看辛晓平。吃饭的时候，大家唱起了歌。这位同事歌唱得很好，最拿手的是《父亲的草原母亲的河》。辛晓平让同事唱时，他却拒绝了。沉默良久，他忍不住哭出声来："我父亲前一年去世了……"

辛晓平听完心里一动：我父母也年龄大了，今年应该回老家看一趟。上次见到父母，还是2011年夏，他俩千里迢迢，从甘肃到台站看女儿。两位老人终于实现了多年的凤愿，亲眼看到了女儿经常念叨的呼伦贝尔站。那一次，辛晓平和妈妈手拉着手，一边在台站西侧的小路上走，一边看两边的草原。走着走着，妈妈停下来，望着她说："晓平，我今天觉得特别幸福。"

辛晓平心里有些奇怪，妈妈这是怎么了？

"晓平，你想想咱娘儿俩多少年没拉着手一起走路了？"

辛晓平与父母、二姐、女儿在北京　辛晓平供图

辛晓平听完，一下子把头发花白的妈妈搂在怀里……

该回老家看看年迈的父母了。把那位同事送走，辛晓平把站上的事情交代好，就请了个假，回到阔别多年的秦安。看到80多岁的二老安然无恙，辛晓平松了一口气。让她不安的是，54岁的大姐老了许多。头天晚上，辛晓平和大姐约好，第二天上午10点，等大姐上完课，就陪她上街去买衣服。第二天上午，大姐上完课，回家对她说：我今天有点累，先回去睡一觉。12点我过来吃午饭，然后咱俩就上街。结果等到12点10分，还不见大姐的影子。这时候，辛晓平突然听到姐夫在对面叫她，声音听着不对劲。她赶紧跑过去，发现躺在床上的大姐身体已经凉了……

"大姐刚过50，怎么说走就走了？"辛晓平越想越内疚。

这些年她一直很羡慕大姐，父母陪在身边，有伤心的事可以向他们倾诉。直到这时她才意识到自己错了，父母到了七八十岁的时候，更多的是大姐在支撑和照顾他们。望着一下子变得苍老的父母，辛晓平忍不住自责：这么多年，自己从来没想过父母老了需要孩子照顾！大姐突然离世，其实是累的，自己欠大姐太多了！2019年过完春节，辛晓平把父母接到了北京。和他们朝夕相处，辛晓平才体会到陪父母也是需要花时间的。

这年春天，她和爱人联系医院，挂号、排队、等床位，给妈妈做了第二次膝关节置换手术。妈妈刚恢复得差不多了，爸爸的眼睛又不行了，他们又东跑西奔，陪爸爸做白内障手术。这一来一去就是小半年，转眼就到了夏天。

辛晓平心里一直着急，往年这个时候，她早就离开北京到站上去了。尽管副站长徐丽君将台站打理得不错，但她毕竟是站长，站长怎么能长时间不在站上呢？但是不行，她还得操心女儿的事。

女儿大了

秋来暑往，女儿就要小升初了。对于女儿，辛晓平既感激又歉疚。

怀上女儿是在2006年6月，当时她和杨桂霞还住在鄂温克租的美容院里，一天到晚忙着工作的她居然不知道自己怀孕了。7月的一天晚上，她和当地的几个蒙古族朋友喝酒，边唱边喝，很是尽兴。看到有个人走出去吐酒，酒量很大的辛晓平忽然觉着肚子难受，也跟着出去吐了。

这一幕被细心的杨桂霞看见了，她悄悄地问："你怎么吐了？是不是怀孕了？"

到医院一检查，果然，辛晓平已经怀孕一个月了。她忍不住害怕起来。36岁的她属于高龄产妇不说，更让她担心的是，由于美容院里没有办公用的桌子，那段时间她经常两腿平放坐在床上，把笔记本电脑摆在腿上干活。

辛晓平与爱人、公婆、女儿在一起　辛晓平供图

"万一孩子出生缺只手咋办？"想到这里，她忧心忡忡。

令人称奇的是，她怀孕期间工作如常，不但没长妊娠纹，而且第二年春天生产时也很顺利。接生的护士自告奋勇，给孩子起了个小名：顺顺。

望着可爱的顺顺，辛晓平喜上眉梢："自己真幸运！"

她是挺幸运的。已经退休的婆婆非常支持儿媳妇的工作，主动从老家湖北来到北京，帮她带孩子。6个月之后，辛晓平就把顺顺托付给婆婆，一个人去了呼伦贝尔，直到深秋才回到北京。此后的四五年，年年如此。

顺顺一年年长大，问题也来了。小的时候买个玩具，她就高兴地叫"妈妈"；如今大点了，辛晓平从顺顺的眼神中发现，长大的女儿跟自己疏远了。后来，多亏辛晓平到美国学习了一年。

2012年3月，辛晓平要到密歇根州立大学做一年的访问学者。她把5岁多的顺顺也带去了，想用这一年时间多陪陪女儿，增进母女感情。这一招果然奏效。在美国，辛晓平自己租房子住，只有锅碗瓢盆是自己买的。下班后，刚学会开车的她到幼儿园接女儿回家，由于是新手，她开车时老是忘记打转向灯。坐在后面的顺顺就不断提醒她："要拐弯了，妈妈快打灯！"车子开进她们住的小区，她就减慢速度，和女儿一起巡看路边的垃圾箱，看里面有没有家具可以捡来用。

"妈妈，那儿有台电视机！"眼尖的顺顺一发现目标，立刻告诉妈妈。辛晓平停下车，把垃圾箱里的电视机搬上车。

回到家，辛晓平炒菜做饭，顺顺吃完饭就搬个小凳子到厨房，站在上面洗碗……一年下来，娘儿俩的关系亲近了许多。回国之后，顺顺不再那么依恋奶奶，有事情经常跟妈妈说。而且，她的学习、生活从没让辛晓平操过心，除了她在北京的时候参加过几次家长会。

"老天爷很眷顾我。"她常常私下感慨，"这个孩子是报恩来的。"

但是，现在女儿要小升初了，辛晓平不能不操心了。小升初是孩子九年义务教育中最重要的一关，一旦能上一所好初中，上好高中就八九不离十，考大学也就不成问题了。所以，再淡定的父母，也不得不为孩子的小升初操心劳神，以便"忙活半年、省心六年"。

小升初是先让学生自己择校考试，学校择优录取，如果不成，就得听天由命，靠学校电脑派位。从 4 月底开始，辛晓平就时而陪父母跑医院，时而陪女儿跑学校，马不停蹄参加了六七所中学的考试。结果总算理想，顺顺被十一学校的"2+4"录取，初中毕业可以直升高中。

"谢天谢地！"辛晓平欢喜异常。

自己不再年轻

女儿升学的事落定，父母的身体好转之后，辛晓平就急着要去呼伦贝尔站。

"又是老人，又是孩子，今年是自己最没有努力工作的一年！"她在心里常常自责。尽管作为团队首席，在北京的工作一点儿都没耽误，但辛晓平还是觉得不安。作为站长，她以前每年都在台站待五六个月，最长的一次是八个月。

"再不去站里实在交代不过去，自己毕竟是站长啊！"

结果没等出发，她又得了肺炎。

这是她第二次得肺炎。

第一次是 2016 年，她妈妈第一次做膝关节置换手术的时候。起初辛晓平自己也觉得没什么，就是高烧不退。

"晓平你要赶紧去医院！肺炎可不是闹着玩的，小心要了你的小命。"在妈妈的劝说下，她去了医院。辛晓平自己不在意，医生很着急：肺炎很可能传染！于是，检查接二连三，先排除了病毒性的甲流、乙流，再排除了细菌性的支原体、衣原体……最后确认不传染后，医生才松了一口气。尽管不传染，但毕竟是肺炎，必须在医院打点滴，每天好几瓶。

出院时，医生严肃地叮嘱她："回家后必须卧床，好好休息一个月，千万不能乱跑乱动！"

出院后辛晓平感觉特别累，好像从来没有这么累过，捧着一本书就像举着一块大砖头。在家休息了整整一个月，她才感觉缓过劲儿来。

"晓平，你可得注意身体了。"杨桂霞郑重地对她说，"前些年我一直觉得你就像个孩子，浑身有使不完的劲儿，永远不知道累。这两年我发现你明显老了。"

"我老了吗？"辛晓平不服气，"我这人就是没本事。你看人家，家里的事和工作都能安排好，我是只能顾一头，要顾两头就顾不过来了。其实就是自己不争气，太着急了。"

"根本不是着急的事，是身体免疫力下降，经不起折腾了！"杨桂霞心疼地说。

2019 年，除了操心两位老人做手术、孩子升学，辛晓平心里还想着台站的事，又累又急，加上吹空调着凉，肺炎又犯了。先是住院一周治疗，后回家休养。她躺在床上看《约翰·克利斯朵夫》，看了一会儿就停下来，脑子里又想起台站的事。前不久国家新一轮机构调整方案公布，草原的管辖权从农业部划到了新成立的国家林草局。换了"婆婆"倒还不要紧，可以慢慢适应，关键是"婆婆"一换，原来农业部每年给的 100 万元运行经费就没了。这些年台站的经费一直很紧张，今后这个大缺口怎么补？

辛晓平的师弟当时担任副所长。一天在办公室，她愁眉苦脸地跟他聊起这件事，师弟劝她道："你就别死抱着草原不放了。你想啊，我们是农业资源与农业区划研究所，农业研究才是主流，可这些年你偏偏一直干草原。你就不能调整一下方向吗？"

"我说师弟，这么多年你还不了解我吗？草原对我来说可不仅仅是喜欢，草原就是我的命！"辛晓平说，"前些年那么困难我都没离开过草原，现在更不可能离开了。"

呼伦贝尔草原有那么好吗？这个距离北京一千多千米的野外台站，为什么让辛晓平魂牵梦绕、割舍不下？

2019 年 8 月上旬，我决定利用休年假的机会，去呼伦贝尔站实地看看。

呼伦贝尔台站

初见

　　我坐晚上的航班从首都机场出发，经过两个多小时的飞行，到海拉尔东山机场时已接近 11 点。一出机场，我就感觉身上凉飕飕的，冷不丁打了几个喷嚏。我掏出手机看了一下天气预报：18℃！整整比北京低了 10℃。来之前辛晓平告诉我，台站的条件很差，要不就住海拉尔宾馆，来回半个多小时的路程，台站可以派司机接送。

　　"当然要住站上啊！"我说。

　　20 世纪 90 年代我曾在西藏锻炼过 3 年，什么样的苦没吃过？现在都 2019 年了，呼伦贝尔台站又是国家级台站，条件再差能差到哪儿？

　　刚好杨桂霞也要去站上，她比我提前一天到的海拉尔，在海拉尔宾馆等我。我赶到宾馆和她见了面。她告诉我，徐丽君在哈尔滨参加学术会议，明天中午坐火车到海拉尔，师傅先去火车站接上她，然后我们一起去台站。

　　"站上不能洗澡，你今晚在宾馆洗个澡吧。"杨桂霞提醒我。

　　多年的野外工作不仅把杨桂霞的脸晒得黢黑，而且严重损害了她的身体健康。第二天上午我和她聊天时得知，2012 年 6 月她陪美国农业部的两位专家在呼伦贝尔考察，晚上在牧民家吃手抓肉，但第二天凌晨 4 点腹部、背部剧烈疼痛，把她疼醒了。她一直忍着，天亮后去海拉尔区的医院检查，医生说是急性肠胃炎。留院输液后，病痛虽有所缓解，但还是隐隐作痛。

　　7 月 26 日半夜，她的腹部和背部又疼得厉害，吃了一粒止痛片才感觉好一些。第二天上午，她捂着肚子去市里输液，医生又检查了一遍，还说是急性肠胃炎，输液就好了。

　　杨桂霞一直坚持到 8 月上旬，等台站的事处理完才赶回北京。之后到中日友好医院检查，才查出是急性胆囊炎！医生告诉她，由于耽误了治疗，急性胆囊炎已转成慢性，胆怕是保不住了。辛晓平知道后急得不行，赶紧帮她联系了专家，做了胆囊摘除手术。

"其实晓平几年前也查出有胆结石，只是因为忙，一直没顾上做手术。"杨桂霞叹了口气，"她还想着把胆保住。"

我俩在宾馆等到快中午，徐丽君还没有来。原来，她坐的火车晚点4个小时，要下午2点才能到海拉尔。

我俩等到2点半，蒙古族小伙子乌汉图才开着满是尘土的三菱越野车，拉着徐丽君来到宾馆。身材壮实的他走上前，帮我和杨桂霞把行李装进后备箱。

"车身上脏点就罢了，怎么车里的面板还这么脏。"我刚坐到副驾驶的座位上，就发现车前面落满了尘土。

"这小伙子太不讲卫生了！"我心里暗自抱怨。

等车子驶出海拉尔市区，开到草原的土路上时，我才意识到，自己错怪乌汉图了。在我的印象中，草原看上去都非常平坦，草原上的路也应该是平的。没想到的是，车子离开海拉尔市驶入草原不久，路就变得坑坑洼洼，人坐在车里颠得厉害，不得不把安全带系上。加上前两天刚下过一场雨，车窗外泥水四溅，我只好把车窗关上，隔着窗子看外边的草原。

坐在后排的徐丽君告诉我，这台越野车是2008年买的二手车，已经开了快40万公里，老出问题，一年光修车就花不少钱。但由于是公务用车，根据新政策，还换不了。

一路上摇来晃去，我们三个在车上颠了快一个小时，才赶到台站。车子在台站办公楼前停下，下车取行李时我才发现，不光我坐的这辆车"拖泥带水"，停在前面的一辆面包车也一样。

"到家了！"一路上没怎么说话的杨桂霞来了精神。她抬头打量着米黄色的二层办公楼，脸上露出喜色。

她告诉我，自己这几年身体不好，来台站的次数少了，但每次来还是感觉像回家一样。

这座米色办公楼是2008年盖的，台站的人管它叫"小二楼"。估计是辛晓平特意交代过，工作人员给我留了一个有两张床的标准间。站上的房子虽然有几十间，但标准间只有两个，是专门为贵宾预备的。

我刚把背包放下，一位穿着绿色迷彩服的工作人员就走进来，把床上半新不旧的被子、枕头拿走，铺上干净的白床单。一会儿，她又从库房拿来了新被子、新枕头。

"我们这里条件差，您可别见怪。"她一边低头干活，一边小声说。

她临走时又交代：桌子下面的暖水瓶里有开水，大楼进门拐角的地方有锅炉，喝完了可以去那里打水。

我关上房门，进到卫生间，发现里面除了一块发黄的小毛巾和一卷粗糙的卫生纸，什么也没有。洗脸盆的水龙头是歪的，"吧嗒吧嗒"一直滴水。从卫生间出来，我坐到床头，把运动鞋脱了，想换双拖鞋，结果找了一圈也没找到。好在我带了双布鞋，就打开行李箱，取出来换上。我这一动不要紧，惊起了几只苍蝇，嗡嗡地飞来飞去。我赶紧打开窗户，把它们请了出去。吃晚饭的时间还早，我稍微休息了一下，就带上门，想到楼上楼下转一圈。这一转才知道，我享受的真是"贵宾待遇"。

站上的其他人，不管是来实习的大学生还是站上的工作人员，大都是8个人一个房间，10平方米大小的房间里摆着4张上下两层的铁架子床，地上放着行李箱、洗脸盆，堆得满满当当。

徐丽君是副站长，住宿条件稍好一些，是4个人一个房间。门没有关，我往里瞅了一眼，房间里也堆满了东西。

唯一干净整齐的，是小二楼东侧的实验室。里面窗明几净，几个穿白大褂的科研人员正在安静地工作。

这里特别安静，尤其是晚上11点以后，除了偶尔几声虫鸣，万籁俱寂。

我带上房门，一个人到外边散步。夜色又深又浓，伸手看不见五指。草原上的风吹在脸上凉凉的，让我这个从酷热难当的北京来的人感觉特别舒服。我沿着办公楼前的小路向西缓步前行，刚开始还兴致盎然，但走了几十米就开始往回返。夜色太深太浓了，我如同身处伸手不见五指的黑洞，不敢再往前走了。

剪样方

昨晚睡得真香，一觉醒来，窗外天色大亮。我看了眼手机，才早上5点半。简单洗漱后，我拿上相机，到外边拍照。东边的太阳刚刚升起，掩在红彤彤的云霞中，只露出小半边金灿灿的脸。身居大城市的我，已经好多年没看过日出了。

跨过台站东边的土路，是一大片草原。早晨的草原格外美，嫩绿的草叶上还沾着晶莹的露珠，在晨曦的辉映下闪闪发光。我顾不得弄湿的鞋子，手机、相机换着用，拍了许多照片。

晨曦中的草原　赵永新摄

回到小二楼时，看到侯路路和几个来站上实习的女大学生站在门口，等车来接她们去放牧样地。"90后"侯路路是辛晓平的硕士研究生，梳着马尾辫，身穿迷彩服，脸又黑又瘦。

我和她开玩笑："大姑娘晒得这么黑，不怕男生不喜欢你啊？"

"这有什么，回北京捂捂就变白了。"她嘿嘿一笑，露出雪白的牙齿。

我回到房间，辛晓平的博士生徐大伟已经打来了早饭：两个馒头、一个煮

徐大伟展示他儿子的照片　赵永新摄

鸡蛋、几片火腿肠，和一小撮咸菜丝。"我怕别人吃光了，就给你打了一份。"徐大伟中等个，也是又黑又瘦。"你吃完饭叫我，我陪你到样地上看看。"

"气候越来越反常了。"在乘车去样地的路上，徐大伟告诉我。他今年是7月15日来站上的，20日以后就一直下雨。"前年热得不行，最高气温到了30℃；去年是大旱，直到8月才下第一场小雨；今年好，下得没完没了。"

"草原上多下点雨不好吗？"

"好什么啊，我们心里憋得要长毛了！"他解释说，因为下雨，许多野外实验都没法开展。"再这么下去，今年的工作要完不成了。"

我们先看了位于12队的羊草样地，七八个"全副武装"的人蹲在草地上剪样方。他们头上戴着大盖帽，脸上戴着大口罩，只露出两只眼睛，如果不仔细看，都分辨不出是男是女。

"剪样方现在是野外台站的常规实验项目，操作比较简单，我们自己忙不过来，就从当地雇了一些人干。"徐大伟告诉我。

"你结婚了吗？"在去刈割样地的路上，我问徐大伟。

"儿子都三岁多啦！"他笑了，"他妈妈带着，在北京。"

"这么长时间见不到儿子，不想啊？"

"不想是假的，不过都习惯了，干我们这一行的都这样。"徐大伟说，"好在现在有手机，可以每天视频。"

看完刈割样地往站上返的时候，已近中午。我提出来绕道去一下放牧样地，看看侯路路她们在忙什么。

逃过两次劫难的放牧样地，面积1500亩，划为西、中、东三个大区，每个大区分割成16个小区；每个小区又包括5个放牧强度不同的试验区，有的放8头牛，有的放6头牛，有的放3头牛，还有1个不放牛的对照区。放牧样地的四周圈着铁丝网，我和徐大伟打开观测台边上的小门，走进放牧样地。走了几分钟，就看到侯路路她们正蹲在地上剪样方。

侯路路在剪样方　赵永新摄

"你们一天剪多少草？"走到近前，我问侯路路。

"不是按剪多少草算，是按多少个样方算。"侯路路站起身，抹了一把额头的汗，"我们今天剪72个样方，上午36个、下午36个。为了不耽误时间，中午就在这儿吃饭，一天大约工作11个小时吧。"

侯路路（左一）和来台站实习的呼伦贝尔大学的女生
在放牧样地上吃午饭　赵永新摄

"干这么长时间累不累？"

"这算啥？收牛粪才累呢。"她告诉我，她们的另一项工作，是通过收集牛的粪便，研究牛的采食习性。"牛一开始排便，我们就去收，从早上4点半左右开始，一直收到下午6点多。天气热的时候，牛吃得少一些，一头牛一天收十几公斤鲜牛粪；到9月天冷了，牛为了御寒，就吃得多了，一头牛一天得有二十几公斤。"

侯路路告诉我，因为牛在不停地走动，收粪便的时候人就得跟着牛四处走，每个小区都得来回走。"平均一天得拎着桶走2万步。我最多的一天走了4万多步，腿真的跟平常感觉不一样。"

"这事你跟他们讲过吗"？

"讲过啊，又不是什么丢人的事。"侯路路说，"不过很难跟他们讲清楚。他们很不理解，这上研究生咋还弄上牛粪了？"

正说着，站上的工作人员给她们送午饭来了。她们隔着围栏接过盒饭，摘下手套，坐在草地上吃起来。

"你们赶紧吃吧。"和她们道了再见，我与徐大伟往回赶。

烛光晚宴

"小赵，今晚我请客，咱们到镇上吃羊肉。"晚上7点多的时候，我正在房间里整理照片，杨桂霞找我来了。

说真的，在台站的食堂吃了才两天，我就想吃肉了。炒南瓜、炒土豆、炒白菜……吃来吃去，食堂里就这几个菜，每个菜里翻不出几片肉，还是肥多瘦少。

"怪不得当年那些实习的大学生抱怨。"我不禁想起十几年前李刚和实习生打架的事。

热气腾腾的羊腿、香喷喷的羊肝……看着菜一个个摆上来，我忍不住刀叉并举，大快朵颐。看着我狼吞虎咽的样子，杨桂霞笑了。因为肠胃不好，加上摘了胆囊，她自己并没吃多少。

我正狼吞虎咽，房间里突然一片漆黑。原来是停电了，服务员赶紧拿来蜡烛点上。没想到还能在草原上享受"烛光晚宴"，真的是不虚此行。

永远的危机

人真是奇怪的动物，在繁华拥挤的北京嫌喧闹，在偏远僻静的呼伦贝尔台站没待几天，我就感觉寂寞，想回北京了。好在我到台站的第三天下午，辛晓平从东北赶来了。

她这次是公私兼顾，利用出差开会的机会，陪升入初中的女儿休个假。她先是到长春开会，之后和女儿去了趟鄂伦春，然后赶到站上。

她在自己的办公室稍微休息了一下，就下楼陪我到草原上散步。她的气色比一个月前在北京见面的时候好了许多，加上身穿藏青色的运动服，人显得更精神。

"赵老师真不好意思，您来站里，我却带着女儿去休假。"她一开口就向我道歉，"我早就答应女儿陪她好好休个假，但我心里面其实对您是愧疚的。但假设我把女儿放下，陪您到这边来，我会更愧疚。"

辛晓平和女儿　赵永新摄

　　"没事儿，辛老师您想多了。"我笑着说，"这几天在站上过得很好，看了那么多美丽的草原。"

　　"草原美吧？"她指着路边的草地说，"今年雨水多，草长得比前两年好很多。"

　　说到草原，她谈兴更浓，滔滔不绝地给我讲起来："你看，这又高又细的是羊草，它是草甸草原的先锋物种，也是牛羊最爱吃的主粮；那些开紫花的是沙参，有滋补作用，是温性的，吃人参上火的人可以吃沙参；这是沙参的'亲兄弟'细叶沙参，它的花柱很短，花柱长的是沙参。这里的许多植物都有药用价值，你要是感冒了，就到草地上拔点防风、金橘、柴胡和沙参，把根洗干净了煮水喝……"

　　听着她的讲解，我自觉惭愧：我一向喜欢植物，还自诩是个"花痴"，没想到到了草原上就变成"草盲"了。

　　"辛老师，从参加工作到现在，您到草原也有上百次了吧，不觉得腻吗？"

羊草　　　　　　　　　　　　　　　　　　　　　　　　　　　柴胡

长柱沙参　　　　　　　　　　　　　　　　　　　　　　　　　防风

赵永新摄

傍晚的草原　赵永新摄

听她讲得如此投入，我忍不住问了一句。

"怎么会腻呢？！"她回答说，"我每次来草原感觉都不一样，都会有许多新发现。这就像看一本好书，每次看都有新的收获。"

我俩沿着向西延伸的小路边走边聊。这时候金色的霞光照在辽阔的草原上，让人更觉天遥地远、神清气爽。

回头望去，台站的小二楼和它后面快完工的新办公楼，在霞光中格外漂亮。"新办公楼计划明年投入使用，到时候你再来，条件就好多了。"望着眼前的办公楼，辛晓平笑着说。

过了一会儿，她似乎想到了什么，舒展的眉头皱了起来。

"辛老师，您又想到啥了？"

"台站的未来啊！"她脸上蒙上一层阴云，"其实这几年我一直在考虑呼伦贝尔台站10年、20年以后的事。"

"这几年呼伦贝尔台站不仅在国内得到认可，在国际上也开始崭露头角，但我还是为台站的未来担忧。"她告诉我，"主要的问题有两个，一个是人，一个是钱。人的事，我不太担心，经过这些年的发展，台站已经培养出一支人心稳定、业务出色的科研团队。"

"关键还是钱，"她说，"其实钱一直是台站永远的危机，你这几天也在站上体验过了，虽说跟以前比好多了，但还是紧巴巴的。"

"当然，如果我们少干点事的话钱也够，但是和那些有四五十年历史的老站在同一个平台上，我们又不甘落后。不甘落后就必须使十分的力气，想干的事情总比申请到的经费多。"

说到这儿，她换了个话题，开始谈生态学研究的特点。

"许多学科的研究可能需要的时间不是那么长，生态学研究就不同了。自然生态系统是个非常复杂的系统，研究过程一定要足够长，才能在自然演进和人为干扰的长期相互作用中发现有价值的东西。"她举了一个气候变暖的例子：英国的科学家从 1750 年开始持续观测空气中的二氧化碳浓度变化，一直监测了 200 年，到 1950 年才建立了可信的数据模型，提出了温室气体增加、全球气候变暖这个重大问题。

"因此，几十年对野外台站来说是没有意义的，至少也得是'百年老店'，才能拿出真正有价值的数据。"她说，国内搞野外台站的同行都说要把自己的站建成"第二个洛桑站"，但实现这个目标可不是那么容易。

英国的洛桑实验站被称为"现代农业科学发源地"，是一个喜欢植物的庄园主在 1843 年建立的，他建好后捐给了国家。在政府的支持下，洛桑实验站会聚了一批科研精英，拥有一流的实验室设备，是世界上除育种以外各种农业学科俱全的历史最悠久的农业实验站。

台站的新办公楼　赵永新摄

"这几年英国经济增长放缓，洛桑站也面临资金不足的问题。"说到这儿，她叹了口气，"我们站现在遇到同样的问题。今年主管部门换成了国家林草局。最近我一直在想，呼伦贝尔站将来要怎么维持？"这时候，她的手机响了，是她女儿叫她吃晚饭。

"咱们先去食堂吃饭，回头再聊。"

雨中行

第二天又下起了蒙蒙细雨，气温只有10℃左右。我本来想在台站上休息，没想到辛晓平兴致很高，说要和闫瑞瑞带我去几个样地看看。我穿上秋衣秋裤，借了顶大盖帽，和她俩上了车。

车子开到放牧样地外的观测台边停下，看门的大哥担心草地里有积水，会把鞋子泡了，就找了三双长筒靴，给我们换上。

"赵老师，你看这块样地多平展啊，是最理想的放牧样地！"

走在放牧样地上，辛晓平笑得像个孩子 赵永新摄

辛晓平一边深一脚浅一脚地在草地上走着，一边兴致勃勃地给我讲解，"这块草地的生物多样性很丰富！羊草、防风、冷蒿、裂叶蒿……你猜猜1平方米有多少种植物？"

看我一脸茫然，她笑了："30多种！想不到吧？"

看到正在雨中吃草的牛，她更高兴了："这是不同放牧强度的试验小区，有的1头牛，有的3头牛。你仔细观察一下，是不是牛的数量不同，地上的草长得也不一样？"

"真是不一样。"闫瑞瑞在一旁插话，"你看这个小区放了3头牛，就比较

辛晓平（左）和侯路路（中）、闫瑞瑞（右）　赵永新摄

合适，草的生长量大于牛的采食量，可持续放牧就不成问题。"

"当然，这个还需要多年的持续观察，才能得出比较科学的结论。"辛晓平补充说，"一位美国学者发了一篇文章，他通过几十年的数据分析发现，影响草地生长最主要的因素，并不是人们通常认为的放牧强度，而是放牧的时间长短。所以，一个野外台站如果搞十几年就断了，是没有意义的。"

"辛老师，您怎么也来了？天这么冷，您小心感冒了。"正在剪样方的侯路路看见我们，走过来打招呼。

"我没事，你穿的衣服够不够？"辛晓平问。

"我年轻，更没事儿！"侯路路摇摇头，甩甩发辫上的雨水，又转身去和小伙伴干活儿了。

看着她的背影，我忍不住对辛晓平说："辛老师，您带的学生真不错！"

"不光我的学生，站上的人个个都是好样的。"她笑着说，"闫瑞瑞现在也带研究生了，学生也都很出色。"

回到车上，辛晓平冷不丁打了个喷嚏。

"赶紧盖上，可别感冒了。"闫瑞瑞从后备厢取了件军大衣，帮她盖在腿上。

雨还在淅淅沥沥地下着，没有停的意思。但辛晓平兴致不减，又带我去看草场改良试验。这时已近中午，我身上的衣服淋湿了，鞋子也进了水，又冷又饿，想打道回府。但辛晓平和闫瑞瑞却若无其事，她俩在前面边看边说，聊得非常起劲。我不好说什么，就跟在她俩后面听。

"小金库"

我订好返程机票后，辛晓平说一定要去送我。下午5点多，我收拾好东西，拉起行李箱往外走。这时候已经雨霁云开，她和杨桂霞站在门外等我。这两位在草原上一块奔波了快20年的老战友估计有一阵子没见了，又说又笑，那股子亲热劲儿，让人看了心生感慨。

心系草原的两姐妹　赵永新摄

车子快到大门口的时候，辛晓平让师傅向右拐，说要带我去看看那块还没有开展实验的3000亩样地。

"那边一片一片开蓝花的，是沙参吧？"我指着车窗外的草地，现学现卖。

"对，是长柱沙参。"辛晓平说，今年前期干旱、后期多雨，像沙参这类杂草就长得特别多。它们一般在生长后期开花、结实，所以晚下雨对它们来说是好事。

"禾本科有些小家伙开花早，结实也早，这一年的生活史也就结束早。"

她继续给我讲解，"越小的草，调节机制越灵活，一遇上干旱就赶紧开花结籽。""沙参这种就没那么灵活，等后期有了雨才开花。有一年也是这样，整个草原全是开蓝花的沙参。"

车子越往南开，地势越高。在一片开阔的草坡上，辛晓平让师傅把车停下。我走下车，站在草地上向北望去，最远处的白云下面，是连绵起伏的青山；青山的南侧，就是坐落在草原上的台站办公楼；近前的草原杂花摇曳、五彩斑斓，在余晖的映照下格外美丽。

"从你看到的那几个白色实验棚往南，西边到最边上的围栏，东边到那趟杨树，是台站自己买的 3000 亩样地。这片样地的产权属于台站，是永久性的，我们不想搬，谁也拿不走。"辛晓平笑着说，"这 3000 亩样地还没有开展实验，我把它们分了三块，一块 600 亩，一块 2000 亩，还有一块是 400 亩。"

她告诉我，其中的 600 亩准备作为开放实验区，全国的同行可以免费用。"中科院、北大……无论是哪个单位，只要有持续 30 年以上的好的科研项目，你进来做，我帮你维护，不收一分钱。"

"那 2000 亩，我想把特别好的实验都安排在这里做。这块就不做观测了，因为前些年该做的观测样地我们基本都建好了。这些样地都租了 50 年，公证过的，应该不会丢。"

"这 400 亩是我预留的'小金库'，"辛晓平笑得像个孩子，"我们准备把这一片做成科普区，养点羊、养点鹿，把山上的各种野花移栽一些。如果有可能，还能从高到低补种一些适宜的植物。这一块适合长的植物群系跨度很大，从山顶的咸叶菊到山坡上的贝加尔针茅、平地的羊草，都能长。我想在这块地上搞个微缩景观，把适合长的植物都种上。科普园建好了，可以对外开放，适当收一些费用。如果以后能多开发一些、规模大一些，说不定除了维护费还能剩一些留给站上用。"

"我一直在担心钱的问题，现在还是钱紧。"说到这里，辛晓平若有所思，"我想着台站能不能自己挣点钱啊？哪怕忽然有一天国家不给钱了，这个站还能养活自己。"

往前冲吧

在海拉尔市吃过晚饭，我们乘车赶往机场。

"赵老师，您还是别写我，写写我们台站的年轻人吧。"坐在后排的辛晓平对我说。

"为什么？"我回头看了她一眼。

"你看我这 20 多年一直在做自己喜欢的事情，可以说是'从心所愿、快意人生'。当然，这个过程中有挫折、有艰辛，但都在一个尺度之内，没有超出我对草原的热爱。"她说，"我最喜欢的一句话，是从一部电影里看来的：We do what we have to do, so we can do what we want to do. 选择梦想不是一件轻松的事情，不可能唾手可得。天上掉馅儿饼，还要伸脖子接一下呢。很多来过台站的人都说，在艰苦的环境下，你们一直在坚持……其实不是这样，最起码我没有'坚持'，我是心甘情愿地走这条路。如果一件事情需要'坚持'，以我的个性，一定会放弃，然后选择我想做、愿做的事情。所以你看，一个人做自己喜欢的事，有什么好写的呢？"

想想也是，我一时找不出什么话反驳她。

"今年有多家媒体采访我，我心里其实是拒绝的。"她接着说，"真的，我不想被任何人左右，按照别人希望的方向走。如果大家把我写成保尔·柯察金那样的英雄，那绝对不是我，我也做不到。"

"我就是个普通的人，做得像个人是最要紧的。"顿了顿，她又说，"我就是想做一个将来不要有太多后悔事情的人。如果我死的时候觉得对不起父母、对不起孩子，会死不瞑目。我就想做一个普通的人，就是合格的妈妈，不见得优秀；合格的女儿，不见得优秀；合格的站长，也不见得优秀。"

见我没接话，她又在后面自言自语："我确确实实是个普通人，经不起突如其来的事情，比如获奖什么的。此心安处是吾乡，心安很重要。"

"不像刘钟龄先生，我这个人还是有功利心的。"说到这里，她嘿嘿笑了，"搞生态学很难出大家，比方说设立泰勒环境成就奖的约翰·泰勒和爱丽丝·泰勒夫妇，大部分人是不知道的；生态学创始人恩斯特·海克尔，大部分人也是不知道的。我肯定是成不了李白、杜甫，充其量就是那个留下一句'采得百花成蜜后，为谁辛苦为谁甜'的罗隐。我们每个人都会成为历史，对不对？我就是希望，再过100年、200年后，呼伦贝尔站还可以存在，能为草原科学、为未来的世界、为未来某些热爱草原的人，带来一些东西、一些变化……"

飞机渐渐升空，我从舷窗向下望去，那些稀疏的灯火、起伏的山峦、平展的草原……迅速地消失在无边的黑夜里。

望着周围心满意足、昏昏欲睡的游客，我不禁想起这几天在台站的见闻：沾满泥水的越野车，几乎不变的一日三餐，又黑又瘦的侯路路、徐大伟，把小孩和老人接来住农民房子的闫瑞瑞、徐丽君，体弱多病的杨桂霞，天天为台站忧心忡忡的辛晓平……

这样想着，我耳边响起她告诉我的《约翰·克利斯朵夫》中的两句话——

当你不知道这件事的危险的时候，那不叫勇敢；当你知道人生的真相，还继续一往无前，那才是真正的勇敢。

人生就是一场悲剧，往前冲吧！

2019 年 7 月至 2021 年 11 月采写

2022 年 5 月 2 日定稿

陈婷

难
才
有
意
思

陈婷：1979 年生于湖南，北京生命
科学研究所高级研究员、博士生导师。主
要从事皮肤组织再生和多种皮肤疾病的致
病机制研究，荣获腾讯科学探索奖等。

"科研的本质就是自嗨。""最好的科研是做没用的东西。""你为什么要在乎别人的看法？""女性选择科研是一种幸运好不好？""家庭和事业为什么要平衡？"……听着陈婷的这些"奇谈怪论"，我心中暗想：她哪来这么多"歪理"？

2012 年年底加入北生所的陈婷，是该所为数不多的几位女实验室主任之一。2017 年夏，经北生所所长王晓东推荐，我给陈婷发了一封邮件，提出想采访她，写篇报道。

结果，她一句话就给拒了：我没有什么好写的。

"这人怎么这样？"作为一个从业 20 多年的老记者，看到这样的回复，我心里自然很不舒服。

后来和她接触多了，我才发现，这位湘妹子其实是一个特别好打交道的人。她的成长经历和科学故事也让我明白：她的那些"歪理"，其实并不歪。而且，我相信，只要假以时日，她已经和即将做出的系列原创发现，终将会转化为全新的药物和疗法，为全世界数以亿计的皮肤病患者带来福音。

白癜风研究的"失败简史"

　　在北生所的官网上，陈婷这样概括自己的工作：本实验室主要从事组织再生调控与疾病发生机制的研究，重点研究皮肤微环境在组织再生过程中调控干细胞命运的生物学功能和分子机理，以及阐明遗传性或获得性皮肤疾病的致病机制，为疾病治疗提供新的方向。

　　接着，她又相对详细地介绍了实验室的三个主要研究方向：皮肤微环境调控组织再生与衰退的机制，皮肤区域特异性在物种演变、个体水平组织再生以及疾病发生过程中的作用机制，调控免疫豁免以及自身免疫性皮肤疾病的细胞分子机理。

　　如果你不是学生物的，看到这里可能会有些发蒙：这说的都是什么啊？我刚开始采访陈婷的时候，也是听得一头雾水。几次采访下来，我才对她的工作有个大概的了解。她研究的对象，是人体面积最大、也最容易受伤害的器官——皮肤。她研究的问题，是那些大家见怪不怪的常见现象：同样是皮肤，为何头上的毛发又浓又密，脸上的毛发就既稀疏又细微？为什么白癜风、银屑病、红斑狼疮的发病部位，大多分布在人体两侧对称的地方？"毛孩"为什么与众不同，长一身猿人似的毛？同样是承受全身压力的脚掌，为什么有的人的脚掌光滑柔软，有的人的脚掌就严重角质化？

　　如果用一句话来概括陈婷的研究，那就是：探寻隐藏在皮肤中的秘密。如果用一个字来概括，那就是：难。

　　"每个课题都不容易，全是各种坎儿。"如果从做博士后算起，陈婷已在这个领域耕耘了十多年。尽管她从小就觉得"容易的事情没意思"，但说起手头的研究，她自己都说"很难"："我们90%的实验都是失败的，看起来很笨。"

　　她做的研究到底有多难？

　　看看下面这部白癜风研究的"失败简史"，你就能略知一二。

　　这个长长的故事是关于白癜风对称分布的调控机制的。关于白癜风的研究

2022 年 1 月 6 日《自然》杂志
陈婷供图

成果，2022 年 1 月 6 日被刊发在《自然》上。这不仅是陈婷实验室成立以来第一次在《自然》上发表论文，也是国际白癜风研究领域第一篇登上该杂志的论文。

既然论文都发了，为何还说是"失败简史"？请看她的学生、这篇论文的共同第一作者徐子健提供的实验日志：

2015 年 8 月—12 月，尝试用自移植方法建立疾病小鼠模型，失败；

同年 11 月—12 月，尝试用体外实验模拟疾病进展，失败；

2016 年 7 月，用免疫荧光染色技术检测病理标本的免疫细胞浸润情况，失败；

此后 5 个月，再次尝试优化免疫荧光染色技术，还是失败……

在长达 6 年零 4 个月的煎熬中，陈婷是如何带领徐子健、陈道明等学生，啃下一块块硬骨头的？

一个奇怪又有意思的现象

2015 年 8 月的一天，陈婷把三年级博士研究生徐子健叫到办公室，兴致勃勃地说："咱能不能研究一下白癜风？"

对于白癜风，大家并不陌生。鼎鼎大名的音乐巨星迈克尔·杰克逊，就是因为患有重度白癜风，导致脸部出现多处白斑，最后不得不做了漂白手术。为帮助世人更好地认识白癜风，2011 年，国际皮肤病公益组织向联合国提交申请，将迈克尔·杰克逊去世的 6 月 25 日确定为"世界白癜风日"。

白癜风是一种常见的皮肤病，在全球的发病率约为 0.5%~2%。它虽然不痛不痒，但"痛苦指数"并不低，对患者的成长、社交、择业、婚恋等都有影响，有些患者甚至一辈子都生活在它的阴影中。

这个"不死人"的白癜风吸引陈婷的，是它与银屑病、红斑狼疮等多种自身免疫疾病一样，有一种相同的发病模式——对称分布。研究数据表明，近80%的白癜风患者的发病部位，在身体的两侧对称分布，比如左右脸、左右腿、左右手等。

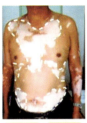

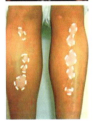

此前的研究表明，白癜风属于后天免疫疾病。患者自身的免疫细胞——CD8+T 细胞，异常攻击皮肤里的黑色素细胞，导致某些部位的黑色素细胞减少，皮肤逐渐白化。

白癜风的对称分布
常建民、徐子健供图

"你看，CD8+T 细胞多在对称的人体部位针对性地攻击黑色素细胞，这是奇怪又有意思的事情！到底是谁把 T 细胞招募到这些地方去的，为什么又是对称的？"陈婷越说越激动，"从发育生物学的角度观察，一定是有一个机制在背后调控它，而且这个机制能决定发病的部位。你说重要不重要？"

"如果能把这个调控机制找到，肯定是一件很酷的事！"徐子健也听得很兴奋。

"不过，我们之前从来没碰过疾病，而且每一个疾病的病因都很复杂，做起来肯定困难不少。"她提醒徐子健，白癜风的对称发布机制是一个全新的课题，前面都是未知数，根本没办法"提前计划"。"我们只能是 A 做完了才知道 B 在哪儿，B 做完了才知道 C 在哪儿。这个课题具体我也不知道怎么做，只能是大胆假设、小心验证。"

"我感觉一下子被扔进了太平洋"

尽管不知道从何处着手，但陈婷知道，研究疾病机制有几件事情是必须做的：检测、分析病人的样本，在细胞或分子层面找到疾病的分布特征；建立理想的动物疾病模型，借助动物模型进行功能研究；最后，再回到病人身上，验证实验结果是不是真的与白癜风的发病特征有关联。

"你就朝这几个方向慢慢试，碰到什么问题咱们一起商量。"陈婷说。

"没问题。"徐子健显得非常有信心。

信心，源自他刚完成的一个研究课题。这个研究毛囊干细胞起源的课题，是 2013 年陈婷布置给他的。按照导师设计的实验方案，徐子健做得很顺，从做实验到发文章用了不到两年。

"自己还挺厉害的嘛！"文章投出去以后，徐子健有些小得意：科学研究没

徐子健　徐子健供图

有传说的那么难啊！师兄、师姐们说博士毕业至少需要 5 年，我博士第三年就有一篇论文，可以提前两年毕业了！

于是，他满怀信心地投入到白癜风的研究中。然而，一开始就麻烦不断：自己设计的实验方案，被同学耻笑为"不靠谱"；医生能提供的白癜风病理标本，远比自己预想的要少，而且，一个标本只有小指甲盖的 1/4 那么大，很难对它进行检测……

"我感觉自己一下子被扔进了海里！不，是一下子被扔进了太平洋！"这时徐子健才意识到，上一个课题之所以做得那么顺，是因为导师前期已经做了很多工作，把后面的路都铺平了。

"失败是成功之母，大不了换个方法嘛！"面对困难，徐子健没有气馁，鼓足勇气继续尝试。结果，迎接他的除了失败还是失败。转眼两年过去了，标本的病理分析还没做出来。

"这可怎么办啊！"他不免有些灰心，自己在太平洋里游了快两年，差不多还在原地打转，更不用说希望的彼岸了。

他们不认可，那是他们的事

困扰徐子健和陈婷的，还有来自周围人的质疑。

首先是所里的同事不认可。尽管北生所实行的是 PI 自由选题，所里不加干涉，但不干涉不等于放任不管。该所每月开一次全体 PI 们参加的学术研讨会，每位 PI 轮流介绍自己的科研进展，之后是自由讨论。当陈婷在 PI 俱乐部上介绍了自己要做的这个课题后，台下立马炸锅了。

"白癜风是个病吗？"

"它死不了人，又发不了大文章，你们费心费力研究它干吗？"

有的同事甚至开起玩笑："你们这是要做美白产品吗？哈哈哈！"

光同事们不理解，就连合作的医生也不看好。通常，与高校、院所的科学家搞合作研究，医生们都很积极。他们在治病过程中会碰到很多需要解答的科学难题，但自己又很难挤出时间做研究，所以很愿意与科学家合作。但白癜风的合作研究却成了例外。原因有以下几个：在欧美主导的国际科学舞台上，白癜风是个不受关注的冷门课题；研究本身难度极大，很难发高影响因子的文章；陈婷又是这个领域名不见经传的新手。许多医生心里犯嘀咕：跟你们合作能搞出个什么名堂？所以，当陈婷带着徐子健找到国内知名的白癜风治疗专家提出合作意向时，对方脸上满是怀疑。

"他们不认可，那是他们的事，我们自己认可就行了！"面对来自所内外的质疑，陈婷不以为意："他们不认可，是因为他们没有意识到这个课题的科学价值！"

陈婷说得没错。

2017 年，她资助徐子健去加拿大参加一个国际会议——P-Stone Symposium。这是一个规格很高的自身免疫病研讨会，到会的都是全球的顶尖学者。参会期间，徐子健向几位外国科学家说起白癜风对称分布的现象，他们也都觉得这个现象非常有意思，值得深入研究。

"那你们会不会做这个课题？"徐子健问。

"不会。"对方实话实说，"第一，尽管白癜风在白种人群发病率也很高，但症状并不明显，大家都不怎么当回事；第二，没有理想的小鼠模型，也难以获取足够的疾病标本，根本没办法研究。"

"这的确是个很好的科学问题！"徐子健听完心里有数了，如果能解答这个问题，将来一定会成为免疫学领域的"Big Story"（大事件）。

回国后，他又重拾信心，继续尝试。

再做砸了就继续试

2017年2月，徐子健采用优化后的免疫荧光染色法检测病理标本，终于取得了成功。检测结果表明：在患者皮肤的病变组织和健康组织交界处，有大量免疫细胞CD8+T浸润。

在仔细分析CD8+T细胞的分布模式后，陈婷做出了初步推测：白癜风疾病发生过程中存在一种募集机制，在皮损交界处协调、招募CD8+T细胞，使这类细胞一直处在病变皮肤前沿，驱动脱色区域逐步扩大。

白癜风进展微观图，绿色的为CD8+T细胞，
红色的为黑色素细胞　徐子健供图

"那到底是谁，通过什么方法招募 CD8+T 细胞呢？"徐子健问。

"我也想知道答案啊，"陈婷给他出主意，"你可以试试这项新技术。"

原来，北京大学汤富酬实验室发明了一项新技术——单细胞转录基因组测序。这个刚在博奥晶典公司实现商业化的新技术，只需要少量的组织和细胞就能非常精细地分析细胞的特征，能解决白癜风标本小、没办法分析的难题。徐子健喜上眉梢，他和博奥晶典公司合作，在 2017 年 3 月 28 日这天做了第一次单细胞测序实验。结果，希望破灭。由于无法分离足够多的细胞进行后续实验，第一次尝试以失败告终。当时单细胞测序的成本很高，做一个标本分析就要花 3 万元。眼看着这么一大笔钱打了水漂，徐子健有点蒙。

"你看我这次又没做好，"他忐忑不安地找到陈婷，"要不您换个人做吧，我害怕再失败。"

"没事儿，这个钱权当是培训费。"陈婷哈哈一笑，"反正培训费都交了，换别人去做还得再交一次。你就继续做吧！"

"我再做砸了咋办？"

"再做砸了就继续试，"陈婷鼓励他，"这个实验总得有人做，你就差这一步了，为什么不继续往下做？闯过了这一关，你不就成功了嘛！"

听了导师的话，徐子健的干劲又来了。他把上一次实验从头到尾仔细梳理了一遍，两周之后做了第二次单细胞测序，结果还是失败，细胞的纯度和种类达不到要求。

"两次不行就三次！"半月之后，徐子健又做了一次。看完结果，他开心地笑了，第三次单细胞测序实验成功啦！

幕后黑手浮出水面

2017 年 8 月，陈婷和徐子健对单细胞测序样本进行了初步分析，结果发现，干扰素 IFN-γ 信号通路在白癜风患者的成纤维细胞中被激活。

2018 年 6 月，徐子健完成了第 15 个单细胞样本的收集和测序工作。之后几个月，陈婷和他对单细胞测序的结果做了深入细致的分析，结果发现：成纤维细胞对 IFN–γ 信号有明显的响应特征。至此可以初步判定，成纤维细胞是白癜风病人中响应 IFN–γ 信号的最主要细胞类型。换言之，这个之前没人待见的成纤维细胞，很有可能就是招募 CD8+T 细胞的幕后黑手！

"这个发现可是颠覆性的！"陈婷既惊且喜。要知道，绝大部分器官里都有的成纤维细胞，在之前是被完全无视的，研究人员在绘制器官的结构图时，都不把成纤维细胞画出来。直到最近四五年，成纤维细胞才开始被科学界关注，但也被认为没太大用处。

不过，要证明成纤维细胞的调控作用及具体的调控机制，单细胞测序只是第一步，只有在小鼠疾病模型中得到功能验证，才能下明确的结论。

最难攻的关口，就此拿下

研究疾病的生理机制，离不开高效的疾病动物模型。因为，研究人员不可能直接拿病人去做实验，如果没有一个理想的动物模型，研究疾病的生理机制就无异于纸上谈兵。

陈婷（前排右二）、常建民（前排右三）团队合影　常建民供图

陈婷知道，白癜风的研究之所以长期徘徊不前，就是因为缺乏好的动物模型。所以，从这个课题一开始，她就和徐子健通过各种手段，锲而不舍地尝试建小鼠模型：小鼠自体移植、白癜风异体移植……试来试去，折腾了快两年，做出来的小鼠模型特别难诱导，根本没法用。用陈婷的话说，就是"又难做又烂"。

白癜风小鼠（左）　徐子健供图

就在他们无计可施的时候，幸福来敲门。

2017 年 4 月 17 日，北京医院常建民团队的傅裕医生，转过来一篇《科学—免疫学》杂志刊发的文章提到黑色素肿瘤患者在采用免疫疗法治病过程中，会出现像白癜风一样的白斑。

"这个有意思！"看了这篇文章，陈婷眼前一亮，"用免疫疗法治疗黑色素瘤患者，不就是要把患者中的调节 T 细胞人为地敲掉吗？而白癜风患者之所以得病，就是因为 T 细胞失调！"

"你快去查查黑色素瘤小鼠模型的有关论文，看能不能找到有用的线索！"她告诉徐子健。检索有关文章后，徐子健发现，一些黑色素瘤小鼠模型有伴发毛发变白的特征！于是，他沿着黑色素瘤免疫治疗的思路，试着建白癜风的小鼠模型。折腾了 100 多天，他终于在 2017 年 7 月用黑色素瘤方法诱导出第一个白癜风小鼠模型。

不过，这个小鼠模型的诱导成功率只有 30%，很难用它来做后续的功能学实验。陈婷把另外一名研究生陈道明调过来，让他和徐子健一起，继续提升小鼠模型的诱导效率。

徐子健、陈道明花了近一年半时间，做了上百只小鼠，用各种各样的方法试，终于在 2018 年 12 月，把白癜风小鼠模型诱导成功率提高到 80%。

整个课题中最关键也是最难攻的关口，就此拿下。

第一次投稿，5 天就被拒

此后的一年，在陈婷的指导下，徐子健、陈道明又克服重重困难，进一步证实、确认了成纤维细胞对免疫细胞的招募功能以及招募的分子机制：成纤维细胞通过趋化因子 CXCL9、CXCL10，对免疫细胞进行招募。之后，他们又完成了关键病例统计工作和相关性分析，并与合作者通过数学模型模拟白癜风疾病的进展过程，进一步验证了小鼠实验结果的正确性。

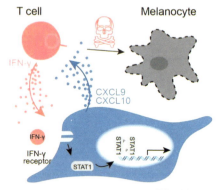

成纤维细胞通过 CXCL9/10 调控杀伤性 CD8+T 细胞招募的示意图　陈婷供图

2020 年 1 月，陈婷把花了几个月完成的论文，投给《细胞》杂志。让她没有想到的是，仅过了 5 天，就收到杂志编辑的回复——拒收，理由是他们对这个研究不感兴趣。经过反思，陈婷找到了问题所在：撰写的论文没能突出重点，把白癜风对称分布的特性以及实验中最重要、最有意思的发现清楚、明确地展现出来。毕竟白癜风研究是一个很冷门的领域，如果论文的亮点不够突出，像《细胞》这样的杂志自然就不当回事。

于是，她和徐子健又请常建民教授提供了白癜风对称性的相关照片，并对这个问题的重要性和科学价值做了补充。2020 年 3 月 2 日，陈婷把修改后的论文转投给《自然》杂志。论文投出去后，徐子健心想："这回应该没问题了吧？"

结果，3 个月之后，杂志回复了。两位审稿人的初审意见，就提了 19 项补充实验和修改意见。

"这么多问题！"徐子健心里暗暗叫苦，"这下肯定没戏了！"

一定要打回去

"杂志给我们审稿了，审完还提了这么多问题！"让徐子健不解的是，陈婷居然很高兴。

"陈老师，这些问题都很难回答。"他嘟囔着说。

而且当时正值新冠肺炎疫情肆虐，实验室里只有陈婷、徐子健和另一位博士生能上班，所里的实验老鼠培养室也关了。

"不怕，咱们一项一项来！"陈婷满不在乎。

随后的几天里，她带着徐子健把审稿人的意见梳理了一遍，按内在逻辑拉个了问题清单，一个一个地过，这个问题难点在哪儿，那个问题应该补充什么实验……

陈婷与徐子健等讨论问题　陈婷供图

不过，乐观的陈婷也没有想到，这篇稿子前后审了5轮：

2020年11月，二审提出6项补充实验和修改意见；

2021年4月，三审提出9项修改建议；

同年7月，四审提出1项补充实验和3项内容修订；

直到2021年9月，五审才算通过。

之所以要"五堂轮审"，是因为之前这类疾病的机制性研究，没有人像陈婷做得如此深入，而陈婷得出的结论也都太新了。从病人的单细胞测序分析结果到小鼠模型的可靠性，再到成纤维细胞的重要性、异质性，评审人都提出了各种质疑。当陈婷带着学生做完前两轮补充实验把论文完善后提交，杂志编辑拿不准，又找来一位新的审稿人。

结果，这位审稿人把论文从头到尾批评了一遍，话说得特别狠："这篇文章不是不能发《自然》，是哪儿都发不了！"

"你要是软刀子把我给拒了，我也就认了。跟我这么说，那可不行！"陈婷告诉徐子健，"一定要打回去！"

这位审稿人提的问题中最难的一个，是认为他们自己建的小鼠模型不具有代表性，必须要用之前国

李春英在做实验　李春英供图

际同行建的一个小鼠模型，把得到的主要发现再重复一遍，看能否得到一样的结果。

"这下完了。"徐子健知道，这就相当于把过去几年主要的实验重来一遍。而且，审稿人提的这个小鼠模型非常难搞，不知道猴年马月才能建好。

纳履踵决之际，与她们合作的西京医院李春英伸出援手。她们实验室之前做过审稿人说的那个小鼠模型，她把所需的试剂、耗材寄了过来，还把积累的经验倾囊相授。

这下解决了燃眉之急。徐子健和陈道明只用了一个月时间，就把审稿人说的模型建好了。之后，他们又花了小半年时间，用新建的小鼠模型把关键实验重复了一遍，得出的结论与之前的完全一致。

2021 年 11 月 15 日，陈婷终于收到《自然》杂志的接收通知。此后，论文先是在线发表，之后在杂志正式刊发。

没感觉，真的是没感觉

这一成果，在国内外同行中引发轰动，反响之强烈，连陈婷本人都大感意外："我们之前的研究也不错，但都没这么大动静。"

这篇论文之所以引起这么大的轰动，源于其多个原创性成果：

建立了高效的白癜风小鼠模型，为白癜风的深入研究和治疗提供了理想工具；

发现了招募免疫细胞的幕后黑手，即之前被科学界普遍认为"没多大用"的成纤维细胞；

揭示了成纤维细胞的招募机制，即这类细胞通过趋化因子 CXCL9、CXCL10，对免疫细胞进行调控；

发现了成纤维细胞的区域异质性，即尽管都是皮肤，但不同部位的皮肤中的成纤维细胞分布密度各不相同，其调控免疫细胞的能力也天差地别；

揭开了白癜风对称分布的谜团，即由于成纤维细胞多在人体两侧的部位对称分布，导致免疫细胞多在人体的对称部位聚集、攻击黑色素细胞；

由于成纤维细胞几乎在人体的所有器官、组织中都有分布，所以这篇论文不仅有助于白癜风的后续研究，还为其他免疫性疾病的研究开辟了新路径……

因此，《自然》杂志的审稿人认为，这一研究成果"极具吸引力"，将会对自身免疫学和白癜风领域产生深远影响。

许多国内外同行向陈婷表示祝贺，一位长期治疗白癜风的医生激动地说："你们的研究真棒，代表了中国科研的最高水平！"

"我可没那么高的水平，"陈婷回复说，"我谁也代表不了，只代表我自己。"

"看到旷日持久、费尽九牛二虎之力做的研究修成正果，变成了杂志上的论文，研究者本人是什么感觉？"

"没感觉，真的是没什么感觉。"陈婷异常平静地回答，"这个课题太难了，花的时间特别长，做实验、改论文都特别折腾。其实主要的结论在论文发表两年前就做出来了，所以我看到发表的论文已经没有任何新鲜感了，感觉就像看别人的文章。"

不过，陈婷对"难"情有独钟。用她自己的话说，就是"难才有意思"。

"难才有意思？"我对此很不理解，就跟陈婷讨教——

我：一般人都喜欢选容易的事情做，因为这样能用最少的努力取得成功，您怎么说"难才有意思"？

陈：为什么要选容易做的事？我又不追求成功。而且，我不知道是不是只有我这么想：说白了，这个"成功"就是别人对你的定义，对吧？你自己不可能说"我认为我成功了"，这没有意义，一定是别人觉得你"成功"了。我觉得那样活着就挺累的，一天到晚要去证明给别人看自己成功了。这有意义吗？而且，容易的事情你想想就能知道结果，还做它干什么？那就没有意思了。做科研也是这样，那些在我们认知范围内、可以预知结果的课题，你做它干什么？

我：在您看来，科研的本质是什么？

陈：从根本上讲，我是完全认同科幻作家刘慈欣说的那句话——科研的本质就是自嗨。如果你自己都觉得自己做的事情没有挑战，你能嗨得起来吗？

当然，许多人愿意做简单的、容易发论文的课题，我是可以理解的。如果我申请了一笔5年的经费，你要求我5年之内要发多少篇文章、申请多少个专利，我也绝对不会去做这么难的东西。我也不蠢，对吧？我一定是挑最简单、最容易交差的去做。这是正常人应该做的事情。但是我是在北生所，不需要跟任何人交差，我为什么还要在乎别人的想法、做那么容易发文章的课题？

我：就是要去做最有挑战的东西。

陈：对。我就是自己嗨嘛，自己满意、快活，就完事了。

我：我想起王晓东老师说的一句话，他说科研是违反人性的东西。我现在还是不太理解，您怎么看？

陈：因为搞科研太痛苦了！问题是自己找的，答案是没有的，方法是自己摸索的，过程是痛苦的。人的本性怎么可能追求痛苦？变态的人才会追求痛苦。你认识哪个正常人会追求痛苦？人进化到现在，不就是要追求舒服吗？否则人类早就绝种了。所以，你自己去搞这么痛苦的事，不就是违反人性吗？

当然，我也不是为了追求痛苦做这个事，只是我想做的事情肯定会带来很多痛苦。但是我也没办法，不能说因为太痛苦我就不追求这个事情，因为我也不想做那些容易做的事情。

我：所以您上次接受采访时曾说，做科研的人一定要有很强的抗压能力。

陈：对。你得从更长远的角度来看，我为什么要做这些事情。你得对科研的本质有自己的理解，不然别人这么做你也这么做，你只会非常郁闷和痛苦，因为你不知道自己为什么要做这些事。你一定得从更长的时间和更大的空间上想一想，我为什么在这个地方整这些玩意儿？意义何在？你总得有自己的思考，得自己把做科研的意义想出来。想不出来就麻烦了，那就是我自己找不愉快、要灭绝了。哈哈哈！

我：虽然说"科研的本质是自嗨"，但就像您自己说的，从更长的时间、更大的空间上看，它还是非常有意义的，是吧？包括它的实用价值。

陈：对。我来北生所快10年了，就目前的理解，我觉得最好的科研就是做没用的东西。因为科研是要探索未知，开辟新的领域。如果是未知的、新的领域，那它对目前而言就是没有用的，你不能去计划它，说我打算利用自己的成果干什么事、解决什么问题。你都不知道你能研究出什么，你怎么去用它？比如，起初吸引我做白癜风的，就是我对这个对称分布的独特的模式感兴趣。

"为什么对称分布"这个问题其实有点无厘头，因为从短期看，它对于治疗白癜风确实没什么实际帮助。你能治病就行了，为什么还需要知道它"为什么对称分布"？

但正是由于这个没用的问题，才让我对白癜风感兴趣。而且，当我在试图解释这个我感兴趣的问题的过程中，就把它的疾病进展机制做出来了。因此，我认为科研的本质就是自嗨，或者说是满足自己的兴趣，去探索没有用的东西。那些有用的东西，属于技术开发，而非科学研究。科研完全是由自己的好奇心驱动的，而不是出于利他的动机。

做科研必须是利己的，因为科研的训练周期很长，大部分人要到博士毕业或做完博士后，才能知道自己是否有能力从事科研，之后还要把自己感兴趣的某些问题和申请经费结合起来，确定自己的研究方向。培训周期这么漫长，做的过程又是痛苦远多于快乐，如果不是利己的兴趣驱动，你很难坚持下去。

我：科研又苦又难，还要经常忍受失败的打击，激励您坚持下去的力量从何而来？

陈：没有这种激励的力量。所以我才折中了一下，也做一部分与疾病相关的课题。因为我是拿国家的钱做科研，不能一直做没用的东西。

真正的前沿科学发现，在当下根本无法断言它的用途是什么。因此，在我做的课题中，有些是对疾病治疗有用的，但必须有一两个课题是完全一点用都没有的。这样的课题不能跟别人说"我做了能有什么用、解决什么问题"，一旦能把"这个做完能解决什么问题"说得那么肯定、那么清楚，就一点儿意思都没有了，那也不是真正的前沿科学。

我认为一个实验室最好的组合，是80%的课题是能和别人说明白，20%的说不明白、也不知道它能有什么用。

这是我近10年来的感悟，当然将来也有可能会变。

出了名的厉害

在采访白癜风课题的过程中，有一个"打死也不能当公务员"的小插曲让我印象深刻。

2018年年底，就在白癜风研究柳暗花明的关键时刻，徐子健的身体出问题了，整个人蔫蔫的，做事心不在焉，脑子就像不转了一样。他是北京人，家庭条件非常好，父母见儿子干得这么不容易，就建议他考公务员。

"你不能去当公务员！"陈婷一听就急了，斩钉截铁地对徐子健说，"我费这么大劲培养你，就让你去当公务员？打死也不能当公务员！"

她把另外一个学生陈道明调过来接手后面的实验，给徐子健放了一个月的假，让他调整好后再回来。

大概过了一个月，徐子健就调整好了，回来和陈道明继续做后面的实验。2020年，白癜风的文章还没有发表，陈婷就鼓励徐子健到两个学术论坛上讲白癜风的研究成果。

"咱的论文还没有发，现在出去讲合适吗？"徐子健有点儿担心。

陈道明　陈道明供图

他的担心不无道理。学术界有个不成文的行规：在论文正式发表之前，研究者一般不会在公开场合介绍自己的研究成果。原因有二：一是万一论文最后发不了，无异于自己打脸；二是论文从投稿、审稿到最后刊发的时间很长，两三年都是常有的事，如果在这段时间公开讲出去，保不准就会有"心灵手巧"的同行移花接木，当作自己的"原创"抢发。这样的事情，中外都有先例。

"没事儿，你去讲就行了，这两个问题都不用担心。"陈婷非常自信，还让徐子健把自己的父母也带去听听。

这两个论坛，一个是第四届青年生命科学家论坛，一个是北京大学第一届前沿交叉博士后论坛，从论坛的名字和前排坐的知名教授就可以判断，都是"高大上"的学术会议。结果，作为第一次涉足免疫学研究的博士研究生，徐子健讲完后一鸣惊人、举座皆服，两个论坛都毫无争议地拿了第一名。看到儿子科研做得这么风光，父母再也不提考公务员的事了。

看完这个真实的故事你就知道了，作为导师，陈婷带学生绝不像社会上流传的那样，让学生替导师打工、发论文。她带学生的目标很明确：培养优秀的科学家。

学生们也没有辜负陈婷的苦心。北生所有一个研究生会组织的"格物致知"论坛，凡是发表过文章的研究生都可以报名参加，前6名被授予"格物致知"奖，第一名奖金35000元人民币，第六名奖金也有15000元。在陈婷实验室已经毕业的7位博士研究生中，包括徐子健在内的5位曾获过这个奖，获奖比例之高，在北生所的20多个实验室中名列前茅。陈婷的另外一个女学生于宙，还得过一个层次更高的奖项——被誉为"华人生物学在读博士最高奖"的吴瑞奖学金。假以时日，这些学生成为优秀的科学家，应该是大概率事件。

那么，陈婷是如何培养"优秀科学家"的？

两条军规

2013 年元旦过后，实验室开张第一天，陈婷把新来的几位学生叫到一起，当场宣布了两条"军规"。

第一条，是"No Drama"。

"'No Drama'，就是专注于科研，不要无事生非、搞事情。"陈婷看着大家，表情严肃地说，"大家来是为了学知识、搞科研，实验室要有一个纯粹的环境，我们在这里只讨论科研，拿实验数据说话，不要把什么'办公室政治'带到这里来。咱们丑话说在前面，谁要是搞事情，那就对不起了。"

陈婷说到做到。实验室运行了几个月后，她发现了两位喜欢搞事情的学生。她二话没说，就让他们"另请高明"。

"搞科研不能有内耗，"陈婷对我解释，"实验室除了我，都是本科毕业的直博生，年龄不超过 25 岁，虽然长得像个成年人，其实各方面不够成熟，容易因为一些鸡毛蒜皮的小事产生纠纷。搞科研本来就很紧张，大家把自己手里的实验做好、沟通清楚就不错了，如果还把精力消耗在个人恩怨、谁好谁不好上，科研肯定搞不好，因为你根本没有那个能力和精力。"

陈婷定的第二条"军规"，是"Answer the question，not the tone"。翻译过来就是：大家在交流学术、讨论问题时，要专注于问题本身，而不要在乎对方的态度。

为何要定这个规矩？

"无论是组会还是一对一的个人交流，我发现问题肯定是要提出来的，这是我作为导师的工作。"陈婷解释道，"但我经常发现，一旦我对学生的某个数据或实验提出质疑，他们有的立马沉默得像一块铁板，不说话，有的就会现编出一个理由糊弄我。总之，就是不愿意认错。"

"是不是因为您说话太直接，让学生觉得您的态度有问题？"

"也许有这个因素，"陈婷笑了，"我天生就是急脾气、直性子，连我妈都嫌我说话太直。但是，我觉得没必要绕弯子，我跟你绕那么多弯子干什么？我们就是就事论事、解决问题，但有的人就死活接受不了质疑。"

她告诉学生："你要关注的是我的问题，不是我说话的语气。这个问题本身是独立存在的，不管是谁、用什么方式提出来，这个问题都是客观存在的。这个问题我不提，早晚也会有人提。"

作为实验室的第一批直博生，徐子健毕业后到美国纪念斯隆——凯特琳癌症中心做博士后，从事肿瘤免疫学研究。随着见识的增多，他对"Answer the question，not the tone"的理解也更深切：在科研过程中，你会听到很多反对的声音，有些很客观、语气也很平和，有些就很激烈、很尖锐。

"碰到这种情况，陈老师就告诉我，科学圈里什么样的人都有，有人提问题时会很尖酸刻薄、不顾及对方的面子。但你要知道，凡是提出来的问题都是好问题，尽管你当时可能不理解、不认可。我们必须专注于问题本身，而不要受对方语气、态度的影响。"

徐子健认为，只有"Answer the question，not the tone"，才能更快、更有效地解决问题。他跟陈老师出去开会，有时会碰到比她更直接的科学家，提问的时候态度非常差，语气非常强烈。在一次学术论坛的海报汇报环节，一位老师就直接把台上的一个学生问哭了，逼得她躲到海报后面，不好意思出来了。

"碰到这种情况，我们就不会这样，这得益于实验室平时的训练。"据徐子健讲，不管是组会上的大讨论还是一对一的讨论，陈婷都会非常直接地问最本质的问题，比如"你为什么做这个课题""这个实验有意义吗"。从学生进实验室开始，她就会问这些很有挑战性的问题，让他们思考、回答。

"在陈老师的带动下，同学之间提问也都是直来直去、真刀真枪，一来二

在美国纪念斯隆—凯特琳癌症中心
做博士后的徐子健　徐子健供图

去大家就都习惯了。这样到了外面，一是不会怯场，二是很容易屏蔽那些非常强烈的语气，专注于回答他们问的问题。一场问答下来，反而会显得我们很专业、很有素养，连提问的老师都很服气。"徐子健说。

看到这里，你大概能意识到：陈婷这个导师够厉害。

对于这一点，陈婷自己心知肚明："在我们所，我的厉害是出了名的。每年到我实验室轮转的学生有十多个，但最后选择留下来的只有一两个。见识了我的这种风格之后，许多学生就自动退出了，哈哈哈！"

说起招学生、带学生，2021年被推选为北生所新一任研究生院院长的陈婷坦陈："名义上你是导师，很风光，其实北生所的老师就像大街上摆地摊的，学生如果对你摆的东西不感兴趣，根本不会买你的账。"

原来，北生所实行的是全所统一招生，PI既不能单独招生，又没有所谓的"招生名额"。招来的学生先到各个实验室轮转两次，一次3个月，之后才根据自己的兴趣和意愿选择、确定导师。读博期间，还可以自己换导师。如果哪位PI的风评不好，就很可能招不到学生。尽管如此，陈婷还是"不改其乐"，对学生自始至终地严厉、严格、严谨。

导师如此厉害，学生能受得了吗？

让我们看看"90后"女生、现在在美国南加州大学做博士后的于宙跟陈婷读博时的"辛酸史"吧。

一个女生的蜕变

"陈老师是我生命中很重要的人。"谈到自己的博士生导师，电话那头的于宙告诉我，"5年的博士训练，让习惯随波逐流的我，有了逆流而上、自己选择人生方向的勇气和力量。"

1992年出生于孔孟之乡的于宙，从小就是父母、老师眼里听话的乖女孩、好学生。高考时她听从父母的安排，报了中国农业大学的经济学院。入校后，她听说学校的生命科学理科实验班很厉害，就通过选拔考试换了专业。

对生物学，于宙充满好奇，但也不是那么喜欢，并不确定自己在这条路上会走向哪里、能走多远。

2014 年秋，于宙进入北生所读博。由于自己当时的男友先到了陈婷实验室，她也"爱屋及乌"，选了陈婷作导师。进入实验室之后，她才真切感受到科研工作的艰辛以及博士生训练的严格。从实验方案设计到数据收集，从绘制图表到撰写论文，陈婷都会精益求精，高标准、严要求，而且每一天、每个学期都是如此。于宙常常会产生挫败感："为什么我总是达不到老师的要求？是不是因为自己不够好？"

她至今还记得组会上的 Chalk Talk（"粉笔谈话"）。和北生所的其他实验室一样，陈婷每周都开全员参加的组会，组会上有一个让学生如坐针毡的 Chalk Talk：主讲的学生站到前面，把自己想做的实验、具体的步骤以及想不明白的问题，一边讲一边写在一块小白板上。其间，陈婷和同学们会不停地抛出各种问题、质疑，让主讲的学生回答。

"说实话，这是一个让人很紧张的'Talk'。"于宙说。尽管主讲的学生做了非常充分的准备，但还会有许多自己根本想不到也不明白的问题，如果回答不出来，就会很尴尬。

"现在回想起来，Chalk Talk 是一种非常好的高强度思维训练。"于宙告诉我，"那些问题即便当时你的同学、老师不问，将来也会有审稿人问，也会有你的同行来问。"

比起 Chalk Talk，让于宙觉得受益更多的，是陈婷对学生"更上一层楼"的期待和要求。

她读博期间做的课题是关于毛囊干细胞区域性激活机制的。课题慢慢成形，文章中的图表也经历了一遍遍的修改。有一次，于宙利用周末加了两天班，好不容易在星期日晚上把最新一版的图做完，发给老师。她感觉自己已经做得够好了，没想到第二天导师还是挑了许多毛病。

"我从一年级开始都是这么做图的，而且这个图我都改了这么多遍，是最好的一版了，为什么老师还是不满意？"于宙感到非常委屈，强忍着没让眼泪流出来。直到后来听了一位美国老师的话，她才明白：其实，碰到一位严格的老师是一种幸运。

2019 年 11 月，于宙在吴瑞奖学金颁奖典礼上致辞　于宙供图

这位会说中文的美国老师，专门帮各个实验室修改英文论文。在去找这位老师讨论那篇毛囊干细胞的论文之前，于宙先把初稿给陈婷看了一下，但她还是不满意，搞得自己很沮丧。于宙忍不住向那位美国老师吐槽，没想到那位老师听完，笑着对她说："你要知道，碰到这么严格的老师是很幸运的事，并不是所有的老师都是这么严格要求，让你接受严谨的科学训练。"

"陈老师的目标很明确，就是培养好的科学家。"如今于宙自己也在带本科生，更能体会导师当时的良苦用心。"陈老师对学生的要求是不断提高的，一年级这样可以，二年级再这样就不行了。她不会说让你很轻松地混到毕业，只要觉得你还有提升的空间，就会努力把你往前推，让你成为更好的自己。"

在于宙心中，除了严格，陈婷还是一个非常强大的女性："她不仅影响了我的工作选择，还改变了我的人生方向。"

读博第一年，于宙依然不太清楚自己将来要干什么，内心很是迷茫。到了年底，实验室去聚餐，她和陈老师同坐一辆出租车。路上聊天的时候，陈婷了解到于宙的想法后，就对她讲："你很聪明，能力也很强，不要因为自己是女生就给自己的人生加上条条框框。你要努力开发自己的潜力，不要给自己的人生设限。"

在办公室，只要看到好的科学发现，陈婷就会兴奋地向学生们推荐："这是能写进教科书的工作！"听得多了，于宙也暗下决心：要像自己的导师那样，踏踏实实、扎扎实实，做能够写进教科书的工作。

"但是，这样的工作很难做。"于宙的话语中有几分苦涩，"许多实验做得非常艰难，怎么做都走不下去，那种绝望会让你的整个世界都是灰蒙蒙的，看不到亮光。"

"这条路走不通就试试别的。"碰到这种情况，陈婷就会鼓励她，"一个课题你不仅要认真地开始，也要认真地收尾。无论结果怎样，都要记录下来，即使你什么都没有看到，也要体面地结束。不管'是'还是'不是'，都要客观地下结论。"

2017 年 5 月，于宙的课题到了收尾阶段，需要做最后一个关键的表达实验，米验证她之前发现的 Hoxc 基因的确能促进毛发生长。这个实验要先把病毒打到小鼠的耳朵里，然后观察小鼠的耳朵里能否出现红色的荧光。如果出现红色荧光，结果就属于阳性，证明她之前的发现是对的。

由于这个方法之前没有人做过，加上这是整个课题中非常关键的验证，所以在拿到结果前，于宙心里又紧张又害怕："如果看不到红色荧光怎么办？"

这个实验需要做 10 只小鼠。给它们全部打上病毒后，忐忑不安的于宙开始在显微镜下，一只一只地看。

结果，前 3 只小鼠都没有观察到红光。

"这下完了，自己之前的努力全白费了！"看到这里，于宙快崩溃了。

这时候，她想起陈老师之前跟她说的"要认真收尾"的话，就努力让自己平静下来，继续观察剩下的 7 只小鼠。最终的结果是：只有前面的 3 只小鼠没有红光，后面的 7 只不仅都有，而且其中 3 只的毛发还增加了不少！后来，这个实验结果成为文章里最重要的结论，也是她觉得最有分量的一个发现。

"如果我看完第三只小鼠就放弃，就不会有后面的结果，更不会有发表在《细胞——干细胞》上的封面文章。"至今回想，于宙仍然有些小激动，"的确像陈老师平时跟我讲的：无论面对什么样的情况，都不要慌张，不要沮丧，要坚持把它做完，客观地记录、分析。其实，一个阴性的结果，很可能是另一个故事的开始。"

2019 年 6 月，于宙在北生所博士毕业典礼上作为学生代表发言　于宙供图

　　"陈老师是我在遇到困难时能给我前行力量的人，现在也是如此。"于宙告诉我，她的博士后经历非常曲折：经陈婷推荐，她于 2020 年 1 月到美国弗吉尼亚大学的一个实验室做博士后。不久新冠肺炎疫情就在美国蔓延，半年之后那个实验室搬到了密苏里州的圣路易斯华盛顿大学。受疫情影响，她去了没办法做实验；后来可以做了，进展又很缓慢。于宙觉得这个实验室不适合自己，就又在陈婷的帮助下，于 2021 年下半年在南加州大学找到了更适合自己的实验室，并顺利申请到了加州再生医学研究所（CIRM）提供的博士后奖学金。

　　"陈老师让我看到了科学的美，看到了勤奋和毅力是如何打破认知的边界，为人类创造新的知识。"采访结束的时候，于宙如是总结，"如果用一句话来说，她就是我的人生楷模，是我努力想要成为的人。"

四条腿理论

当然，在学生面前，陈婷还有温情的一面。尽管这一面相对较少，却对学生的成长至关重要。

像于宙和徐子健一样，其他同学也经常面临实验做不下去的困境以及由此引发的情绪波动。除了通过个别谈话、做思想开导、心理疏导，陈婷还经常给大家讲她自己独创的一个人生哲理——"四条腿理论"：一个人绝对不能只有工作，还必须有爱好、朋友和家庭。

"你这个人至少需要四个支撑点，才能活下去。"陈婷这样解释：首先，你是一个独特的个体，得有自己的兴趣、爱好；其次，人是高度社会化的动物，得有自己的朋友，遇到困难有个人商量；再次，你作为家庭成员，除了父母、兄弟姐妹，得有自己的家庭，有爱人和孩子；最后，在更大的范围内考虑，作为人类社会中的一员，你得知道自己在这个世界上到底有什么存在的价值、什么意义。无论是对国家还是人类，你是有职责的，得有自己的追求和贡献。

2022 年 1 月，陈婷在接受采访　赵永新摄

2019 年 10 月北生所第十一届运动会，陈婷实验室在运动会前合影留念（前排左二为陈婷）

徐子健供图

"你必须在这四个维度上有自己的思考，为什么得这样？"陈婷自问自答，"因为我就没见过任何一个人一辈子是一帆风顺的。无论你是干什么的，没有人会一辈子都一帆风顺，哪个时候不是一个接一个的问题？"

"你的身体随时可能出状况，事业随时可能受到打击，家庭关系随时会出现各种各样的危机。如果只有一个支撑点，你就完蛋了，再也回不来了。"陈婷接着说，这四个支撑点是必须有的，绝对不要说自己只有工作，如果只有工作，一定长久不了。

"实验只是我们生活的一部分，"她告诉学生，"一定要在做好工作的同时把另外三项经营好。这样一旦工作上遭遇挫折，另外三项就会帮助你，不致一蹶不振。"

"工作之外的三项日常就要注意维护，不能临时抱佛脚。"陈婷还不忘提醒大家：平时就要注意培养一两个业余爱好，多跟朋友走动、交流，该吃饭吃饭，该聚会聚会。如果有伴侣的要跟伴侣好好相处，有家庭的要注意孝敬父母，关心爱人和孩子。

陈婷不只是坐而论道。徐子健告诉我，除了每学期组织一两次爬山等户外活动，她还和大家一起参加所里办的运动会，向喜欢读书的学生推荐自己喜欢的书，比如她特别喜欢的《三体》《百年孤独》。

"不过，由于实验室一年到头都很紧张，大家在一起更多的是做实验、开组会、分析数据、写论文。因此，陈老师给大家更多的印象是严厉，温情的一面感受的就没有那么多。"徐子健说。

以证明我是错的为荣

跟陈婷的学生聊得多了，我就知道，导师的厉害并未影响师生在科研上的平等关系。一个例子就是：当学生实验的结果与陈婷的"猜想"不一致时，他们就会乐呵呵地找到她：陈老师，你看你的猜想又错了！

陈婷的反应是，不以为怒，反以为喜。

"我们实验室已经形成这样一种共识——我的猜想基本上都是错的！学生就特别喜欢积累这种证据，以证明我错了为荣。"说到这里，陈婷大笑。

2013 年 10 月，陈婷实验室合影（后排中为陈婷）　于宙供图

"您为什么这么注重营造师生间的平等关系？"

"做科研必须平等，不需要也不能有等级观念。"陈婷这样回答，"因为真正的科研做出来的实验结果 90% 都是自己不想要的，甚至是和自己之前的猜想完全相反。如果让学生感觉你和他是明确的上下级关系，他就不敢把这个负结果告诉你，因为一旦说了就等于证明老板的猜测是错的，这不是打老板的脸嘛！"

顿了一下，陈婷反问我："如果学生都不敢对你讲真话，这科研还怎么做？"

陈婷的家庭

从她的"四条腿理论"中，你不难得出这样的结论：陈婷不是一个只知道工作的"女汉子"。那么，她自己的家庭是怎样的？她这个大忙人又是怎么教育孩子的？

在讲这部分之前，先给大家看一下她的另一个"歪理"——

工作和家庭根本不需要平衡

以下是我俩关于这个"歪理"的对话。

我：作为一名女性科学家，您是如何平衡家庭和工作的？

陈：我就特别讨厌总是有人喜欢问女科学家你怎么平衡工作和家庭？

我觉得这个问题的前提就是错的。我经常跟学生说，工作和家庭不是对立的两面。工作和家庭是你必须都要有的，缺一不可！你怎么可能去平衡两个不是对立面的东西？

我：现在有些女生，特别是搞科研的，好像不愿意结婚生孩子。

陈婷在北生所的西餐厅　赵永新摄

陈：我觉得你这个认知可能是不对的。

我认识的做科研的女性，都有比较好的婚姻和家庭，不然会走不下去的。

我：您的意思是说，工作和家庭根本不存在平衡的问题？

陈：家庭和工作两者都是必需的，为什么要去平衡？所谓平衡，不就是说工作和家庭是两个对立面，中间需要有个支点，分出个你高我低吗？其实这俩不是对立的关系，而是相互支持的关系，所以根本不存在平衡的问题。

我：您是说，工作和家庭的关系不是对立的，而是互补？

陈：一定是一个相互支持的关系——都在支持你的人生而已。

两次婚姻

考虑到婚姻属于个人隐私，我和陈婷聊这个话题时特别小心："问个私人问题，您的个人家庭是怎样的？您可以不说。"

"这有什么不能说的？"陈婷哈哈一笑，"我在做博士后期间离异了，不过几年前又再婚了。"

以下是她的讲话实录：

我和之前的爱人——就是我女儿小米的爸爸——是大学同学，毕业后一起到的美国。但去了之后他的学业很不顺，这对他整个人打击特别大。那个时候他20岁出头，还处在成长的阶段，学业上的挫折对他的性格等各方面都有很大的影响，这样我俩的发展轨迹就完全改变了。我做博士后的时候也压力巨大，还生了孩子。我俩不在一个城市，孩子要我自己带。这样，婚姻肯定是没法维系了。

所以小米在6岁之前，完全是我带的。回国以后，大概是5年前，我再婚了。这对我的帮助还是非常大的，因为之前我要承担所有的事情、负责所有的事情。那段时期，没有一个成年人可以跟我对话、聊天，哪怕是说一说这个事的人都没有，感觉还是很差劲的。

我现在的爱人智商可能没我高，但情商远比我高。他为人比我成熟多了，性格也比我温和很多，不像我性子这么急。我这种性格，就是适合把这个事儿干净麻利地做了，把问题给解决了，不怎么考虑其他因素。但他就温和多了，一点儿也不急，刚好跟我挺互补的。他也不会直接告诉我"要怎么样"，而是很多事情会和我一起商量。

我其实一开始也没想再婚这个事儿，因为我觉得离婚对我的影响还是蛮大的。我就有一种怀疑：是不是我哪儿有问题、不适合家庭生活？要不然怎么离异的会是我呢？

到了所里之后，看到几位女同事的家庭都很和谐、很幸福，可以说是神仙眷侣。这对我完全都是正面的影响，我就觉得有这种家庭真是太好了，这其实是我想要的。

假如我到了一个单位，周围就那么三四个女的，个个都单身、没有一个婚姻是幸福的，我就绝对不会再想这事了。

好奇怪的妈妈

2022 年 3 月，北京下了一场春雪。第二天雪霁云开、阳光灿烂，我和实习生刘明在陈婷家见到了她的女儿小米。

一个名字，三个原因

刚开始我以为"小米"是小名，后来才知道自己错了，这既是小名，也是大名。为什么叫"小米"？

"很简单，因为她是鼠年出生的。不是有首歌叫'老鼠爱大米'，有米吃就行了。"陈婷笑答。

"为什么不叫'大米'？"

"是这样，她在美国出生，需要在当地登记一个英文名字。"说到这里，陈婷又笑了，"2009 年奥巴马当选总统，他老婆叫米歇尔。我当时就特别傻，觉得这个米歇尔是一个榜样，就给她起了这个名字。米歇尔的英文 Michelle 倒过来念，汉语的谐音就是'小米'。"

叫"小米"还有一个原因：陈婷发现很多人给孩子起的名字笔画非常多，好多字连她都不认识。于是，她就反其道而行之，给女儿起了个简单的名字。"名字就是给别人认的，搞那么复杂干什么？"

陈婷没有料到，这个简单好记的名字，还给女儿惹麻烦了。

小米一上初中，班上的同学就好奇地围过来，七嘴八舌地问："你为什么叫小米啊？""爸妈怎么没给你起个大名？"

"就好像我们家特别不待见她似的，连个'大名'都不给她起。"听了女儿的吐槽，陈婷哭笑不得。

她一度也想给女儿改个"正式"的名字，后来一打听，才知道改名字的手续那么麻烦，就没有改。

尽管小米只有 10 岁，但我俩聊起来感觉没有一点代沟。她就像春天的阳光，健康可爱，开朗大方。她的言谈举止能让你明显感觉到，这个小姑娘不仅德、智、体、美全面发展，而且比同龄的孩子成熟许多。

"她各方面都还好，我挺满意的。"说到"成熟"，陈婷想起一件好玩的事："上初中之前，她周六日经常跟我去办公室，所以和我的学生都很熟。有一次她偷偷告诉我：'妈妈，你的学生怎么那么幼稚啊。'哈哈哈！"

如此优秀的女儿，陈婷是怎么培养的？我之所以特别想问这个问题，是因为我知道陈婷平时的工作非常忙，陪女儿的时间少之又少。她曾跟我说过，自己刚回国建实验室那两年，对于家庭完全是"零贡献"。她每天回家差不多都在夜里10点以后，人累得在沙发上一坐就睡着了，还是妈妈把她喊醒，让她回房去睡。现在虽然没这么拼了，但每天也是早出晚归，难得见女儿一面。

有这样一个细节：一位名牌高校的大三学生在陈婷实验室做了三个月的毕业设计，临走时悄悄对带她的师姐说："真是没有想到，你们导师怎么整天待在实验室里。"

一岁半就进幼儿园

"她刚出生的时候，我都不知道自己怎么过来的。"忆当年，陈婷直叹往事不堪回首。

她是在做博士后的第二年生的小米，当时自己的科研做得很艰难，还要带孩子，其境况可想而知。多亏她妈妈从老家湖南飞到美国，帮她带了半年；之后又把小米带回老家，在老家看了一段时间。

小米一岁半之后，情况有了很大好转。原来，陈婷做博士后的洛克菲勒大学有自办的幼儿园，位置就在陈婷的实验楼下面。上午她把小米送到幼儿园后，上楼就能到实验室开始工作，下班后再顺路接女儿回家，非常方便。

据陈婷介绍，洛克菲勒大学的幼儿园是曼哈顿最好的，请的教师不仅具有硕士以上学历，而且大多有十几年、二三十年的育儿经验，各方面都很让家长放心。让陈婷感觉很轻松的，还有这个幼儿园的收费标准，它是根据家长的收入情况确定的。大学教授的孩子虽然和博士、博士后的孩子同在一个幼儿园，但他们所交的托儿费是后两者的好几倍。陈婷一个月大概只交 1000 美元，只占她月收入的 1/3。

"我觉得孩子早进幼儿园非常好。"陈婷告诉我，小米一岁半就开始过集体生活，所以从小就知道怎么跟别人相处。"她现在的情商、社交都比我强。这些东西都是后天学来的，不是天生的。"

"没给我报过课外辅导班"

"在你看来，你妈妈是怎样的一个人？"我向小米提了一个问题。

"跟我同学的家长一对比，我就觉得我妈真的是太奇怪了。"小米用手摸摸系在额上的红头巾，和我说起来：

"从小学到初中，同学的家长实行的都是虎妈式教育。比如，小学时班上的同学都上许多课外辅导班，奥数、英语……和同学们聊起来，感觉他们的家长都是很死板、

小米一年级时与妈妈徒步登上泰山　陈婷供图

很严格的那种。我小的时候，妈妈都没怎么给我报课外辅导班，报的都是体育类的兴趣班，比如篮球等。周末她会带我出去玩，像爬山等户外活动，不会在学习这方面给我加码。"

"所以我学习基本上都是靠自学。比如放学后我都是回家自己做习题、看书，不上课外班。自学对我来说是比较管用的，课外班估计没有自学效果这么好。反正我觉得我妈的教育方式挺好的。"

"那你的学习成绩怎么样？"

"其实我小学数学不是特别好，三年级到四年级非常差。那个时候，我没有自主学习的意识。后来我妈就带我做习题，慢慢地成绩就上来了。"

"现在也一直用的是这种方法。比如我刚进初中，课程一下子增加好几门，和小学差别很大。所以一开始成绩不怎么理想。初一后半学期的时候，我妈也是用小学三四年级那种方法，买了习题，带着我做。当然主要是我自己做，有不会的才问妈妈。然后成绩进步非常快。现在我知道自主学习的重要性了，所以学习基本上不用妈妈管。"

"主要陪我做两件事"

"和同学们相比，妈妈陪我的时间真不算多，不过效果超好。"小米告诉我，她和妈妈在一起主要做两件事。

第一件，是一起参加户外活动。周末，陈婷会拿出一天时间，带女儿到北京市周边玩儿，滑雪、爬香山、登长城，到郊区的乡间徒步；到了五一、国庆长假和寒暑假，陈婷会带她到京外旅行，比如到四川爬四姑娘山，去内蒙古的沙漠中野营。

小米和妈妈爬四姑娘山　陈婷供图

"我现在知道这些活动的重要性了。"小米笑着说，"我现在在清华附中读书，清华大学有句名言——为祖国健康工作50年，我觉得我肯定可以。"

第二件，是聊天。"我妈经常跟我聊天，从我小的时候就是这样。"小米告诉我，她跟妈妈没有代沟，感觉"很像朋友"，无论是聊天的方式还是聊天的内容。

"我们聊天或者在她的车里、坐在我的床上或者是微信视频。"小米说，"但是她又不完全像小姐妹那种，更多的时候像一个长者，教我很多道理。当然，基本上都是谈心式的教育，这比说我'这不对那不对'有用很多。反正我很喜欢这种相处方式，觉得每次聊天印象都很深刻，对自己很有用。"

"你俩主要聊些什么？"

"各种话题都聊，分享各种事情。"小米说，比如女孩子要注意保护自己、不要太早谈恋爱，树立正常的价值观，等等。

陈婷还和小米聊国际热点，比如俄乌事件："这一周的某天晚上，她跟我聊到俄乌事件，还给我看了一个视频。看完后她问是我怎么想的，再跟我讲讲她的想法。当然，像俄乌事件这类国际问题我现在还不怎么懂，得等我再长大一些之后，才能真正有自己成熟的看法。"

"你是我哥们儿"

之前采访陈婷时，她曾跟我说起一件趣事："女儿和我有点没大没小，有一次忽然对我大声说：'你是我哥们儿！'"

跟小米说起这件事，她有点不好意思："那也只是有时候。"

不过，她接下来说的话，让我感觉母女俩现在真像"哥们儿"——

我妈妈有时候也很需要跟我聊一聊，比如她做科研突然想不通、学生又犯了一些什么错……她就觉得很烦闷，需要有个人去跟她聊聊。我就把自己的想法跟她说说，主要是想让她放轻松一些，心里别那么烦恼。我特别怕我什么地方把她开导错了，主要就是跟她聊聊天、排解排解。

我妈也有自己的烦恼，像怎么又变胖了之类的。我就叫她运动，因为我觉得不运动的话会一直胖下去。最近她也开始运动了，确实瘦了一点。我感觉也是因为她搞了很久的一个课题的文章发了，压力自然小了很多。然后她可能刻意去运动，这样慢慢就能瘦下来。

采访结束的时候，我又按以往的采访套路，向小米提了个问题："如果你用一句话评价你妈妈，你会怎么说？"

"这得让我好好想一想，总结这个事我还不太在行。"小米低头想了一会儿说，"在我眼里，她其实就是一个非常妈妈的形象，因为她平时在我面前都很

小米和妈妈在野外徒步　陈婷供图

平易近人。但最近听她说自己上《人民日报》了，我就觉得，哎，她怎么一下这么厉害了？感觉跟我平常想象的不太一样。"

"后来我也上网搜了一下，才知道妈妈之前就发了很多文章，做出了很多研究成果。"小米笑着说，"现在我才知道我妈妈科研做得很好，所以我觉得她非常值得我学习。"

选择科研是女性的幸运

跟小米聊天的时候，我问她将来打算做什么。

"我觉得我现在得先把自己在学校的学业搞好，各门功课都要学好。等我长大一点，再想以后要去干什么。"她回答说，"我觉得我可能会受妈妈的影响，去做生物方面的工作。"

不过，在陈婷的妈妈看来，这可不是一个好选择。虽然她知道女儿为国家做出了科学贡献，也很为此骄傲，但看到陈婷一年到头那么忙碌、那么辛苦，回家了有时还愁眉苦脸，所以并不觉得女儿做的是一份好工作。她有时忍不住告诉陈婷："小米以后可不要走你这条路！"

"能做科研是女性的幸运好不好？"陈婷如此回应。

做科研是女性的幸运？这个观点别说她妈妈不理解，我这个"科技老记"也不太认可。

"别人只看到你一天到晚又是压力、又是愁苦、又是加班，但真正的喜悦只有你自己能体验到，别人是看不到的。"陈婷这样解释道，"别人只能看见他们能看到的，而他们能看到的都只是表面。当你突然知道'这个东西是这样'的时候，那种喜悦超级棒，是其他任何奖励都无法替代的！而且，这种喜悦只有你自己能体会到。"

陈婷与妈妈、女儿　赵永新摄

2019 年 10 月，陈婷实验室团队在参加运动后合影，前排右二为"编外成员"小米　徐子健供图

"科研对女性真的是一个很好的工作，"她停了停，接着说，"因为做科研，人际关系极其简单，你不用费脑子去琢磨那些乱七八糟的事。而且，做什么课题，做到什么程度，基本的工作节奏，你自己是可以控制的。所以，只要有这个兴趣和能力，科研其实是个好工作。"

"那女性从事科研最大的阻力是什么？"我问。

"这一点很有意思，根本不是能力问题。"陈婷回答道，"也有学生问我为什么女研究生这么多，而女 PI 这么少？我说这个理由很简单，因为女性要生孩子。"

她进一步分析：女科研人员 27 岁左右博士毕业，如果要走科研这条路基本上都需要做博士后，而 27 岁到 34 岁这段时间，刚好是女性生孩子的黄金年龄。这段时期也是爬坡的关键时期，做博士后的时间就五六年，男同事可以没日没夜地在实验室加班，而女生一旦生了孩子，就不可能没日没夜地加班。

"中国的情况极其特殊。"说到这里，陈婷有点愤愤不平，女性在读博士期间其实没太大问题，大部分还没有结婚，父母也不会那么急着催生。她们二十七八岁博士毕业，问题就来了。这时候，父母很着急：你都二十七八了，还不快点结婚？结了婚之后，他们立马就说：你都快 30 了，还不生孩子？"所以问题不是在博士阶段，是博士毕业之后，就会有结婚、生育、育儿等一系列压力，而这些跟做科研的时间很冲突。"

"只要家庭支持，女性科研人员是可以做得很好的。"她告诉我，"我们实验室好多女学生脑子非常清楚，手又很巧，又有想法，比男生靠谱多了。男生在这个阶段脑子里就想谈恋爱，到了 25 岁才开始回过神来，意识到自己马上要毕业、该努力了。女生就不存在这个问题，她们是很靠谱的。"

"但女生一旦博士毕业就会面临结婚的压力、生孩子的困境。这个时候，如果老公不支持，或者是家里没人支持，就很难走下去。"她话语中透着惋惜，"男生、女生在博士毕业这个节点出现分化，许多女生最后被迫离开科研，其实不是因为她们自身能力不行，而是因为她们要结婚、生孩子。"所以，陈婷常跟实验室的女生说："你们如果要选择做科研，要么有个好老公，要么有个好老妈。"

"并不是女性没有能力做科研，而是社会没有认识到女性在科研中的重要性。"说到这里，陈婷提高了声音，"其实不用喊那么多口号，把幼儿园这个硬件搞好了就行。"

"我觉得洛克菲勒大学就做得非常好。"她以自己的亲身体会为例：洛克菲勒大学是一个规模很小的研究型大学，他们把幼儿园建在校园的中心，而且有那么强的师资力量。学校的教授和博士后每天把孩子送到幼儿园，就完全不用为孩子操心，一心一意搞研究。到了下午 5 点半下班，下楼就能接孩子回家。如果晚上要赶回学校做个实验，可以请个人帮着看孩子。

"把幼儿园这个硬件搞好了，就是对女科研人员最大的支持。"她说。

对女生的建议

对于有志于从事科研的女生，除了"要么有个好老公，要么有个好老妈"，陈婷还有一个建议——最好 30 岁要孩子。

她的理由如下：

从生理学上说，30 岁的女性身体状况很好，生的孩子会很健康。

从社会层面说，带孩子、养孩子都要有能力支持和经济支撑。30 岁之前，一方面不够成熟，自己都还不太懂事，许多事情处理不了；另一方面，30 岁之前收入也不是很够，而养育孩子需要经济支持。所以，要在 30 岁之前花精力提高自己各方面的能力。这样，到 30 岁的时候人是比较成熟的，从心理到处理问题的能力都比较强，经济状况也是比较好的，就不会过得那么辛苦。如果晚于 30 岁，特别是到 35 岁之后再生孩子，孩子发生自闭症等先天性疾病的概率就比较高，这是有统计数据支持的。

所以女性生孩子不能太早也不能太晚，我的结论就是 30 岁最好。

在鄙视中成长

说到自己的学习经历，陈婷居然说了这么一句："我好像一直在鄙视中成长，就感觉自己到哪儿都是被鄙视的。"

他们没办法管我

从教育的角度讲，我之前采访过的科学家，他们的家庭背景大多不错。出生在湖南长沙的陈婷，有点儿不一样。

"我父母都是普通的劳动人民。"陈婷告诉我，母亲小学毕业，先是做裁缝，后来当了一名公共汽车售票员；父亲初中毕业，当了一辈子司机。

"所以在学习上他们没办法管我。"不过，陈婷觉得这是好事，"他们不管我，我觉得挺好。因为从小也没谁管我，所以我现在有很多自己的想法，想干吗就干吗。"

上小学的陈婷　陈婷供图

她还补充了一句："谁也别想管我，我很讨厌别人管我。"

加上那时候课外辅导班很少，所以陈婷的小学基本上就是玩。玩了6年的陈婷，居然误打误撞，考进了全省最好的中学——长沙市一中。

舍物理选生物

到了初中，陈婷才开始正儿八经地学习。确切地说，是她回家后开始自己做课外习题，老师留的作业她很少写，很多时候是第二天到学校抄同学的。有一次，她在抄作业时被老师发现了。老师很生气，质问她："你为什么抄同学的作业？"

"因为我觉得作业太简单了，没啥好做的。"她如此回答。

从初中开始，陈婷的物理就特别好。她把这归功于自己逻辑思维强，很自然地就能理解那些物理现象。初中毕业后，她又误打误撞，进入长沙市一中最牛的理科实验班。

开学第一课，班主任就给大家布置了一道选择题：从数学、物理、化学、生物四门功课中，选一门自己喜欢的，以便以后重点培训，参加奥林匹克竞赛。陈婷本想选物理，最后却选了生物。

之所以改变主意，是班主任对她说的一句话："学物理以后就业比较难，你是女生，就选生物吧，将来还可以当老师。"

"果不其然，我现在真就当了老师。"说到这里，陈婷乐了，"其实我后来才知道，学物理就业一点都不难。当年学物理的同学，现在好几个在华尔街赚大钱。"

"对于学生来说，老师的影响还是蛮大的。"她告诉我，中学的老师中有两位让她印象深刻，一位是能把课讲得特别好的物理老师，一位是能提好问题的生物老师。那位生物老师姓李，时任高中生物教研组组长。陈婷至今还记得上第一节生物课时，李老师向同学们提的那个问题：到底什么是生命？你和桌子有什么区别？

"这个问题问得相当好，我之前从来没想过。"陈婷对那位李老师敬佩有加，

"这个问题我到现在都还记得，一直想回答，但就是回答不出来。我们知道细胞里面有各种细胞器、蛋白跑来跑去，干这个干那个，但后面的动力到底是什么？是什么在指挥它们各司其职？"

女儿能考进全省最好的中学，上最牛的物理实验班，做母亲的当然非常自豪，但陈婷本人却自豪不起来。

"实验班的同学都很牛，两个班80多个人，我基本上就是那个分母。"陈婷调侃道，"高考的时候，我虽然拿过湖南省的生物奥赛一等奖，具备保送资格，但总成绩并不突出，肯定去不了北大、清华。老师可能怕我报北大、清华不被录取，拖全校的后腿，干脆就把我保送厦门大学。"

就这样，1997年，陈婷进了厦门大学生物系。

这没啥意思

和那个年代的多数高校类似，当时厦门大学的生物系远没有现在这么强。凭借自己高中参加生物奥林匹克竞赛时打下的功底，陈婷不用太努力就能考第一。

"这没啥意思，没有挑战性！"梦想着将来能搞科研的陈婷就把主要精力放在学英语上，2001年顺利考到美国弗吉尼亚大学，师从伊恩·G.马卡拉（Ian G.Macara）教授读直博。

刚出国啥都不会

"你们这个阶段比我当年厉害太多了。"陈婷经常跟学生讲，自己本科4年没进过实验室、没读过科学文献，正儿八经一篇文献都没有读过。所以，刚到美国的陈婷感觉自己啥都不会，学得非常吃力。老师布置的科学文献，她一篇得看四五遍。"我英文都懂，但就是读不懂文章，因为大学学得很肤浅，细胞学、发育学的很多背景知识没有掌握。"

不服输的陈婷没有向困难低头。她从头学起，每天抱一摞英文教科书，到图书馆一泡就是一整天。几个月下来，她慢慢登堂入室，第一次考试刚刚及格，第二次、第三次分数就上来了。

"特别不着调"的博导

说到自己的博士导师伊恩，陈婷心怀感激："这个英国人对我影响非常大！"

不过在当时的陈婷看来，这位在细胞生物学领域很知名的博导，却是一个"特别不着调"的人。自己之前的老师都是一本正经，脸上写着"师道尊严"，相比之下，伊恩简直太奇怪了：穿着非常随意，脚上花里胡哨的袜子都不知道从哪儿买的；一天到晚胡说八道，如果觉得某位同学的实验做得不好，就在组会上乱开玩笑："你这做的都是什么，跟自慰有什么区别？"

加上伊恩心地善良、富有童趣，所以学生也不把他当回事，经常跟他开玩笑。每逢圣诞节聚会，同学们都不忘琢磨一些鬼点子，捉弄一下导师。对此，他非但不生气，还很享受。与特别搞笑的导师相处久了，陈婷慢慢意识到：其实这样是可以的——你不需要摆谱、端架子，非得让别人觉得自己特别了不起、是个人物。

伊恩还有一件事让陈婷觉得很疯狂。他每年休假时都会和自己的夫人到外地旅游，而且都是选那些稀奇古怪的地方，干一些可能死了回不来的事情：聘两个当地的导游，钻进遮天蔽日、虫蛇出没的亚马孙森林"回归自然"；到冒险家的乐园——位于北极圈内的阿拉斯加，租一只皮划艇，到水流湍急、冰冷刺骨的河里漂流……

科研上非常严谨

虽然生活上很随便、休假时很疯狂，但伊恩在科研上却非常严谨。

"一涉及科学问题，他的要求就非常严格。你做一个实验，得出了一个结果，一定要非常明确地把来龙去脉说清楚，绝对不能糊弄。"陈婷举了一个例子：有一次她做一个实验，在四种条件下做，做出的一个结果很有意思，但又跟伊恩想象的不一样。

"遇到这种情况，一般的导师就会让学生过了，但他没有。"陈婷回忆道，"他怕我那个时候容易受主观因素影响，不能客观地对待实验数据，就把一个同学叫来，让他背着我，把四种条件全部打乱，然后让我做双盲实验。我也不知道那个同学是怎么排的，根本不知道哪个是哪个，所以根本没办法对哪个结果有主观偏好，这样最后的结果是什么就是什么，不会出现人为偏差。直到我做了三轮，得出的结论跟我最开始做的一样，导师才认可。"

自调科研方向

在伊恩的指导下，陈婷博士期间做了两个细胞生物学方面的课题，其中的一篇论文发在《自然·细胞生物学》上，反响也不错。导师对陈婷很满意，鼓励她再接再厉，但陈婷自己却有点迷茫。

原来，在做课题的过程中，陈婷朦朦胧胧地意识到，细胞生物学这个研究体系可能有问题。至于到底是什么问题，她最开始也不清楚。做着做着，她突然开悟了：这个体系太"人为"了，导致局限性很大。

什么是太"人为"了？

"细胞生物学的基本框架，就是通过在体外培养细胞做研究。"陈婷解释说，"简单地讲，就是模拟一个人工环境，在盘子里培养细胞，然后又在人工环境下进行后续的研究。虽然你做出来的成果学术界也认可，也能发不错的论文，但体外的人工环境跟真实的体内环境是两回事，两者根本对不上。生物体内的环境复杂多变，人工环境则相对简单稳定，导致你费神费力在人工环境下做出的成果，跟生物体的发育和疾病都扯不上关系。"

开悟之后的陈婷不再迷茫，做博士后要改变方向，采用体内研究体系，做遗传发育方面的研究。

临近博士毕业时，她朝着这个方向选了一个"大牛中的大牛"作为自己的博士后导师。一开始，陈婷以为会跟这位导师做得很顺利。但后来发生的事情，却远出乎她的意料。

至暗时刻

博士后 5 年，用"至暗时刻"来形容并不夸张。这期间，陈婷经历了从未有过的挑战和压力。幸运的是，她最终顶住了压力，战胜了挑战，浴火重生。

她实在太有魅力了

陈婷的博士后导师，是洛克菲勒大学从事遗传发育学研究的伊莱恩·富克斯（Elaine Fuchs）教授。

"一面试，我就立马被她迷住了！"15 年前的那一幕，陈婷记得特别清晰，"我觉得这个导师魅力实在太大了，我只能跟着她干！"

豪华气派的办公室，高档精致的家具，桌上摆着精美照片、艺术品，柜子里挂着琳琅满目的奖品；入时得体的衣着，精心化妆的脸，晃来晃去的耳坠，闪闪发亮的项链……"从她的形象到她跟你说话的方式，再到整个办公室的装修，外外体现着品位，就让你觉得她是另外一个层次的人。"陈婷可以说是叹为观止，"伊莱恩的形象在科学界是独一无二的！跟她一比，别的科学家就显得很土、很傻。"

当然，伊莱恩绝不是徒有其表。在国际遗传发育学乃至生命科学界，她都是大名鼎鼎、影响力十足的大人物。除了诺贝尔奖，各种能拿的奖她都拿过，该有的学术头衔都有；她每年约有一半的时间穿梭于美国、欧洲，参加各种学术会议，参与各种学术评审；她的学术眼光与判断力也很好，你只要跟她聊上几句，她就能判断出你水平的高低、科研的好坏。

更让陈婷叹服的，是她领导的超大规模实验室和极高的科学产出。伊莱恩实验室有 30 多个人，其中博士后有 20 多位，每个人在读博士期间就才华横溢。换言之，伊莱恩的实验室就相当于一个小型研究所。而且，她的管理能力超强，整个实验室运行得井井有条，每年都至少能发 5 篇高质量的文章。有一年这个实验室发的高水平文章的数量，超过了北生所一个所的数量。

"总之，与自己之前面试的几个大牛相比，我当时就感觉伊莱恩是最厉害的。"

另外，陈婷也给伊莱恩留下了很好的印象。面试结束后不久，她就给陈婷打来电话："你接不接受职位？"

"这不就是立马让我做决定吗！"想到这里，陈婷说，"好吧。"

整个人都抑郁了

2007 年加入伊莱恩实验室不久，陈婷就蒙了。她之前做的是细胞生物学，遗传发育对她来说是全新的领域，自己一时很难找到重要的科学问题，也不知道该做什么课题好。而且，她的博士导师是学者型的科学家，深度参与科学实验，学生有什么问题可以随时找他；伊莱恩则属于总裁型科学家，除了频繁出差，她在办公室的主要职责就是管理实验室运行，对学生的实验参与度没那么高，学生如果想找她，都需要提前预约。这种情况下，陈婷只好盲人骑瞎马，一个人做了一堆乱七八糟的实验，也没找着北。不到半年，她就觉得自己"一点都不行"，整个人都抑郁了。她甚至开始担心自己将来能不能做科研。

要知道，伊莱恩实验室的淘汰率非常高，加入的博士后，第三年就有一半的人会被淘汰，主动离开实验室；能突破这个坎儿而留下来的，都非常厉害，不少在哈佛大学、耶鲁大学等顶尖学术机构找到教职。美国排名前十的高校、研究所，都有伊莱恩实验室出来的博士后。

"我是不是没戏了？"陈婷开始忧心忡忡。

就在陈婷找不着北的时候，伊莱恩交给她一个课题。这个课题原本是另一个博士后做的，但是因为进展不顺利，被她客气地给了一年的期限。这期间，那位博士后自己在耶鲁大学找了一个临时职位赚薪水。

"这个课题做了个开头，你帮她做完。"伊莱恩告诉陈婷。

这个课题是关于干细胞如何被激活的，陈婷并不是太感兴趣。但想到自己手头没别的课题，陈婷就答应了。由于那位师姐基本不在实验室，而且给的期限只有一年，陈婷只好按照她列的实验框架，每天加班加点，忙活了整整一年，才把实验做完，交了论文初稿。回忆那一年，陈婷说："我都不知道是怎么熬过来的。"

让她感觉极其不愉快的，是在论文署名时发生了一件她怎么也想不到的龌龊事。好在伊莱恩明察秋毫、坚守原则，陈婷才没有被暗算。

"我实在想不出还有比这更丑陋的了。"这次极不愉快的经历，让不谙世事的陈婷意识到竞争的残酷。她自己建立实验室时之所以要定下"No Drama"的规矩，也与此事对她的影响有关。

我就做这个课题

2009 年，那篇论文发表之后，伊莱恩又想让陈婷接手另一个别人没做完的课题。

"对不起，我坚决不做了！"这次陈婷回答得很决绝。

当时，她已经想出了一个自己想做的课题。

这个课题，是陈婷在做上一个课题的过程中想到的。所谓干细胞，就是具有长期的持续自我更新能力，能够产生下游所有器官的一类细胞。干细胞的激活过程有两步，她做的第一个课题，是回答"干细胞的激活是怎么发生的"。

"在回答这个问题的过程中，我就想到另一个问题——干细胞长期自我更新的能力到底是怎么维持的？你要知道，自我更新能力要是过头了，就有可能变成肿瘤干细胞。所以，如何维持干细胞正常的自我更新能力，是干细胞领域的一个核心问题。"陈婷告诉我，"这个问题之前没有人做，可能是从没有人想过这个问题，也可能有人想到了又不愿意去做。因为解答这个问题必须做全基因组的遗传筛选，但这个事非常难做。"

"我就做这个没人做的课题，别的都不考虑。"陈婷告诉自己的导师。

"这个问题我还是第一次听说，实验室的人也都没做过遗传筛选。你感觉自己能做出来吗？"伊莱恩看了她一眼。

"现在还不能这么说。"陈婷回答。

"那你自己看着办吧。"伊莱恩说完，就低头忙自己的事了。

一个人的战斗

陈婷的这个课题，不光老板不看好，实验室的其他博士后也都觉得没戏。一个好心的博士后还提醒陈婷："你知道吗？我以前认识一个人做遗传筛选，做了好几年没做出来，然后这个人就在科学界消失了。"

"反正我已经发了一篇文章，这个课题做不出来也能找到工作，我的能力我自己心里有数。"陈婷把各种唱衰抛到脑后，一门心思扎到了自己的课题中。做小鼠的全基因组遗传筛选，需要到地下室的科研仪器上一个一个挑基因，工作量巨大，而且费时费力、旷日持久。有的同学看到后，就满怀同情地对陈婷说："你现在是博士后了，却跟个本科生一样，天天到地下室去挑基因，好惨！"

陈婷听了淡然一笑，继续到地下室挑基因。正如伊莱恩所预料的，这个课题做起来的确太难了。全基因组遗传筛选需要建一个全新的实验体系，由于没有可以借鉴的经验，陈婷就不停地试，所有能想到的方法都试过了。就这样，她花了一年多时间，终于把实验体系建起来了。之后，她又花了一年多时间，把做遗传筛选的工作干完了。拿到初步结果后，她又花了更长的时间，回到小鼠体内做验证，验证完了以后，再去做出下游的机制……

在这段时间，陈婷几乎没怎么见过自己的导师。也难怪，她本人的事情那么多，加上实验室又有那么多优秀的博士后，实验室不愁发不了好文章，她何必在自己不看好或不感兴趣的课题上浪费精力呢？

不过，陈婷还是非常佩服导师的眼光。2011年，当陈婷拿着自己做好的实验结果去跟伊莱恩说的时候，她一下就听懂了："这个好！

陈婷做博士后时在实验室　陈婷供图

你赶紧写文章，我来联系杂志。"

陈婷的这个工作非常具有原创性，再加上有伊莱恩作为通讯作者，所以 6 个月之后文章就在《自然》上发表了。

自己挖坑、自己填土，这没意思

这篇文章让陈婷一下子声名鹊起。这一点，她在联系工作时明显感觉到了。那篇文章刚发表，陈婷就开始联系教职，联系单位有宾夕法尼亚大学、哥伦比亚大学等。每到一个地方，面试的教授就笑着对她说："我们刚刚讲过你那篇文章。"

所以，陈婷当时在美国找工作并不难，但她还是选择了回国。其原因，是她感觉到美国的科研支持系统有一个很明显的弊端。和中国不太一样，在美国申请项目不是组团申请，而是由每个 PI 单独申请。一个 PI 一次可以申请 250 万美元，能够用 5 年。但由于申请的人非常多，竞争非常激烈，为确保成功率，申请者更愿意提交有把握的课题，评审者在打分时也更倾向于那些不是"很冒险"的课题。所以，面试了一圈下来，陈婷就看清楚了：假如自己留在美国，就只能"自己挖坑、自己填土"。

"我当时做的遗传筛选课题，还有很多后续的工作可以做。而我要想申请美国的经费，就只能做那些后续的工作。这就等于我自己挖了一个浅坑，然后再自个儿把它填上。"陈婷可不愿意"驾轻就熟"，"这就是自己给自己灌水，有什么意思？假如我回国，我肯定不会做这样的课题，我只会做我真正想做的课题。"

他们问的问题是最犀利的

陈婷于是把目光转回国内。她从《自然》《细胞》等科学杂志的招聘广告上看到，国内的北生所在招 PI。于是，她就按广告上提供的邮箱，向北生所递交了求职申请。不久之后，她就收到了面试通知。

面试是北生所在美国芝加哥国际机场附近订的一个酒店里进行的。陈婷还记得，参加面试的有两拨人：一拨是从北京飞过去的北生所的人，包括所长王晓东，研究员邵峰、朱冰等；另外一拨，是北生所在美国聘请的几位华裔科学家。

"您为什么选择北生所？"

"因为他们面试时问的问题是最犀利的！"陈婷笑了，"特别是邵峰，把我那篇文章中的漏洞全给指出来了。"

她告诉我，美国的面试官还是比较讲究体面，问问题时比较友好，不会把你问死，当然也可能他们没这个能力，找不出你的漏洞。"但是邵峰他们就明显问得比较狠，我就觉得北生所的人比较厉害。"

"北生所吸引我的还有一点，"陈婷说，"通过王晓东他们的介绍，我就知道，在北生所，我想做什么就完全可以做什么。"

于是，面试一结束，双方就把协议签了。

你得自己开出一个枝来

加入北生所至今，陈婷实验室已经发了十多篇论文，其中围绕毛囊干细胞的有4篇，每篇都有非常新颖、原创性的发现。让陈婷感慨的，除了每一个课题都做得很难，更有意想不到的"不堪"。

与博士后导师"撞车"

就说2015年发表的这篇吧。前面曾经说过，这是徐子健作为第一作者发的第一篇论文，阐释了毛囊干细胞这一成体干细胞在器官发育中的建立过程及分子机制。

陈婷在作学术报告 陈婷供图

"毛发是人类具有高度再生功能的器官，而负责毛发的再生和皮肤创伤修复的，就是毛囊干细胞。"陈婷跟我科普道，"那么，这种具有高度自我更新能力和分化能力的成体干细胞是如何形成的？是胚胎细胞中就存在生来就不一样、无所不能的毛囊干细胞，还是一开始大家都一样，但后来有一群细胞在一个正确的时间、正确的地点，被诱导成为毛囊干细胞？简单点说，就是毛囊干细胞究竟是天生的，还是后天形成的？"

陈婷和徐子健的研究表明，毛囊干细胞是后天形成的：在胚胎发育早期——Hair Peg（毛栓）时期就已经被决定了，它们起源于一群在 Hair Peg 时期表达 Nfatc1 基因的毛囊前体干细胞。这项成果不仅对研究其他干细胞的建立过程具有借鉴意义，更为临床上在体外建立和扩增具有器官再生功能的成体干细胞系提供了理论基础。这项研究做得非常严谨、系统，除了非常确切地验证毛囊干细胞是后天形成的，还做了能确凿证明"毛囊干细胞非天生"的实验。

"为证明'毛囊干细胞'不是天生的，我们还把刚刚出现的毛囊干细胞直接杀掉，发现别的细胞就可以爬进来，产生诱变，进而代替它。"陈婷告诉我，"我们甚至把诱变的时间、地点和这个细胞微环境到底是什么，都解释清楚了。

这些证据非常清楚地表明，毛囊干细胞不可能是先天的。"

但当陈婷把论文投给《细胞》杂志时，却发生了一桩意想不到的事：与她的博士后导师"撞车"了。

原来，《细胞》刚收到一篇伊莱恩实验室的文章，也是关于毛囊干细胞形成机制的，而且其研究结果和陈婷的完全相反。

跟各方面实力都超强的博士后导师竞争，自己哪是对手？陈婷只好退避三舍，把论文转投给 *eLIFE*。伊莱恩实验室那篇论文，则刊发在《细胞》上，尽管陈婷知道其结论是错的。

更让人哭笑不得的事，还在后面。这两篇论文发表 6 年之后，也就是 2021 年，一名日本学者又发了一篇关于毛囊干细胞发育的论文。这篇论文的结论是：经过反复验证，陈婷实验室的结果是对的，伊莱恩实验室的结果是错的。更搞笑的是，这样一篇把陈婷 6 年前的实验结果又重复了一遍的论文，居然还发在与《细胞》齐名的《自然》上。

陈婷和徐子健看到后，气得够呛。"早在 6 年前我们就通过严谨的实验证明我导师的结果是错的。当时徐子健不服气，想再写一篇论文跟她辩论一下。我当时想，这样冲上去打导师的脸不好，所以就没有写。结果 6 年之后日本学者给写了，还发了《自然》！"

2015 年的"撞车"事件让陈婷想清楚了：一定要完全改变方向，自己开一条枝出来。

"千万不要再和导师沾上任何关系了，因为你根本竞争不过她。"陈婷说，"导师的实验室规模超大、实力超强，就像一棵参天大树，每年都会开出四五个分枝。如果沿着她实验室的思路问问题，你永远只能是这个领域里的老五老六，老三老四都不一定能排得上。你必须得另外开一个枝出来，做跟导师的领域没关系的课题。"

她告诉自己的学生，科学问题其实是有限的，一个领域里面只有那么几个重要的问题。遗传发育学这个领域已经很成熟，没有那么多重要的科学问题，与其在这里面和别人挤来挤去，不如完全跳出来，去挑一个没什么人做的领域。

于是，陈婷开始带领学生自己"开枝"，如研究白癜风发布机制、皮肤干细胞的区域异质性，等等。这无异于另起炉灶，自己开疆拓土。

不过，在陈婷看来，"自己开枝"可没有这么"高大上"："说白了，就是要去问那些别人不会问或不怎么问的问题。而那些别人不会问或不怎么问的课题，不就是别人都不待见的嘛！"

后来的事实证明，这条路同样难走。

没有公平这回事

陈婷实验室成立前 5 年最重要的一项成果，就是 2018 年作为封面文章刊发在《细胞—干细胞》上的。这项关于毛囊干细胞区域性激活机制的成果，可视为陈婷"自己长出的第一个分枝"。

《细胞—干细胞》封面文章的插图　于宙制作

　　论文的第一作者于宙设计的这幅封面文章插图，是要提醒读者注意这个现象：无论是毛发的生长和再生，还是汗腺的分布、黑色素细胞在表皮的密度，都在身体的不同部位表现出非常大的位置差异。隐藏在这一表面现象背后的，是不同区域的皮肤干细胞的不同再生能力。

　　"皮肤再生能力的区域特异性，是不是由一个遗传编码体系调控的？"陈婷在做博士后期间就开始思考这个问题，当时就觉得"特别有意思"。

　　她向我解释说：寄过信或明信片的人都知道，不同的地方都有特定的邮政编码，而不同的邮政编码就代表了不同的地方。"跟邮政编码类似，人的皮肤中也一定有一个能遗传的编码体系，它会告诉皮肤中的干细胞和微环境：你在这个部位得这么长，在那个部位得那么长。这个编码体系，从来没有人做出来，跟大家以往研究的干细胞微环境不在一个层次上，它应该是比干细胞微环境更上层的调控体系。"

　　跟白癜风对称发布的调控机制一样，她们研究这个课题也是历尽千辛万苦，用了所有能想到的研究方法，最后得出了非常原创性的发现：在小鼠身体不同部位的皮肤中，专门调控生物形体的基因——Hoxc 基因，在干细胞微环境中的差异性表达引起下游 wnt 信号通路激活的差别，从而引起毛囊干细胞再生的位置性差异。尤其有意思的是，该研究还发现，Hoxc 基因下游刺激 wnt 信号通路激活的基因 Rspo2，在人体突变会导致毛发缺失（比如秃顶）的疾病。因此，这一重要发现为进一步探索人类毛发发育和进化的细胞与分子机制、治疗相关疾病，开辟了全新的路径。

　　也许是因为这个研究领域和取得的发现都太新了，相关论文投给《细胞》杂志时，编辑完全不感兴趣。无奈之下，陈婷把论文转投给《细胞—干细胞》，结果很快就被作为封面文章刊发。

　　让陈婷感觉不爽的，还不是稿件被拒转投这件事。这篇文章发表之后，陈婷就发现，干细胞区域特异性居然成了国际研究热点。

　　"这个课题非常超前，我们做的时候国际上根本没有人做。"陈婷告诉我，"我们的文章发表后，几年后就有类似文章冒出来，什么小肠、血液……都在探讨区域特异性。"

　　这说明，陈婷实验室的那篇文章成了一个风向标，其研究方向和思路明显影响了国际同行。所不同的，只是具体的研究对象和研究方法。但在仔细阅读这些文章后，陈婷发现，这些同行都闭口不提自己的论文。"其实从他们的问题提出开始，就能看到我们文章的影子，但是他们不会引我们的文章，因为这会降低他们工作的创新性。"说到这里，陈婷笑了。

　　更让她不可思议的是，最近《细胞》杂志刊发了一篇综述性文章，主题就是皮肤微环境细胞的异质性。这篇文章是美国和欧洲的几位科学家一起写的，里面反复说什么"Hoxc 基因在皮肤的不同区域表达不一样、功能不一样"，但对陈婷的研究只字未提。"我们花了那么大精力做出来的成果，人家可以随时分分钟不引用"。

　　这是为什么？

　　陈婷认为，这篇综述的几位作者就是一个小团体，在国际上掌握话语权。他们这么做，无非想说：如果想研究皮肤微环境的异质性，看他的这篇文章就行了。他们的文章就代表了这个领域最重要的发现，别人的都不算数。

　　我感慨，在一篇综述性文章中大讲别人的结果，却不引用别人的文章，这种事我还是第一次听说。

　　"这也没有什么奇怪的，"陈婷告诉我，"年轻的时候遇到这种事我可能很愤怒，现在不会了。但是我能明白他们这么做的原因，因为我和他们不是一个阵营的。"

　　我原以为，欧美国家应该没有恶性竞争的"圈子"文化，这些国家有数百年的科学传统，而且一向标榜"公平竞争"，不会这么言行不一。

　　"什么叫公平竞争？世界上没有公平的事！"听了我的困惑，陈婷一口否定，"西方的竞争文化，就是要不择手段地赢，赢才是唯一的。"

不要以为自己做得好就 OK 了

　　陈婷说得这么不客气，我还以为是她一时愤慨。但听她讲了下面这个故事，我才知道，她没有冤枉好人。陈婷讲的这个故事，估计绝大多数读者想不到。

我自己也被杂志邀请当审稿人。前段时间，有个很不错的国外杂志，让我参加评审某个大佬的文章。总共有三个审稿人，我是其中之一。我带一个学生仔细看了这篇文章，发现里面有很多硬伤，实验证据很不严谨，下的结论也特别不靠谱。第一轮评审时，我就和学生把问题一条条摘出来，给了杂志编辑。

我也看了另外两个审稿人的意见，发现只有我觉得这篇文章有问题，他们就完全是在跪舔，简直把这个大佬的文章吹上天了。

杂志把我提的问题转给那位大佬，让他修改、回答。过了几个月，修改后的文章给我了，结果我提的问题他一个都没做补充实验，只是轻描淡写地敷衍了一下。我就发怒了：作者完全没有回答我的问题，你们为什么要送回来给我再审？所以，这一轮我就没反馈意见。过了几个月，杂志编辑又把文章给我，让我审第三轮。我想，你第一轮就没做任何补充实验，何来的第三轮？我就跟杂志编辑说：很明显，我的意见你并不重视。对不起，这篇文章我不审了。

结果，这篇文章居然就被杂志直接接收了。

这件事我们实验室的其他人都不知情。这篇文章刊发了以后，我就让参加审稿的那个学生在组会上跟同学们讲了一遍，让大家客观地评价一下。结果我的学生评下来，都觉得这篇文章很烂：里面的结论是怎么下的？这么重要的结论，怎么没有可靠的证据？然后，我就跟大家讲了这篇文章的评审过程，他们听完都觉得不可思议。

我就告诉他们一个事实：不要以为学术期刊的评审体系多么公平、平等，其实就是看脸，谁的脸大，谁的文章就好发。

我跟学生们说，你们不要妄想做得好肯定杂志就会接收。既然有审稿人如此跪舔大佬，就一定有人会恶意打压没有名气的新人。大家一定要做好思想准备，千万不要以为实验做得好，文章写得好就能顺利发表，绝对不是这样的。

就是一些个人的看法而已

听完陈婷的讲述，我还是不能理解。

"没错，科学是追求真理的。"陈婷回答说，但什么是真理？是不是真理到底谁说了算？所谓真理，往往是过了 5 年、10 年之后得到大家的认可，才被当作真理。"一个新的结论刚做出来的时候，没有一个人敢拍胸脯说，我的发现就是真理。一定要通过不断验证和证伪，过 5 年、10 年才能知道它是不是真理。当下你要把它当真理发表，那不就是一个主观判断吗？"

我听完后，又跟她聊起一个常见的现象：很多研究者，包括做报道的记者，都把审稿人的意见和顶尖学者的评论当作权威认可，予以宣传。

"其实根本不是权威认可，就是一些个人的看法而已。"陈婷说。

争取做掌灯人

面对这么多不公平，应当怎么办？难道"躺平"不成？

"'躺平'当然不行！"陈婷笑了，"你只能把工作做得更好，让自己变得更强大。"

"做了白癜风的课题后，现在整个实验室的思路一下子打开了。"陈婷话锋一转，话语中透着兴奋，"我感觉课题明显上了一个档次。"

2022 年 1 月，陈婷在北生所　赵永新摄

她告诉我，现在除了把白癜风的研究往深里做，她和学生还在做几个超级有意思的课题：与毛囊免疫豁免相关的斑秃（民间俗称"鬼剃头"），极其罕见的先天性疾病"毛孩"，严重的角质化疾病……

"白癜风的论文发表后，许多原来不认识的医生跟我们联系，说了很多他们在治疗中遇到的问题，有的意思不大，有的就超级有意思。"说到这里，陈婷很激动，"最近我遇到一个极其罕见的病例，这个患者得的是一种常见皮肤病，但神奇的是，他身体的一半全是这种疾病，另一半就完全没有！从生物学角度看，这就相当于做了一个遗传筛选：这个人在从受精卵变成两个细胞的时候发生了一个突变，这个突变就是一个抑制因子，抑制了他身体这一半疾病的发生。你知道，这样的事情全世界几亿分之一的概率都不到！如果我们能从基因测序中找到那个突变基因，就可以开发彻底根治这个病的药物！"

"不过这个事现在还不能报道，开发药物可不是一天两天的事。"她停了停又说，"皮肤疾病有 3000 多种，而且绝大多数都是'易诊难治'，目前能根治的没几种。"

"治疗白癜风的药物怎么样了？"

"我们也在做，但是也非常难，只能一步步摸索。"她告诉我，"开发药物比发病机制研究更复杂、更艰难，需要的时间也更长。"

徐子健在接受采访时曾跟我说过一件事：2019 年诺贝尔生理学或医学奖揭晓的当天，陈老师被微信公号"知识分子"作为嘉宾邀请到演播室，解读正在揭晓的诺贝尔奖。"在解读过程中，陈老师说：做科研就像是挖矿，前期我们要做挖矿的人，自己挖出一个新矿；但我们最终的目标，是争取做一个掌灯的人。就是说，你把矿挖好以后，需要往更深、更黑的地方去挖，这时候你在上面点一盏灯，告诉更多的后来者：这里有矿，你们来这里挖。"

我把这个事告诉了陈婷。

"我说过这样的话吗？"她听完大笑。

过了一会儿，她若有所思地说："其实做掌灯人是很难的，特别是我们这些外来的和尚。"

"不过，正像之前跟你讲的，难才有意思。"她补充道。

给年轻人的两个建议

在最后一次采访中，我问陈婷："如果让您给想从事科学研究的年轻人提建议，您会提什么？"

她略加思索，提了以下两条——

不要太在意别人的看法

中国好像有句俗话：听人劝、吃饱饭。其实这句话非常有问题。我做一件事情，要花我自己的时间、自己的感情和精力，要花国家支持的经费。所以，我要付出这么多东西，我的看法、我对它的认可才是最重要的。

别人又不用干活儿，也不用出钱、花时间，他对你的看法有任何意义吗？他什么也不用付出，他的看法有什么意义？我辛辛苦苦做的事情，跟你没有任何关系，我自己的认可是必须有的；别人的批判和建议要听取，但是不能成为你做不做的主要动力和原因。但是，很多人做事就很在意别人的看法，甚至是

陈婷在指导学生做实验　本人供图

为了博得别人的认可。这简直太搞笑了。

特别是当我看完《百年孤独》的那一刻，我更觉得别人的看法没那么重要。在书的结尾，作者之前描述的那些惊世繁华，那些传奇人物，百年之后都从地球上消失了，Everything is gone！什么都没有留下，也没有人记得谁是谁了。我觉得作者并不是特指什么地方、什么时代的什么人、什么事，他就是非常客观地说事情本身。反正我是这么理解的。

所以我就觉得，把你想做的事情做好，当下活得精彩就行了，不要再想过了多年我能留下什么，能变成什么。即便是能留下些什么，也不一定是你觉得好、想留下来的，就是能留下些什么，你也不知道，无非还是别人对你的看法，跟你一点关系都没有。

千万别省钱

还有一个，就是千万别省钱。

年轻的时候可以穿、可以吃、可以玩、可以做你想做的事，省钱干什么？再说，你就挣这点钱，都省下来也没多少。我回国的时候还欠我表哥 2000 美元。经常有报道说"某某某放弃国外的高薪工作回国"，我看了就很奇怪：我咋没有什么高薪可以放弃的？

我做博士后那几年，基本是月光，1/3 是房租，1/3 是托儿所，1/3 是其他日常开支。自己的工资本来就不高，我还请了小时工帮我打扫家里卫生，租的房子也很贵，因为离学校特别近，就隔一条马路。那是在曼哈顿的上东区，最贵的地方。尽管回国时还欠着债，但我觉得这样做是划算的：因为花的钱买了时间，而时间是无价的。

2021 年 1 月至 2022 年 4 月采写
2022 年 5 月 11 日定稿

黄芊芊

我的故事很简单

黄芊芊：1989 年 9 月生于江西，北京大学
集成电路学院研究员、博士生导师。主要从事超
低功耗微纳电子器件研究，荣获美国电气与电子
工程师协会电子器件学会青年成就奖、求是杰出
青年学者奖、腾讯科学探索奖。

16 岁考入北京大学，22 岁在国际半导体技术领域顶级会议"国际电子器件大会"上发表论文，28 岁成为北京大学研究员、博士生导师，29 岁获得国家优秀青年科学基金项目资助，30 岁荣获美国电气与电子工程师协会电子器件学会青年成就奖、"求是杰出青年学者奖"；31 岁荣获第二届腾讯"科学探索奖"，是 50 名获奖者中年龄最小的一位……

如此年轻霸气、拿奖拿到手软的黄芊芊，是个怎样的人？

"我的成长故事其实很简单，从生活到工作都很简单，没有生动感人的事迹。"电话那头，黄芊芊言辞真切，"您还是换个人采访吧，我怕您白跑一趟，耽误您的时间和工作。"

听她这么一讲，我心里真有些犹豫。的确如她所说，有的科学家科研做得非常漂亮，人生经历和科研故事却比较平淡。但多年的职业经验告诉我：面对面的现场采访，总会有意想不到的收获。2021 年初秋，在我的一再坚持下，她勉强接受了我的采访。

一开始想报数学科学学院

2006 年新学期开学，北京大学信息科学技术学院微电子学系迎来了一位身材修长、眉目清秀的女生。她就是来自江西上饶的黄芊芊，当时还不到 17 岁。

不过，黄芊芊一开始最想上的并不是信息科学技术学院，而是数学科学学院。因为在各门功课之中，她的数学成绩最好。当然，并不像网传的那样，黄芊芊既不是天生的数学神童，又不是那种从小就喜欢拆飞机、梦想着上天入地的孩子。她属于喜欢安静的乖孩子，相较于跟伙伴们出去玩耍，她更喜欢一个人待在家里看书。

黄芊芊的父母是普通的工薪阶层，他们并没有期望女儿将来一定要怎样，只是希望她顺其自然、健康快乐地成长。小学一二年级，黄芊芊的学习成绩并不突出，有时候考得不好，父母还会想办法安慰她。但黄芊芊对自己有要求。到小学三年级的时候，她的数学成绩悄然好起来，而且越学越好、越学越喜欢。

为什么喜欢数学？

"因为数学的逻辑性特别强，不用背！"黄芊芊笑了，"那会儿我不大喜欢背，所以当时不怎么喜欢文科。数学就不一样，它有自己的内在逻辑，不需要

小时候的黄芊芊　黄芊芊供图

死记硬背。"

与许多人不同的是，黄芊芊做数学题从来不背公式，也不记题型，就是按照逻辑推理解题。或许是因为数学特别好，她的其他功课也在不知不觉间被带起来了。上初中以后，黄芊芊的成绩稳步上升，由年级前50名渐渐进入前5名。高中她读的是全市最好的上饶一中，每个年级都增加到16个班，但她大部分的时间都保持在年级前10，高三的时候排名更加靠前。

有一个阶段，黄芊芊喜欢数学到了痴迷的程度。她从《百科全书》中找出那些困扰了数学家很多年的各种"猜想"，一个人着了魔似的推导、演算，看自己能不能试着证明出来。

不想再研究数学了

如果照此下去，黄芊芊将来没准儿能成为有名的数学家。但后来，她的想法变了。那是高三下学期的时候，她忽然发现，自己对数学的兴趣没有之前那么强烈了。

"也不能说烦吧。"现在回想起来，黄芊芊也不知道该怎么形容那种感觉，"就是你学到一定程度以后，有一点不太想做纯理论的东西，就想做一点偏实用的、更有实际意义的事。"

填报大学志愿的时候，黄芊芊自己也不太清楚将来要干什么，就回家跟父母商量。商量来商量去，她决定报北京大学的信息科学技术学院："反正觉得信息科技肯定跟生活联系很紧密，而且是新兴的前沿学科，也能用到数理化知识。"

"自己做的事能派上用场"这个想法，也影响了黄芊芊后来的科研选择。

这个阶段一定要有

作为中国的最高学府之一，北京大学每年招收的新生中都不乏智力超常、目标明确的少年才俊。在黄芊芊的同龄人中，有的大一就联系心仪的导师，加入其课题小组，一头扎进了学术的海洋。

黄芊芊并没有这么做。五花八门的学生社团、种类繁多的公选课……一踏进北京大学校门，她就被自由开放、丰富多彩的校园生活所吸引。前十几年一直在刷题的黄芊芊眼中放光，觉得周围的一切都新鲜好玩儿，什么都想尝试一下。

在军训期间，她担任军训二团护旗手，被评为北京大学"本科优秀军训生"；在爱心社，她兴致勃勃地跟师兄、师姐学习手语；在击剑社团，她与小伙伴们你来我往、前刺后防；她也是校团委的活跃分子，参与组织过"挑战杯"等各种竞赛活动。此外，她还曾两次被评为北京大学信息科学技术学院"十佳歌手"。除了专业课，建筑、音乐等公选课她基本都上了一遍，还看了许多与专业无关的杂书。

对于日后搞科研的人来说，如此涉猎广泛会不会耽误工夫？

"我觉得这个阶段是一定要有的。"在黄芊芊看来，一个人如果是一直考试、学习，沿着一条路走下去，可能会变得很封闭，甚至不敢越雷池一步去尝试其他东西。"所以我觉得这段时间一定要有，就是要去认识一些有趣的人，接触不同领域的知识，见识之前没有经历过的场面。当然，每个人做这些事的时间段可能会不一样。"

李大钊的那句话

进入大三，黄芊芊对之前的那些活动不那么积极了。尽管前两年的大学生活很忙碌、很充实，但在她的心底，总觉得缺少点什么。

一个夕阳西下的傍晚，她一个人漫步到未名湖畔。望着眼前波光粼粼的水面和远处静静伫立的博雅塔，一个声音在她耳边响起：不能再这样下去了，要找到一件自己觉得真正有意义的事，并且脚踏实地、认认真真地去做一做。这时候，她蓦然想到刚入学参观校史馆时看到的一句话：只有学术上的发展，值得作大学的纪念；只有学术上的建树，值得"北京大学万万岁"的欢呼。

这句话是李大钊先生在纪念北京大学成立25周年时讲的，黄芊芊第一次看到的时候并没有特别在意。一阵微风吹来，黄芊芊心有所悟：自己上北大最重要的意义，在于它是全国顶尖的学术殿堂之一。倘若不能在专业领域进行深入钻研并有所斩获，求学路上的五彩风景便会很快褪色。

这个老师做事情很认真

主意拿定，黄芊芊结合自己前两年学习的专业知识，申请加入了黄如老师的课题组。尽管都姓黄，但两人并没有亲戚关系。当然，师生二人也有共同之处：都是女性，同样出类拔萃。

黄如是我国半导体领域领军人物王阳元院士的博士，长期从事半导体新器件、新工艺研究。凭借其骄人的学术研究和产业化成果，她不到30岁就晋升为副教授，37岁获国家杰出青年科学基金资助，46岁当选中国科学院院士。

加入黄如老师课题组后，黄芊芊一边听组会，一边跟着师兄师姐做实验，很快融入其中。她不仅对黄如老师的研究领域产生了浓厚的兴趣，也被她的人

2019年与黄如院士及课题组毕业生合影（左四为黄如院士）　黄芊芊供图

格魅力所感染。

"我印象很深刻的是黄老师非常严谨、认真，这对我的影响是终生的。"黄芊芊告诉我，"黄老师的严谨、认真贯穿始终，并没有说表现在特别的某一件事上。"

她举了个例子："比如写文章、改文章，就连逗号、分号这样的标点符号，黄老师都会非常严谨地标注出来，更不用说文章思路、内容上的修改了。总之，我觉得这个老师一直在很认真地做事情，而且科研态度极其细致、严谨。"

还有一点就是简单

她眼中的黄如老师还有一个显著的特点——简单。

"黄老师就是踏踏实实做科研，没有花里胡哨的东西，或者说不怎么折腾。"黄芊芊说，"她决定带我们朝一个方向做的时候，是想把这件事情认认真真、踏踏实实地做出来，而不是说看现在哪一块是学术热点、好发文章。"

"黄老师的简单，就是想把一件事给做好，而不是为了拿经费、拿项目，或者是能早一点评职称什么的。"黄芊芊告诉我，"我们选择一个课题，最重要的是看这个事是不是真的有用。'有用'不是说以发文章为目标，而是要让自己的研究成果真正解决实际问题。这也是我在黄老师的指导下一直以来的一个态度，脚踏实地想事、做事。"

"对了！"黄芊芊忽然想起什么，声音提高了许多，"黄老师在很多场合都会强调一件事：做好自己的本职工作。这是对我影响很大的一句话。"

要不要出国

当时的北京大学微电子学专业，每年都会有相当比例的本科生选择毕业后直接出国留学。在还没进黄如老师课题组之前，黄芊芊就发现，周围有许多同学已经早早地在为出国留学做准备了。

一开始，成绩排名靠前的黄芊芊也受周围同学的影响，学习过托福、GRE

等出国用的英语考试资料。但在进入黄如老师课题组后，随着对微电子领域科研工作了解的深入，她渐渐心生犹疑：大学毕业后究竟是继续留在北京大学，还是出国深造？

要知道，当时在微电子这个领域，无论是基础研究、技术开发还是产业发展，国外都比国内要先进许多。美国的斯坦福大学、麻省理工学院等，更是国际知名的领头羊，整体实力和科研条件要好于北大。

考虑了一阵子，黄芊芊不再纠结。

"就是很多事情自己想明白了。"她认为，出国无非为了能有一个更好的环境做科研，而自己所处的环境其实并不差。

美国电气与电子工程师协会每年举办的 IEDM（国际电子器件大会）被公认为微电子器件领域的顶级学术会议，迄今已有 60 多年历史，在微电子器件领域素有"奥林匹克盛会"之称。2000 年之前，我国能在 IEDM 发表论文的凤毛麟角。2007 年，王阳元院士和黄如教授的课题组发表了两篇 IEDM 论文，这是国内科研人员几十年来首次在 IEDM 上发表有关主流互补金属氧化物半导体（CMOS）器件的论文。此后，课题组每年都能在 IEDM 上发表论文，说明其研究水平开始进入国际领先行列。黄芊芊觉得，两位老师的学术水平和科学素养都非常高，组里的科研氛围也特别好。尤其难得的是，经过多年的建设发展，北大不仅拥有国内微电子专业最顶尖的师资力量，还有全国高校微电子领域最大、最好的微米纳米加工超净实验室，可以为相关研究提供强大的支撑和保障。

综合分析之后，黄芊芊认为在国内能有这样的条件已经非常不容易，王老师和黄老师的课题组值得自己待下去，可以安心地做一点事情。另外，她还有自己的"小九九"：有的时候并不是说一定要有很好的环境、万事俱备了，你才能把这个事做出来。没有条件反而能够激发你的灵感，去做一些更有创造性的东西。黄芊芊相信，在国内、在北京大学，也一样可以做出不逊色于国外一流大学的科研成果。或许那个时候，不服输的种子就已悄然在黄芊芊的心底生根发芽了。

"能让我踏实做事的地方，就 OK ！"想到这里，黄芊芊笃定心思，继续在黄如老师课题组里边学边干。

大四那一年，她接手了一个很有挑战的新课题。此后十余年间，从本科毕业师从王阳元院士（黄如教授共同指导）读直博研究生到后来成了博导，黄芊芊都一直在这个课题方向上不断进行学术探索和科研攻关。

制约芯片发展的一大瓶颈

是什么样的研究课题，让黄芊芊如此着迷，一做就是十几年？这个课题，就是研究开发新型的超低功耗微纳电子器件。

说到晶体管，大家都不陌生。它的英文名字叫 transistor，也称半导体器件或半导体元件，是构成芯片和集成电路最核心、最基本的单元，堪称"20 世纪最重要的发明"。1947 年年底，美国贝尔实验室成功演示了第一个基于锗半导体、具有放大功能的点接触式晶体管，标志着现代半导体产业的诞生和信息时代的开启。此后，晶体管技术不断更新换代，催生了炙手可热的芯片产业和集成电路产业。在摩尔定律的驱动下，科学家、工程师们不断缩小晶体管尺寸，提升其性能。

芯片速度和性能的提升，要求晶体管的尺寸越来越小、集成度越来越高。不搞这个专业的人可能想不到，集成度的提高和晶体管尺寸的缩小会带来一个问题，即导致芯片单位面积内的功耗剧增。如果不加以限制，芯片的功耗密度会急剧增加，甚至会接近核反应堆或火箭喷口的水平。尤其是随着万物互联智能时代的到来，物联网、生物医疗、可穿戴设备、工业互联网、边缘智能计算等呈指数级增长的终端对芯片功耗提出了更为严苛的要求。因此，晶体管和电路芯片的功耗问题，成为限制集成电路未来发展的一大瓶颈。

黄芊芊的工作，便是从基础器件层面着手来研究解决这个瓶颈。但是，传统晶体管的功耗降低受制于一个物理极限——玻尔兹曼亚阈摆幅极限。传统的金属氧化物半导体场效应晶体管（MOSFET）器件的亚阈值摆幅，即电流开关转换区漏端电流增加一个量级所需要增大的栅电压，在室温理想情况下的极限为 60mV/dec。这意味着，获取 3 个数量级的输出电流开关比需要至少

180mV/dec 的电源电压。该限制使得以 MOSFET 器件为基础的集成电路芯片不能无限制地通过减小工作电压来降低功耗。另外，为了保证晶体管足够的电流驱动能力，需要在降低电源电压的同时降低 MOSFET 器件的阈值电压，而这又会引起器件关态电流的升高，导致静态

2015 年博士毕业与导师王阳元院士合影　黄芊芊供图

功耗增加。要想解决这个矛盾，就必须要研发具有超陡亚阈值摆幅的新型超低功耗器件。多年来，全球同行一直在想方设法降低晶体管的功耗。这也是王阳元和黄如课题组的主要研究方向。

黄芊芊清楚地记得，2010 年她刚开始读博，王阳元老师就把自己的新专著《绿色微纳电子学》赠给她，并语重心长地说："未来集成电路产业和科学技术发展的驱动力是降低功耗，不能只考虑减少晶体管尺寸、提高集成度，而要想办法提高器件、电路与系统的性能、功耗比。"

从那时起，黄芊芊便暗下决心，要朝着这个方向努力攻关。

何去何从

怎样才能降低晶体管功耗？在通读了当时该领域的所有文献、对研究进展全面梳理之后，黄芊芊选择了一个突破口——隧穿场效应晶体管。

在当时，针对隧穿场效应晶体管，国际上主要有两大研究思路。一个思路是基于传统的硅材料，开展隧穿场效应晶体管的设计和制备。然而，对于常规结构的硅基隧穿场效应晶体管，由于硅材料的禁带宽度相对较大，且为间接隧穿，加上常规结构隧穿面积有限，通常硅基隧穿场效应晶体管的导通电流较低，不及传统 MOSFET 器件。如何在保证很低关态电流的同时提高隧穿场效

应晶体管的开态电流，是隧穿场效应晶体管器件研究的关键。

另一个思路则是直接换材料。由于硅基隧穿晶体管存在开态电流低的瓶颈，越来越多的人在新的晶体管材料上做文章，比如改用具有窄禁带的锗材料、三五族化合物半导体材料等研究隧穿晶体管。换材料有两大好处：一是由于这些窄禁带材料的隧穿效率比硅高很多，很容易就能把器件的开态电流提上去；二是采用这类材料是当时的研究热点，更容易取得进展、发表论文。但是，这些窄禁带材料隧穿场效应晶体管存在亚阈值摆幅和关态电流退化的问题。更为关键的是，这些新材料隧穿场效应晶体管与现有标准硅基工艺不兼容，难以大规模生产。

是在硅基这条老路上硬扛，还是追逐热点，在换材料上做文章？

一条最难走的路

在与王阳元老师和黄如老师商量之后，黄芊芊选择了前者。尽管她心里很清楚，这其实是一条最难走的技术路线。

自 20 世纪 50 年代以来，经过半个多世纪的更新迭代，硅基晶体管已经发展得非常成熟，无论是结构设计还是生产工艺，都可以说做到了极致。在一个高度成熟、已经完全标准化的工艺体系中，能改动的东西非常少；而能改动的东西越少，就意味着可以突破的空间越小，面临的挑战无疑也越大。

2015 年黄芊芊博士毕业照　黄芊芊供图

为什么要选这条路？

"还是我们偏实用主义吧。"黄芊芊笑着说，王阳元老师和黄如老师一以贯之的科学理念就是"研以致用"，要让自己的研究成果落地。"尽管在新材料上做文章很有吸引力，也是重要的前沿热点，但我们觉得这些新材料距离实际应用比较遥远。在原有的硅基体系里去做，取得成果后就不需要将原有的工艺完全推倒重来，可以让它们相对容易地派上用场。要知道，建立一套全新的成熟集成电路工艺流程，至少需要几代人花数十年时间，各种资源和经费的投入更是难以估量。"

"所以我当时觉得，用换材料的路线虽然发文章的时候容易，但什么时候能派上用场可能就比较难说了。"

新机理破解老大难

当时国际同行已对基于量子带带隧穿机理的硅基隧穿场效应晶体管研究了五六年，它的优势在于：理论上不仅能把亚阈摆幅变得特别陡，相比于传统MOSFET 的 60mV/dec 的极限，可以降到 10mV/dec 以下，而且关态电流还特别低，能比传统 MOSFET 低两三个数量级。对于静态功耗占主导的低频应用来说，有望大幅降低芯片功耗。打个比方，假设某种电子终端原来待机一天就要充一次电，采用硅基隧穿场效应晶体管芯片以后，待机几十天充一次电就行。

不过，有一利必有一弊，硅基隧穿场效应晶体管也有一个令研究人员头疼的"老大难"：由于它采用的是量子带带隧穿机理，所以其隧穿电流就会受限于隧穿概率，没有传统 MOSFET 的驱动电流高。而开态电流在很大程度上决定了晶体管运行的速度快慢，开态电流太低，性能就很难提升。如何在保证很低关态电流优势的同时，解决开态电流低的问题？

经过反复研究，在两位老师的指导下，黄芊芊和同伴们提出了一种开创性的新机制——"混合控制"：采用传统肖特基注入机理解决开态电流低的问题，同时利用隧穿机理实现低关态。这两种机理混合、互补，发挥各自优势，能够在器件的开启、关断和开关转换区引入不同的工作机制，进而在保证性能的同时突破传统晶体管在功耗上的物理极限。

当然，想着容易做起来难。在一个晶体管上采用两种不同的机理，如果只是简单地"混合"，很容易把这两种机理的优点、缺点都"混合"了。为此，黄芊芊又想了许多办法，以保留这两种机理各自的优势，剔除其缺陷。

一次实验就成功了

纸上的想法能否在实验中得到验证？黄芊芊花了整整一年时间，从头到尾做了一次完整的实验。那一年，她基本上是"白加黑"、连轴转：白天跑工艺间做实验，晚上总结经验教训，准备第二天要做的事情。到实验的紧要阶段，常常是连熬几个通宵。

有心人，天不负。一年的实验结束后，结果让黄芊芊眼睛一亮：混合控制的理论在实验上行得通！黄芊芊暗自庆幸：自己的运气真是好啊，居然一次实验就成功了！要知道，如果运气不好，她就得再花一整年时间，把实验重新来一遍。

看着瘦了一大圈的黄芊芊，黄如老师既心疼又欣慰。她心里清楚：主要不是黄芊芊运气好，而是因为她不仅聪明、悟性高，而且做事特别认真、细致、踏实。无论遇到什么问题，黄芊芊都会在动手做实验之前用心琢磨、仔细分

与王阳元院士在北大超净实验室工作时合影　黄芊芊供图

析、反复对照，设计出最佳的实验方案。

工艺限制如何突破

初战告捷之后，一个更现实的问题摆在面前：如何在工艺上做出非常陡的隧穿结。从理论上讲，隧穿器件的亚阈值摆幅与隧穿结处电场强度密切相关，隧穿结越陡，电场就越强、量子隧穿概率就越大，亚阈值摆幅也就越好。但理论与实践之间，存在一条很大的鸿沟。特别是，理想的陡峭的隧穿结难以通过常规工艺实现，如果工艺上做不出来，就只局限于纸上谈兵。这也是当时国内外同行报道的亚阈值摆幅比理论预期要差很多的关键所在。如何突破现有工艺条件和手段的限制，获得超陡亚阈值摆幅，仍是国际学术界面临的一大难题。

针对现有工艺条件对亚阈值摆幅的限制，黄芊芊和同伴们继续钻研，又提出了一个新机理——"隧穿结耗尽调制效应"：将常规栅结构改为横向条形栅结构，引入自耗尽作用，等效实现陡峭的带带隧穿，进而显著缩小器件的亚阈值摆幅。为验证这一新机理，黄芊芊又一头扎进工艺间，边实验边改进、改进后再实验……最后的实验做完后，黄芊芊喜上眉梢：在体硅衬底上，利用和

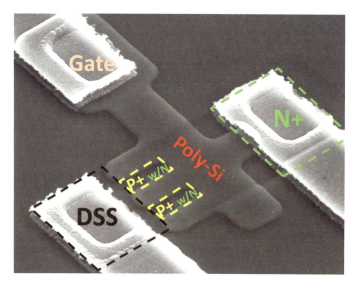

新型超低功耗超陡摆幅器件的扫描电子显微镜照片　黄芊芊供图

传统 MOSFET 相兼容的工艺制备得到的器件亚阈值摆幅，实现了国际上同期报道的最低值。

做到这一步，黄芊芊开始思考：能否将"混合控制"与"隧穿结耗尽调制效应"这两种新机理的优势结合起来呢？答案是可以的。黄芊芊和同伴们成功结合了这两种新机理的优势，并进一步进行了结构和技术创新，提出并研制出了新型梳状栅杂质分凝隧穿场效应晶体管，实现了器件综合性能突破。具体说就是：采用提出的肖特基——隧穿动态调控机理，引入梳状栅和杂质分凝源结构，调制了肖特基结的面积和等效势垒高度，在保持低关态电流的同时使驱动电流较常规器件提升了近 3 个数量级；同时，梳状栅引发隧穿电场耦合增强作用，制备得到的新器件在室温下实现了打破同类器件世界纪录的最小亚阈值摆幅。

此外，他们制备的器件同时解决了常规隧穿器件面临的输出非线性开启问题，且具有更低的密勒电容、延迟时间和噪声大小等，在低压下实现了比传统 MOSFET 器件更高的增益，具有目前国际报道的同类器件中最优的综合性能。

真刀真枪上产线

在学校的超净实验室做出隧穿场效应晶体管，还只是万里长征的第一步。这个东西最终能不能成，还必须到实际的大规模生产线上去真刀真枪地试一试。从 2012 年开始，黄芊芊与国内某顶尖集成电路制造商（以下简称 CMC）合作，把在学校里开发的超低功耗隧穿场效应晶体管，拿到 CMC 在北京亦庄的 12 英寸生产线上试生产。

把温室里培育出来的新品种移栽到大田里，能否照样苗壮成长、开花结果？说实话，黄芊芊心里也没有十足的把握。隧穿场效应晶体管这个技术从结构上看似乎并不复杂，但在国际工业界，仍未能采用标准工艺生产线制造出性能优异的隧穿场效应晶体管。问题究竟出在哪里？

尽管在研发之初，黄芊芊就奔着大规模生产、集成的目标，预先考虑了实际生产线上可能存在的问题，并想了相应的解决办法，但毕竟与实际生产还是两回事。

"上产线到底行不行？"从北京大学到亦庄有一个多小时的车程，坐在出租车里，黄芊芊一边忍受着头晕带来的不适，一边心里犯嘀咕。她与CMC的技术团队反复交流讨论之后，对原有的标准生产线工艺做了一些初步的设计调整，试生产了两批。但是，结果并不理想。面对这个结果，黄芊芊并没有灰心。

"到底是哪儿不行？关键的问题出在什么地方？"回到学校，她平心静气，先把可能的问题从头到尾梳理了好几遍，然后重新评估：新机理是不是可行，设计上有哪些细节还需要调整，工艺上哪个环节还应该优化……找到症结所在后，她又对新方案逐一修改、优化、改进。

经过1000多个日夜的持续攻关，在燕园与亦庄之间来回奔波，反复调整、改进工艺之后，幸福终于来敲门了！

2015年，正是黄芊芊博士毕业那一年，她和同伴们在CMC的生产线上研制出了世界上首个基于现行标准CMOS工艺平台的互补隧穿集成技术：在同一硅晶圆片上同时实现了性能优异的互补隧穿器件和标准CMOS器件的制备，隧穿器件的亚阈值摆幅在国际上基于制造厂商工艺的同类报道中首次实现低于60mV/dec，静态功耗比同尺寸MOSFET器件低3个数量级。

同时，她和同伴们首次提出隧穿器件之间需要新的电学隔离以保证电路功能的准确，为实现高可靠超低功耗晶体管技术的产业化奠定了重要基础。

良率的问题

看到这里，你是否以为黄芊芊的研究已经大功告成？

"还没有。"说到这里，黄芊芊笑着叹了口气，"从这一步到最终的目标仍有一定距离，还要继续优化。"

她解释说，从晶体管到电路再到芯片，中间都有很大距离。除了关注单个晶体管的开态、关态、亚阈值摆幅等技术指标，还要面向大规模集成电路应用，对噪声、增益、电容以及涨落、可靠性等问题进行系统考虑，然后实现整体突破。以涨落问题为例，每一个芯片里可能集成了上亿个晶体管，这么多的晶体管如果电流特性不一致、存在较大涨落，就会影响芯片的良率和终端产品的可靠性，简单地说，就是会导致芯片"罢工"。而当时，对于隧穿器件的噪声、涨落、可靠性等关键问题，国际上都还没有人进行过系统的研究和深入的分析，相关机制也不清楚。

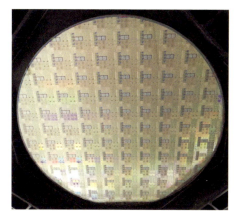

超低功耗超陡摆幅器件及电路的 12 英寸晶圆片
黄芊芊供图

在 2015—2017 年做博士后期间，黄芊芊全力以赴，一门心思破解器件在生产线上的涨落和可靠性等关键问题。她又对所有的细节和存在的问题重新进行了全面梳理和深入分析，并把相关机理和规律搞得更透彻了。

2017 年，黄芊芊与 CMC 继续合作，在原来的基础上进一步优化，朝着实现高可靠超低功耗晶体管技术产业化的目标继续行进。

做到极致

2017 年 9 月，黄芊芊博士后顺利出站，被北京大学聘为微纳电子学系研究员、博士生导师，真正开始了自己独当一面的科研生涯。身份变了，但她的研究方向还是外甥打灯笼——照旧。

为解决工艺上的新问题，黄芊芊与北方集成电路技术创新中心的技术团队联合申请了一个国家重点

2018 年黄芊芊在北京人民大会堂参加"新时期中国集成电路产业发展战略论坛暨《集成电路产业全书》首发式——纪念集成电路发明 60 周年"活动时留影　黄芊芊供图

研发项目。作为课题负责人，她带领两边的团队合作攻关、再接再厉，破解产业化面临的难题。

黄芊芊告诉我，他们研发的新技术已经转移给有关制造厂商，目前正在 12 英寸晶圆生产线上进行量产试验。"目前的试验进展还是挺不错的，我觉得有望在未来几年内实现产业化应用。"她开心地说。

为什么能坚持

2021 年初秋，黄芊芊在北大　赵永新摄

时光荏苒，日月如梭。从 2009 年下半年算起，黄芊芊已经在超低功耗微纳电子器件这个研究领域跋涉了整整 12 年。

12 个春夏秋冬，4000 多个日日夜夜，其间黄芊芊遇到的问题、碰到的挑战、遭遇的挫折和为此做出的努力、耗费的心血，远非这篇非常外行的小文所能呈现。

2019 年黄芊芊荣获美国电气与电子工程师协会电子器件学会青年成就奖　黄芊芊供图

我忍不住问黄芊芊："这 12 年里，估计许多同行已经换过多个课题，说不定还有转行的。你为什么能一直坚持这么长时间？"

"因为我觉得这件事情有意义！"黄芊芊笑答。

她告诉我，从学界到产业界，现在还能坚持在硅基隧穿晶体管上做超低功耗研究的，已经很少了。"正像前面我和你说的，因为我们一开始就是朝着产业化的方向做，所以能一直坚持下来。如果不是为了落地，可能干个两三年就要换方向了。"

2021 年初秋，黄芊芊在接受作者采访　赵永新摄

"你在接手这个课题的时候，有没有想过其中的困难？"

"说实话，我没想过困难不困难的。"黄芊芊坦言，"我就是大概知道我要干什么，其他的事情没怎么去想。但是当你真的要走到那一步的时候就会知道，这是多么不容易的事。"

"我知道它很难，但是我也不会对未来想特别多，让自己焦虑或者怎样。"她的办法是，把目标拆解，一步一步地往前推，争取每次比原来的自己更进步一点。"只要自己一直处在往前推进的状态，我就比较满意。"

"就像爬珠穆朗玛峰，如果一开始就知道自己肯定上不去，你可能就不会上了。"黄芊芊打了个比方，"但是我可以先到大本营，然后再慢慢往上走。走到半山腰，感觉自己爬不动的时候，我就会告诉自己都走到这里了，为什么不再努力一把？"

说到这里，她跟我分享了北京大学知名美学教授朱光潜先生的一句话：一个人的生命之强弱，以能否朝抵抗力最大的路径走为准，一个国家或是一个民族也是如此。

黄芊芊特别喜欢这句话："它简单质朴，没有什么华丽的辞藻，却把做好学术研究的道理讲透了。"

科学探索的路上需要仰望星空，但也离不开脚踏实地。对于黄芊芊而言，她或许更多地偏向后者，因而也对朱光潜先生的这句话感同身受、喜爱有加。

简单、安静与坚持

黄芊芊不仅事业有成，生活上也收获颇丰。2020 年秋，她的小宝宝降生了。

当了妈妈之后的黄芊芊，对于生活和科研有了新的理解。正如 2020 年 11 月她作为获奖者代表在第二届腾讯"科学探索奖"颁奖典礼上致辞时所说："于我而言，科学探索不仅充满理性与客观，更蕴藏着无穷的生机与魅力，犹如呱呱坠地的婴儿，当你为它倾尽全力、坚持付出时，它也一定会在未来的某个时刻带给你惊喜。"

黄芊芊和她的小宝宝　黄芊芊供图

在获奖感言中，黄芊芊还说了另外一句话，让我深受触动：我一直认为，生活与科研的美好在于简单、安静与坚持。

2021 年 8 月至 9 月采写
2022 年 4 月 26 日定稿

附：《来自颐和园路5号的第六封信》

注：2019年夏，黄芊芊与6位不同时代的北大杰出校友——"敦煌女儿"樊锦诗、"开启北大新百年辉煌的校长"许智宏、"从下乡知青到海归学者"的海闻、"中法文化的摆渡人"董强、"传承儒者之风"的周飞舟、"登上珠峰的北大博士"庄方东，分别亲笔写下了致北大2019级本科新生的信。一时间，"来自颐和园路5号的七封信"不胫而走，成为北大校史上的一段佳话。

其中，黄芊芊的信是第六封。那娟秀的字体、纤细的笔触、优美的语言，和娓娓道来中呈现的科研之路和心路历程，让我这个一直搞文字工作的"70后"爱不释手。

愿你出走半生，归来仍是少年。经黄芊芊许可，我把这封信抄录如下，与读者朋友分享。

亲爱的新同学：

你好！

首先要衷心祝贺你，收到了来自燕园的礼物。多年奋斗得偿所愿，对未来的憧憬与对未知的探索，即将在未名湖畔碰撞出属于你的全新篇章。

回想十多年前初入北大，美好的事物像阳光般洒满了整个园子。微风带着柳条轻摆，拂起未名湖上的道道波澜，穿过一场场传道授业的讲座，低语在每个人的耳畔。那时候的我，感觉未来的所有可能都触手可及，各种各样有趣的事情、书籍、课程和社团让人流连忘返。大一大二便是如此这般，这样的生活看似充实，但在心底，总觉得缺少一些什么。直到有天，回想起李大钊先生的一句话，"只有学术上的发展，值得作大学的纪念。只有学术上的建树，值得'北京大学万万岁'的欢呼"。那一刻，我似乎明白了北大的录取通知书对于我而言最重要的意义。这份通知书，不仅是打开燕园大门的钥匙，更是一封来自最优秀的学术殿堂的邀请函。丰富多彩的校园生活让我认识了很多有趣的人，学到了不同领域的知识，见识了很多从没经历过的事物，但倘若不能在专业领域开展深入的学术研究，那求学路上看过的风景便很快会从脑海里褪逝。

大三开始，我有幸进入微纳电子学系黄如老师的课题组，并开始从事超低功耗微纳电子器件方面的研究。此后10年时间，我师从王阳元老师和黄如老师，一直坚持在这个领域进行学术探索和科研攻关，没有因为一时的失败而放弃，也没有被其他容易出成果的道路所吸引。其间的种种酸甜苦辣提笔难落、一言难尽。回顾这十多年在燕园的成长经历，脑海里不知不觉间浮现出朱光潜先生曾说过的话，"一个人的生命之强弱，以能否朝抵抗力最大的路径走为准，一个国家或是一个民族也是如此"。没有任何华丽辞藻，却把做好学术和科研的道理讲透了。想要在学术上有所建树，需要端正态度、踏实肯干，不浮躁、不气馁、不贪懒、不取巧、不耍小聪明，坐得起冷板冷凳、经得住挫折失败、耐得了质疑否定，并将所有这些看作宝贵的历练经验与思想的进步动力，十年如一日地坚持下去。你看，值得"北京大学万万岁"的欢呼的事情是如此简明朴实，相信即将进入燕园求学的你也能做到，相信你有朝抵抗力最大的路径走的决心与毅力。

北大是常为新的，不论哪个时期，北大人始终肩负着时代责任，始终担当着让五四精神薪火相传的伟大使命。一代代北大人的名字都镌刻在这燕园未名之中，镌刻在使中国向着好的、往上的道路走的过程之中。今后几年在北大充实的学习生活会成为你一生中最美好、最宝贵的时光，而这些时光里拼搏奋斗的努力和汗水将绘就属于你的画卷，你的名字也将融入燕园、融入未名、融入常为新的北大。

希望你对未来充满期待，对自己充满信心，燕园在最美的夏末秋初等待着你的到来，北大在最好的时代与你同行。

黄芊芊

二〇一九年七月于燕园

颜宁：1977 年生于山东，美国科学院外籍院士、美国艺术与科学院外籍院士，深圳医学科学院创始院长。主要从事跨膜运输蛋白的结构与机理研究，荣获美国霍华德·休斯医学研究所国际青年科学家奖、求是杰出科学家奖、国际"女科学家奖"等。

颜宁

我就是我

归去来兮！2022 年 11 月 1 日，颜宁正式对外宣布：将辞去美国普林斯顿大学的教职，回国创办深圳医学科学院。

说到颜宁，估计不知道的人不多。因为工作的关系，我和她自 2011 底交往至今。在此，就和大家说说我所了解的颜宁。

她就是"颜宁教授"？

我认识颜宁时，她已经被网友称为"科学女神"了，尽管她本人极不喜欢这个称号。

那是她回国 4 年之后。2011 年年初的一天，天气很冷，《科学时报》（后改称《中国科学报》）在北京市海淀区主办"国家高端人才研讨会"，我赶到的时候会议还没开始。环顾四周，偌大的会议室里几乎是清一色的男士。人群之中，一位女生格外扎眼。她穿蓝色羽绒服，梳着马尾，看上去像个中学生，正跟身边的一个人聊得兴高采烈。

"那个小姑娘是谁？"我向一位熟悉的记者同行打听。

"你连她都不认识？"那位同行面露鄙夷，"她就是鼎鼎大名的颜宁教授啊！"

"她就是颜宁？怎么看也不像清华的名教授啊！"我深感诧异。

我找了个座位，把外套和采访包放下，鼓起勇气，走过去和她搭话。没想到，颜宁非常随和，根本不是我想象中高不可攀的"女神"。交谈中我得知，我俩还是山东老乡。听说我之前跑环保口，她眼睛一亮："哎，我也很关注环保，有机会我们聊聊。"

这时候主持人宣布"会议马上开始"，我俩互换名片，各回各位。虽说要保持联系，但此后却没再联系，直到一年之后。

约访被拒

我和同事编辑的《人民日报》"科技视野"专版，有一个"人物"专栏，专门报道国内的知名科学家。认识颜宁之后，我开始留意她的消息。从众多的报道看，这位年轻的科学家确实与众不同：除了做科研，还在新浪网开微博、在科学网写博客，和学生玩"三国杀"、唱卡拉 OK……

这到底是个怎样的人呢？2012 年元旦过后，我决定去采访她，一探庐山真面目。考虑到毕竟只有一面之缘，而且当时她已是大名人，我担心约访被拒，就先给她写了封言辞恳切的约访邮件，还特意附了一篇"人物"专栏此前刊发的报道，供她参考。结果，她在第二天凌晨 2 点多回复的邮件中爽快地回绝了：

永新（我就不叫赵老师了，您就叫我颜宁），我觉得我在媒体的曝光率已经挺高了，还是踏踏实实在实验室比较好。而且，我对于社会问题什么的没有太多的思考，也没什么深邃的思想。其实，现在已有的各种报道几乎把我这个人说得清清楚楚了，再接受采访，我都不知道该说什么了。

1 个到 7 个

"不能就这么打退堂鼓，一次不成两次。"我又写了一封言辞更为恳切的邮件，并且晓以大义，如"通过介绍您，让更多年轻人了解科学的价值、投身科研"云云。还好，这次颜宁同意了。不过，她提了一个建议：

1 月 24 日，会有一个比较重要的霍华德·休斯医学研究所国际青年科学家的事情公布，全世界 18 个国家和地区的 28 人入选，中国 7 人入选。北生所有 4 人入选，南开、武汉数理所各有一个，还有我。要不您写个群体的？

我觉得这也是挺好玩的一个素材。国家在用各种计划吸引优秀人才，国际也在关注中国的青年人才。

这些信息供您参考。如果需要，我可以找出另外 6 人的联系方式。

"霍华德·休斯医学研究所国际青年科学家"一事，北生所所长王晓东老师此前曾跟我提过。这个英文缩写为 HHMI 的研究所，在全球生命医学领域享有盛誉，拥有数十位诺贝尔奖得主。这是 HHMI 第一次面向全球设立奖项，我

2011 年 11 月，颜宁在美国珍妮莉亚研究园区（Janelia Farm）
参加 HHMI 答辩时留影　颜宁供图

国能有 7 名青年科学家入选，的确可喜可贺，值得报道。

我觉得颜宁的建议不错，征得领导同意后，决定在"科技视野"做一个系列报道"人物·HHMI 青年科学家"。采访的对象，也从最初的 1 个变成了 7 个。

尽管颜宁答应接受我的采访，但时间却排到了 20 多天之后。理由是她手头有两篇竞争挺激烈的文章，得赶紧写完投出去。我担心夜长梦多，就又写了封邮件委婉地提醒她。

她很快回复：呵呵，已经答应接受您的采访，当然不变卦。

就这样，2012 年 1 月 30 日下午，我按照约好的时间，赶到清华大学采访颜宁。

闭关勿扰

颜宁的办公室在清华大学医学科学院大楼的三层。我找到她的办公室，迎面看到门上贴着一张"安民告示"——四个大大的繁体字"闭关勿扰"。

颜宁办公室门上贴的"安民告示" 赵永新摄

我犹豫了一下，轻轻敲了敲门。

"进来。"里面传出清脆的声音。

我推门进去，见颜宁正坐在高背椅上，在电脑屏幕前打字。

"你喝咖啡还是茶？"

"茶吧。"我把随身带的杯子从包里掏出来，"里面有茶叶，倒点白开水就行。"

"那你先坐会儿，我去旁边的会议室倒热水。"

颜宁的办公室不大，北面的窗户拉着厚厚的窗帘，窗台上摆着几盆绿植和一台加湿器；办公桌靠西墙摆着，对面是两个书柜，外侧的书柜里除了文件夹，还有几个印有奥运吉祥物的装饰盘，以及漂亮的海螺、贝壳。

"我每天最不高兴的就是在上下班路上，一看这空气就觉得难受。"颜宁把杯子递给我，一边往上拉窗帘一边抱怨，"看见雾霾天我就晕气，一进来我就把窗帘拉上。"

她随手拉了一把小的沙发凳坐在对面，海阔天空地和我聊起来。

我觉得就是"宅"

颜宁素面朝天，乌黑的头发随意拢在脑后，看上去比实际年龄至少要小10岁。

"你每天的时间大概是怎样安排的？"

2012 年春，颜宁在办公室接受作者采访　赵永新摄

　　"除了睡觉在家里，其他时间都在实验室和办公室。"她加了一句，"而且我觉得这是挺高兴的事情。可能有人会觉得这样一段时间就受不了了，但我要是出去开会一周就受不了，感觉没着没落的。"

　　颜宁告诉我，不算外出开会、做同步辐射实验，她每天在办公室和实验室的时间大概在 14 个小时。除了和学生一起做实验，其他时间主要花在写论文上，最快的一周，最长的 3 个月。"今年 1 月 6 日发在《科学》上的文章，就是我集中 7 天写完的，其中 4 天睡在办公室，中间就回过 3 次家。但当时我感觉很爽，整个人都亢奋了！"

　　"你回国短短几年，怎么出了这么多成果？"

　　"嘻嘻，多吗？"她笑答，"可能就是因为我能把时间很专注地花在研究上吧。"

　　"当然，写基金申请也要花时间，但在中国写基金申请很快，因为用中文，我打字特别快，没多会儿就写完了。另外，我们申请项目不用跟人打电话什么的，学院的几位同事一组队，就拿到了，也没花太多时间。天长日久，这些省出来的时间就很重要。"她说，"所以，我觉得就是'宅'，这个'宅'还真是重要，就是专心、专注。"

"聪明也是一个很重要的因素吧？"

"这个嘛还行吧。吃饭的时候我妈老让我多吃鱼，说吃鱼多了聪明。我说你还要我多聪明啊！"

"不过，我肯定不是最聪明的，清华 4 年从没考过年级第一。我觉得搞科研最重要的还是专心。"

不按常理出牌

除了能"宅"，颜宁对自己的"歪主意"也很满意。

"我觉得自己做实验的直觉很好。"她告诉我，她在普林斯顿大学读博士期间，除了跟导师施一公学习，她也向师姐吴嘉炜、师兄柴继杰"偷师"，经常会想些歪主意。"施一公在大方向上特别匪夷所思，经常有 creative idea，但我在方法上经常不按常理出牌，就是'邪教'。听了我的想法，施一公就会说：'这什么主意啊？'但我按自己的方法去做，哎，结果就出来了。"

"创新其实没有那么高深，"说到这里，她很感慨，"我觉得中国的学生从小就背东西，背得太多了，头脑里的条条框框也多了，自己的思维就被限制住了。"

这个世界就是你的

尽管自己是跑科技的记者，但作为文科生，我内心里对科研是敬而远之的。特别是，一想到科研人员整天待在实验室里，日复一日、年复一年地做实验，就觉得那是天底下最苦的差事。

"怎么会呢？"颜宁当然不同意我的观点，"也有好多人问我苦不苦、累不累，其实所谓苦，就是不得已做你不想做的事。别人可能会觉得做实验、写论文很枯燥，但我自己乐在其中。我几天待在实验室也不出来，就跟别人打游戏上瘾似的，着迷嘛！"

在颜宁看来，做科研跟艺术创作一样，是很美妙、很激动人心的事："当你把细胞里那些只有几个到几十纳米大小的蛋白质分子解析出其原子分辨率的结构，在电脑上放大几亿倍之后，清清楚楚地看到这些美丽的构造如何执行复杂的功能，你总忍不住要感叹大自然的聪明！很多时候，它的精妙设计远远超出了我们的想象！而你是世界上第一个揭示出这些大自然奥秘的人，那种成就感和满足感是难以言喻的。"

让颜宁着迷的另一个原因，就是做科研时的简单、轻松、自由。

"我其实不太愿意跟人打交道，太烧脑。现在饭局什么的我都不怎么去，去了感觉傻乎乎的，不知道说什么。而且，我一不小心说话就又得罪人了，还不知道怎么得罪的。"

"做科研就不一样，它会让你身心都很轻松，喜怒哀乐都变得特别简单。在实验室里，我的脑子很轻松，不用去想任何其他的东西。你会感觉到，这个世界就是你的，就看你的思维有多广阔，能走到哪个地方，没有其他任何限制。我想象不出来，世界上还有比这种感觉更美好的。"

说实话，我当时对这种想法很难理解。直到多年以后，当夜深人静、我一个人在办公室里写自己喜欢的东西时，才开始逐渐体会到颜宁说的那种感觉。

阴差阳错

在采访颜宁之前，我看了她在科学网上的博客，文章写得既潇洒又漂亮，个性之鲜明、文笔之流畅、知识面之广，连我这个文科生都自愧弗如。

"对呀，我其实很喜欢文科，高中的梦想是当作家或者记者。"颜宁告诉我，爸妈对她基本上是放养，小学、中学都很轻松，作业基本上在学校就做完了。回家以后，除了听收音机就是看闲书，什么唐诗宋词、古典小说、武侠小说……既多又杂。

上高中时文理分班，她自己选的是文科。但班主任关仪老师认为，成绩全年级第一的学生当然要学数理化，就硬生生把她从文科班拉了回来。高考填志愿时，母亲希望她学医，但她害怕解剖；父亲听说"21世纪是生命科学的世纪"，就建议她去学生物。"我当时想，生物与医学挺近的，为了让爸妈都开心，于是就报了清华的生物系。"

"唉，读博以后杂书看得更少了，就知道专业那点东西。现在成了写八股文的教授了。"她半开玩笑地说。

普林斯顿真是太美了！

在清华，颜宁度过了最为丰富多彩的 4 年：担任过生物系学生会主席，组织了许多课外活动，和同学一起学国标舞、打乒乓球、学游泳、学摄影……同时还要保持课业的优秀，每天忙得不亦乐乎。

让颜宁走上科研之路的，是从 2000 年 8 月起在美国普林斯顿大学的 7 年留学生涯。

"普林斯顿真是太美了！"一说起自己的第二母校，颜宁眼里直放光，"普林斯顿保留了大片的森林，还有一条运河。我第一年住在一座像《哈利波特》中的魔法学校那样的哥特式建筑里。第一天到达是在傍晚，几个学生坐在庭院里树下的草地上弹着吉他，周围飞舞着萤火虫，真是一个童话世界。这是我永生难忘的一个场景。第二年我搬到了藏在森林里的公寓楼，秋日的黄昏从 7 楼望出去，周围是红色、金色、紫色的树，夕阳下的湖面波光闪闪，成群的野鸭在暮色中飞翔，真是'秋水共长天一色，落霞与孤鹜齐飞'！看着看着，不知不觉竟然热泪盈眶！"

"博士毕业的时候我本来想换个学校做博士后，刚好有个师妹来看我，我带着她在校园里逛了一圈，感觉还是普林斯顿美。看着映在玻璃窗上的落日，我觉得太美了，于是决定不换了！"

更吸引颜宁的，是普林斯顿的科学之美。

"给我们上课的大都是成就卓著的科学家，是生物学近代史的缔造者，许多经典论文甚至课本里的很多东西就是他们亲自做出来的。他们能把每个科学发现讲得像历史故事一样引人入胜，会让你觉得：哇，原来做生物学这么好玩、这么有意思！"

让颜宁难以忘怀的，还有普林斯顿的一对教授夫妇——艾瑞克·威斯乔斯（Eric Wieschaus）和夫人翠迪·舒巴赫（Trudi Schupbach）。他们都是美国科学院院士，威斯乔斯还是 1995 年的生理学或医学诺奖得主。"我是个夜猫子，一般工作到凌晨两三点。晚上 11 点了，我还看见他们夫妇在各自的实验室工作，那种淡定从容、简单执着，真让人感动。我觉得自己将来就是要这个样子，很简单地做自己喜欢的研究。"

"自私"

颜宁一直有一个梦想：有一天能回到清华大学做教授。2007 年 8 月，她应时任清华大学医学院常务副院长的赵南明邀请回国，一边建实验室，一边招学生，开始了独立的科研生涯。

在经历了意气风发、怒气冲天、心平气和三个阶段后，她开始做得顺风顺水，研究成果频频出现在《自然》《科学》《细胞》等顶尖国际学术期刊上。2010 年 8 月，清华大学聘请的国际评估小组认为："无论以哪个标准衡量，颜宁博士已位居世界最优秀的年轻结构生物学家之列。她具有相当的创造力和原创性，过去 3 年中，她在膜蛋白结构生物学领域取得突破性成就，在《自然》杂志发表两篇论文，在《细胞》和《自然——结构与分子生物学》期刊上各发表一篇论文。基于过去 3 年她取得的极大成功，我们认为未来 5 年到10 年，她将是杰出女性青年科学家的榜样。"

但她自己并不满足。

"我一直在追求成就感，现在细菌膜蛋白已不能激发我的成就感了。"颜宁坦言。她正带领学生研究与人类健康有更密切关系的哺乳动物膜蛋白。"做真核膜蛋白，技术上的难度更大，但对于疾病研究、新药研发等更有帮助。"

"科学真的很容易让人着迷。我一开始进入结构生物学，就是盯着蛋白，也没去想其他的。现在就会去想更多：生物学到底是怎么回事？下面我能做什么？我为什么要独树一帜？我在什么地方可以独树一帜？眼界会越来越宽，追求也越来越高。"她告诉我，"回国这几年基本上是在与国际同行赛跑，好几次都是自己做出来的时候，别人也做出来了。什么时候你能自己开辟一个新领域、不跟人'撞车'了，就说明你真的是独树一帜、遥遥领先了。"

不过，也有同事希望颜宁不要只盯着自己的一亩三分地。

"有次我们学院一个老师对我说：'颜宁，你太自私了！你现在已经不再是新人了，我觉得你应该对院里的事务多管管。'我就说你再给我 10 年行不？让我再好好做做这些事情，我以后再来做公益。其实我说 10 年，到时候我可能又会再要 10 年、20 年。"

"其实一个人做科研的黄金时间也就十几年，我现在的精力就不如以前了。"颜宁说，"我在普林斯顿的 7 年和刚回国的前两年，熬夜是家常便饭，根本没有任何感觉，但现在熬一次夜就觉得身体酸酸的、提不起劲，脑子也跟进水似的，晕乎乎的，要两三天才能缓过来。所以，还要继续'宅'下去。"

把我的再往后排排

采访颜宁很轻松。她率真直爽、不装不作，喜怒哀乐都写在脸上。喜欢什么、讨厌什么，也都溢于言表。即便说到专业深奥的科研，她也讲得兴致勃勃：

我研究的是蛋白，蛋白有好多种，是执行细胞功能最基本的一个单元……无论是细胞还是细胞器，都由一层膜围起来，就像我们校园周围有一道围墙，这道围墙就界定了里面是校园、外面是街道……

但一回到办公室开始写稿子，我就犯了难。颜宁与我之前采访过的科学家都不一样，面对这个不像科学家的科学家，我一时不知该如何下笔。我苦思冥想，憋了五六天，才写出初稿，自己看了都不满意，觉得没写出颜宁的真风采，实在对不住她。

"丑媳妇总得见公婆"，我忐忑不安地把初稿发给她，并特别注明：不当不妥之处，请尽管修改、补充。

没想到，颜宁对稿子比较满意，还夸我"把很多专业内容描述得非常准确"。看到这句话，我这个科技"老白"都恨不得找个地缝钻进去，因为自己的专业知识太差了。初稿有 4000 多字，她只改了几处技术细节、个别地方加了几句，还说"要是嫌啰唆，尽管删掉就好"。不仅如此，她还特意提出把她的报道再往后排排，先集中报道北生所的 4 位获奖者。她的理由是："我个人觉得这样安排没准儿更震撼。其实我们都知道，北生所在中国生物圈被排斥得太厉害。"

看到这里，我不禁对颜宁肃然起敬。

2005 年正式挂牌的北生所，是中央政府为追赶科技发达国家而专门成立的"科技体制改革试验田"，所长王晓东、邓兴旺（2008 年以后邓兴旺离职，所长由王晓东一人担任）和招聘的青年科学家都是从国外回来的海归；该所在管理上特事特办，比如科学家自主定选题、经费包干、工资采用年薪制等。这在当时都是非常特殊的"小灶"，加上他们都不擅长与外界交往，那几年在国内科技界很不受待见，甚至一度有被"雪藏"之说。

颜宁如此安排，让我很感动。其实，她是这组报道的发起人，自己的报道放在第一个都不为过。就这样，她的稿子压了一个多月，直到 3 月 15 日才见报。

举世非之而不加沮

采访颜宁的时候，她说每发表一篇研究成果，网上都会有各种各样的说法，骂名无数。她跟爸妈说："没事儿，让他们说去！我就怕你们受影响，只要你们没事儿，我根本不在乎。"

我当时听了没太在意，觉得不至于此。直到 2012 年 5 月科学网报道了颜宁的一项新成果后，我才知道她说的并非虚言。

这项成果由颜宁与哈佛大学大卫·克拉彭（David Clapham）教授以及诺贝尔奖获得者、洛克菲勒大学罗德里克·麦金农（Roderick Mackinnon）教授等合作完成，是关于一个细菌同源蛋白"电压门控钠离子通道"（英语简称"NavRh"）的晶体结构及其功能性质和工作机理的。

在人体中广泛存在的电压门控钠离子通道，能够引起可激活细胞的动作电位，在神经兴奋与传导、中枢神经系统的调控、心脏搏动、平滑肌蠕动和骨骼肌收缩等过程中都具有重要功能，是人体电信号传导过程中必需的蛋白。因此，如果这个通道的功能缺陷会引发多种严重疾病，如高血钾周期性麻痹、强直性肌痉挛症和心律不齐等，是重要的药物靶点。对于这个重要信号传导通道的结构和功能，国际同行同样已经研究了 60 多年，由于技术难度大，进展十分缓慢。直到 2001 年，科学界发现了电压门控钠离子通道的细菌同源蛋白，才为解析它的结构提供了可能。自此，全球的多个结构生物学实验室都把这项课题作为重点攻关项目，但 10 多年过去了，都没有取得实质性进展。

凭借此前解析多个蛋白结构积累的"独门绝技"，颜宁与合作者解析出电压门控钠离子通道的三维晶体结构，首次从结构的角度报道了抑制离子钙离子在电压门控钠离子通道的结合位点，并首次获得了处于灭活构象的电压门控钠离子通道。

由于这项研究不仅具有重要的科学价值——为真核电压门控钠离子通道功能的后续研究提供了结构依据（5 年后，颜宁的团队第一次在国际上报道了真核电压门控钠离子通道的结构，并且在该领域保持着领先地位），而且具有重要的应用价值——颜宁在研究中开发的高性价比的纯化和结晶方法，使得电压门控钠离子通道可以用来进行以结构为基础的药物设计和药物筛选。因此，这篇论文得到了审稿人的高度评价，5 月 21 日就在《自然》杂志在线发表。第二天，科学网对这一成果进行了报道，并很快登上该网的"一周新闻评论"排行榜。

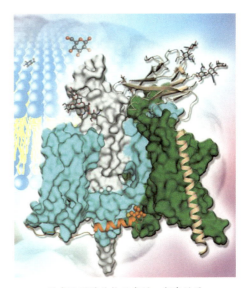

钠离子通道结构示意图　颜宁供图

按照一般人的理解，中国科学家牵头做出了如此重要的工作，国内的科技界同行应当竞相祝贺才是。但事实上并非如此。在科学网的这条消息下面，有32 条网友评论，其中表示"钦佩""祝贺"的只有 6 条，而表达"不屑"甚至"愤慨"的，却多达十余条——

解析一个蛋白结构，就是一篇 Nature（自然）。不错，毕竟有几万个蛋白呢。加上不同物种的蛋白，至少 10 万篇 CNS。

结构解析不是难事，很多人可以做，搞得快的，喝几杯茶的工夫就有个大概结果。

可惜的是，花的是中国人纳税钱，却不专利保护，成果尽为国外所用，加重了国内外差距，得到的是自己的名利……

科学网是中国科学报社主办的专业网站，发表留言的网友都是登记注册过的，绝大多数是科技界的同行。上述留言所流露出来的"羡慕嫉妒恨"，真是让人无语。我实在气不过，就用笔名"柏木钉"写了一篇评论《多些欣赏 少些眼红》，刊发在《人民日报》的"科技杂谈"栏目。评论发表后，我把链接发给颜宁。她看了以后如此回复：谢谢你，不过这些东西我见多啦，压根儿就不 CARE（在乎）！

这时，我才悟出她在科学网博客上那句话的含义。她的博客名叫"自由自在"，个性签名是：举世誉之而不加劝，举世非之而不加沮，定乎内外之分。这句话摘自《庄子·逍遥游》，大意是说：全社会的人都称赞宋荣子，他却并不因此而更加奋勉；全社会的人都责难他，他也并不因此而更为沮丧。他能认清自我与外物的分别。

对于外界的毁誉，颜宁的确不在乎。她博客首页的右上方，是一只转圈的机器猫。它调皮地不停扭腰、转着身上的呼啦圈，似乎在说：你说你的，我干我的，嘻嘻！

荐贤

对于优秀的同行，颜宁一向赞赏有加。

2012 年 11 月，北生所的李文辉、隋建华夫妇经过多年的艰苦探索，发现了乙肝和丙肝的共同受体。这是国际乙肝研究领域的一项里程碑式成果，我和同事吴月辉深入采访后写了一篇长篇通讯《一场坚持了 5 年的马拉松》，刊发在《人民日报》上。

我也把这篇报道发给了颜宁，她回邮件说：

拜读完毕，写得非常好！其实现在整天不是这个少年天才就是那个最年轻教授的报道，而这种真正反映科学家耐得住寂寞的写实反而少了。

科学，从来不只是聪明人的优秀，一定是给勤奋执着的人的。

末尾，她还加了一句：我很喜欢这篇报道！

遇到自己特别欣赏的同行，颜宁还热情向我推荐。2013年1月初，我收到她发来的邮件：推荐一个人，你有没有兴趣采访？

她推荐的这个人，就是荣获2012年诺贝尔化学奖的美国科学家布莱恩·科比尔卡（Brian Kobilka）。

他是美国斯坦福大学教授、美国国家科学院院士。凭借在G蛋白耦联受体（GPCR）方面的研究成就，时年57岁的布莱恩与他的博士后导师罗伯特·莱夫科维茨（Robert Lefkowitz）共同荣获2012年诺贝尔化学奖。而早在他获诺奖之前，就得到时任清华大学医学院（生命科学院）院长施一公的大力举荐，在2012年4月被清华大学聘为客座教授，并在清华大学建立了自己的第一个国外实验室。施一公给他起了一个中文名字"柯碧华"，寓意"科学护佑中华"。

颜宁在邮件中告诉我，布莱恩和他原籍马来西亚的夫人田东山，将于1月

柯碧华和夫人田东山　赵永新摄

中旬访问清华。"我特别欣赏布莱恩，人家得了诺贝尔奖还像从前一样，自己做实验、写论文。如果你有兴趣，我愿意向他推荐。"

听到这个消息，我很是兴奋。做了六七年科技记者，我还没采访过一位诺贝尔奖得主。更何况，布莱恩还是如此年轻，去年刚刚获得诺奖。但有一个问题：我的英文很差，只能用中文采访，而布莱恩和他夫人都不懂中文。

"没关系啊，到时候我会安排一名专业的翻译，我自己也全程陪同。"颜宁回复说。

这是我终生难忘的一次采访。1月13日上午，我在清华大学医学院的会议室里见到了布莱恩和夫人田东山。他身穿灰色休闲西服、青色牛仔裤，背一个黑色双肩包，说话低声细语，面对记者稍微有些紧张，有时候还会脸红。多亏有颜宁在场。她之前就和他们夫妇俩很熟，所以现场气氛很是轻松；碰到不好翻译的科学问题，她就自告奋勇，为我们翻译、讲解。在颜宁的帮助下，采访进行得很顺利，话题也聊得很开，从他的父母、自己的成长，到研究中碰到的烦恼、自己的科研心得，甚至包括他和田东山的恋爱故事……

这次采访，让我领略了一位大科学家的真风采。我写了两篇稿子，经颜宁

2013年3月采访柯碧华时，颜宁现场协助翻译（左为柯碧华夫人田东山）　赵永新摄

用心修改，一篇刊发在《人民日报》，一篇刊发在《环球人物》，反响都很不错。如今快 10 年过去，布莱恩依然是我当面采访过的唯一一位诺贝尔奖得主。他的低调、单纯、诚实以及害羞的表情，还印在我的脑海里。

荐花

除了推荐杰出的科学同行，颜宁还向我推荐清华大学校园里的各种花草。

受母亲的影响，我特别喜欢花，既喜欢养，也喜欢拍。知道我有这个爱好，颜宁时不时向我推荐：我们院里的某某花要开了，你啥时候过来拍？

工作之外，颜宁爱追剧，却不喜欢锻炼。有同事劝她跑步，她说："跑步多无聊啊！你们跑吧，我一跑就岔气。"我向她推荐杨氏太极拳，她说："老头儿、老太太才打呢，我不练！"

她有自己的健身之道。碰到天气好，工作累了的时候，她会约上谈得来的同事，在清华大学校园内赏花看柳，一边休息一边探讨科学问题。因为这个缘故，她对校园里的花事门儿清：什么时候牡丹开了，哪个地方有蜡梅……

那几年我常到清华大学采访，碰到颜宁有空，我就在采访结束后请她做导游，在校园里拍花、拍草，顺便也给她拍几张照片。

不能不说，清华大学的花美，颜宁更美。"腹有诗书气自华"，加上心地善良、性格活泼、纯真质朴，拍出来的照片，可谓"清水出芙蓉，天然去雕饰"。

当时恨得我咬牙切齿

我在清华大学蹭饭的时候发现，颜宁吃的东西既专一又简单。她告诉我："我基本上在家吃饭，喜欢的就那么几个菜，就像做科研一样，从小喜欢到现在。所以我妈妈就很犯愁，因为我妹妹吃的花样比我多，当妈的要保证两个女儿都满意。"

知道我"无肉不欢"，她会为我点一个肉菜。吃完后她用自己的饭卡结账，如果有剩的，全部打包带走。她吃饭节俭，在科研上也是如此。

"在科研经费上我们能省就省，争取把每一分科研经费都用到刀刃上。"颜宁告诉我，"我经常对学生说我们花的可是纳税人的钱，其中就有你们父母的。"

为了省钱，颜宁甚至险些在一次激烈的科研竞争中落败。那是2009年，她回清华大学的初次牛刀小试，解析植物脱落酸（英语简称ABA）受体的晶体结构。

脱落酸是植物体内最重要的植物激素分子之一，具有控制气孔关闭、影响种子发芽等重要的生理功能，对于保护植物对抗干旱、寒冷等至关重要。脱落酸调控植物的上述生理功能，是通过与之对应的一种受体蛋白来完成的。这个受体科学家找了很多年，直到2009年4月，《科学》杂志同期发表了两个研究组的独立成果，认为属于同一家族的蛋白PYR/PYL/RCAR（PYLs）是ABA的潜在受体。看到这个报道后，颜宁认为这个课题有意义，尤其是特别适合训练实验室的学生们，所以立即着手解析脱落酸的受体结构。

当时进口的脱落酸特别贵，1毫克1万元人民币。颜宁觉得太贵了，就没舍得买，用了国内生产的。结果，国产的脱落酸质量不够好，她和学生折腾了两个多月，就是拿不到脱落酸的结晶体。

"当时恨得我咬牙切齿！后来我们换了进口的，结果一下子就搞定了。"颜宁至今愤愤不平，"除了我们，还有美国、日本、欧洲的4个研究组同时在做这项研究，你就想竞争有多激烈！由于我们白白耽误了两个多月，美国的那个研究组抢在我们前面做出来了，论文发在了《自然》上。我们是第二个做出来的，只能退而求其次，找了一个不太知名的杂志发表。"

"现在想想，后悔啊！"她说，"如果不考虑省钱，一开始就买进口的，我们的工作至少可以提前两个月，准保又是世界第一！"

不过还好，还有3个小组的文章发得比颜宁还晚。最后，这5个小组的工作，一起入选《科学》杂志评的2009年度"科学十大进展"。

第一次公开演讲

颜宁不喜欢抛头露面，大庭广众之下的演讲更是能推就推。但这一次她不能推。2014年本科生毕业前夕，时任清华大学校长的陈吉宁找到颜宁，请她作为清华大学校友代表，在全校的毕业典礼上做个演讲。

整天忙于做实验、写论文，自称"没什么深邃思想"的颜宁，会对即将走向社会的学弟、学妹们讲些什么？

还是看看她的演讲吧：

亲爱的同学们，尊敬的老师们、家长们：

大家上午好！今天我无比荣幸作为校友代表来见证同学们生命中一个重要的时刻，首先向你们表示最衷心的祝贺！

当我接受这份邀请时，只想到这是一项作为清华校友最崇高的荣誉，却没有意识到这是一项多么艰巨的任务。当我着手准备讲稿的时候，才发觉自己这个贸然接受邀请的决定是多么不知天高地厚。因为在座的同学们来自几十个不同的专业，即将面对迥然不同的事业与人生道路。

作为一个过去近20年基本没有走出过象牙塔、思维方式相对简单、人生见识相对单薄的我，能和你们讲什么呢？过去两周于我而言可比写学术论文要痛苦很多。苦思冥想，干脆就把我走出又回归清华园这十几年的心路历程、过去的感悟与未来的"野心"与大家分享。抛砖引玉，希望你们站在人生如此一个重要转折点的时候，也花几分钟想一想未来10年、20年、50年的自己。

不知道同学们是否看了《舌尖上的中国》第二季，最后一集的结语让我印象深刻："如果到先辈的智慧中寻找答案，他们也许会这样告诫我们短暂的一生：广厦千间，夜眠仅需六尺；家财万贯，日食不过三餐。"

不知是否有人和我一样，从孩提时代，就困惑于人存在的意义。人来自自然、回归自然，代代相传，意义何在？我选择生物系的原因之一，也是想窥探生命的奥秘。可是当我在大学系统地从分子水平认识生命之后，这个问题不但没有解决，反而让我更加困惑。突然有一天，我豁然开朗：只有有意识的人类才能问出这个关于"存在意义"的问题，那么也只有有意识的人类才能定义"存在意义"。

所以，"人生意义"本就是一个主观命题。随着时代的发展，个人的背景与际遇不同，每个人对于这个命题的定义也会大相径庭，从而决定了追求目标、人生道路也大不同。我自己则是经历了从迷茫到相对明朗。

14年前的今天，恰好是我离开清华园的日子。犹记得，走在绿树掩映的东西主干道，我默默地想：如果有朝一日我可以再回到这个园子里工作，将会是多么幸福的一件事情。和你们一样，我在这个园子里度过了五彩缤纷的青春岁月，收获了延续至今的友情，从懵懂少年长成具备独立思想的青年，对这个美丽的园子充满不舍与眷恋。

不过除了这个总有一天要回归的朦胧目标，我对于未来的事业选择其实是一片茫然。但有一个原则却让我受用至今，那就是：努力做到最好，让选择权掌握在自己手中。

一个月后，我奔赴大洋彼岸，进入位于美国东岸的普林斯顿大学。2004年，我获得了分子生物学博士学位。如果说20世纪90年代的清华赋予我的是心怀天下的责任感，那么21世纪的普林斯顿则将我彻底拉入科学的殿堂。清华与普林斯顿都入选了世界最美的10所校园，清华庄重大气，普林斯顿优雅淡定。

在普林斯顿，穿着不修边幅给你上课的可能是诺奖得主、资深院士，你在咖啡厅小憩，坐在对面的也可能是美国总统的科学顾问。在那里，不论是本科生还是诺奖得主，你完全感受不到人与人之间的高低贵贱，每个人都是一派怡然自得，却又有一份这个大学特有的我行我素、桀骜不驯。在这种环境下，你会很安心地做自己，很专注地做自己的事情；浮躁很容易就被挡在物理上并不存在的学校围墙之外。

在普林斯顿第一年，我突然发现，教科书里那些高贵冷艳的知识原来就是身边这些随和的老先生、老太太创造的；研究生课程都没有教科书，而一律是用经典或前沿的原创论文做教材，所以我们上课就是在回顾科学史的创造。当我们进了实验室，自己竟然也已变成了人类知识的创造者、科学史的缔造者。

有了这种认知，我的追求目标也逐渐演化为：发现某些自然奥秘，在科学史上留下属于自己的印迹。当我定义了这样一种人生意义，也同时意味着选择了一种自由自在的生活方式，一种自找麻烦的思维方式和一种自得其乐的存在方式。我完完全全痴迷于这个小天地：会为能够与大自然直接对话而心满意足，会为透过论文跨越时空与先贤讨论而兴高采烈，会为一点点的进展和发现带来的成就感而壮怀激烈。

当然，这个过程里也少不了挫折和麻烦。然而正如一部好的戏剧一定要有反派带来的冲突才精彩，科研中的这些挫折和磨炼也会在若干年后回忆起来更加生动，让这个过程因为五味杂陈而丰满。

让我给大家讲一个清华园里发生的小故事，让大家看看象牙塔里的波澜壮阔。我 2007 年刚回清华的时候，给自己确立

颜宁在清华大学实验室工作 颜宁供图

了几个明确的攻坚课题，前不久做出来的葡萄糖转运蛋白是其中之一，还有另外一个也非常有意义的课题，叫作电压门控钠离子通道，它对于我们神经信号的传递至关重要。

长话短说，一转眼到了 2011 年，我们经过之前几年的探索，终于获得了一个细菌同源蛋白的晶体，结构解析已近在咫尺，就差最后一次收集重金属衍生数据了。为此我们准备了大量晶体，保存在可以维持低温零下 170 摄氏度的液氮预冷罐中，寄到日本同步辐射，准备收集数据。

接下来，就是我永远不会忘记的日子，2011 年 7 月 11 日。如果你们去查日历，那是星期一，在中国看到《自然》新论文上线的日子。我本来应该早上 6 点出门去机场，在 5 点 55 分的时候，我打开了《自然》在线，第一篇文章直接砸得眼睛生痛，因为这篇文章的题目就是《一个电压门控钠离子通道的晶体结构》，也就是说，我们被别人超越了。

我们一直说科学上只有第一，没有第二。现在真真正正不可能是第一了，惨败！我把论文打印出来，交到做这个课题的张旭同学手里时，她立即泪崩。可是，晶体还在日本等着我们。于是，一切按照原定计划，我们飞赴日本。一路奔波，晚上 7 点赶到实验线站的时候，那里的工作人员一脸凝重地对我说：

"颜教授，你们寄过来的低温罐似乎出了问题。"

我心里一沉，这意味着晶体可能出了大问题，这可是我们过去3个多月的心血结晶啊！在刚刚承受了被超越的打击之后，这个事故可真是屋漏偏逢连夜雨。

所幸我们做事一向未雨绸缪，随身还带了很多晶体，于是就地开始重新泡重金属，第二天早上到了正式收集数据的时候，果然，寄送过来的晶体全部阵亡，无一可用。然而，就当我们花了十几个小时，即将绝望之际，前一天晚上刚刚处理好的一颗晶体给了我们需要的所有数据——质量是如此之好，以至在收完数据一个小时之内，我们就解出了结构！

此时，发表论文的课题组还没有从数据库释放结构信息，所以于我们而言，是第一次看到了这类蛋白的原子结构，对过去4年而言依旧是一个完美收官！那一刻，根本不会顾及还能发什么样的论文，心里只有这前后巨大反差带来的狂喜。

而故事还没有结束，就当我在凌晨3点打开邮箱，准备立即给实验室成员布置后续工作的时候，发现了一封来自美国霍华德·休斯医学研究所的邮件，通知我，经过初选，我在全球800名申请人中过关斩将，成为进入"霍华德·休斯医学研究所国际青年科学家"第二轮候选的55人之一，邀请我于11月赴美参加最后的角逐。那一刻，我脑子里瞬间浮现这两句："屋漏偏逢连夜雨，柳暗花明又一村。"

2011年7月11日早上5点55分到13日凌晨3点钟，这45个小时，于我和我的学生们而言可谓惊心动魄，犹如坐过山车。也正因如此，这个过程远比一帆风顺的任何其他课题都来得刻骨铭心。

但这依旧不是故事的最终结尾。因为这个课题，我有幸与我此前崇拜了将近10年的偶像级科学家、2003年诺贝尔化学奖得主麦金农教授合作，在与他的交流中受益匪浅，也终于圆了我在研究生时代想要与他一起工作的夙愿。

更重要的是，我们的结构呈现出与已经发表的论文很不相同的状态，经过分析阐释，我们的这些新结果也在10个月之后发表于《自然》。我还提出了一个电压门控钠离子通道感受膜电势的全新模型，直到现在，我们仍然在创造新方法、构建新工具对这个模型进行验证。

你看，这就是科学研究的魅力：不向前走，你根本不能轻易定义成功或者失败。总有那么多的不确定、那么多的意外和惊喜在等着你！这种经历、这种感觉，真的会让人上瘾！

回首从步入清华园至今的 18 年，我非常感恩：母校塑造了我健康向上的人格，生活在和平年代，衣食无忧；有亲人的疼爱，师长的支持，好友的信任，学生的依赖；而得益于经济发展，国家有能力支持基础科研。我感谢时代、国家和母校给我的机遇与馈赠，也更深刻地理解个人对于母校和国家的责任，我相信这其实也是渗入每一位清华人骨髓的使命感。

对于我们的母校，我们在座的所有人生逢其时，肩负着把她建设成为世界一流大学的责任。在我的心目中，当清华培养出来的一大批年轻人，以及一大批从清华起步的年轻人成为世界一流学者的时候，当我们的若干工作对人类的科学史、文明史产生持续影响的时候，我们就可以骄傲地宣称：清华是世界一流大学。

我们和你们遇到了前所未有的机遇，有这个条件、有这个能力，用自己具体的行动来实现这个并非遥不可及的目标。我希望每一位同学都能记住：如果今天你认为我们的母校还不是世界一流大学，那么就让我们通过每个人的努力共同把她变为世界一流大学！

对于我们的国家，我们这一代人，特别是你们当中和我一样把科学研究作为毕生事业的同学们，更是责无旁贷：经济发展决定中国有多富，科技发展限定中国有多强。让中国的科技实力配得上她的经济体量，让中国的科研成果产生世界影响，我想也正是中国科学家对于国家最根本的责任与使命。

亲爱的同学们，这一刻，看着你们，我与你们一样激动。你们的未来有无数种可能，但是每个人的人生只有一次。在现在这个信息爆炸、计划跟不上变化的年代，希望每一位清华人用你的初心去探索你的人生意义，努力认识你自己，做你自己，坚守内心的选择，坚定地为实现你的人生意义而勇敢、专注地行动。我衷心祝愿每一位同学收获自己的精彩人生，书写你认为最重要的历史！

致歉

颜宁回国后，一直在向着难度更大的研究课题挑战。用她自己的话说，就是：能爬珠穆朗玛干吗还要爬那些小山？

她也的确做到了。从相对简单的原核细菌膜蛋白到真核的，从相对基础的到与疾病治疗更直接的电压门控钠离子通道，颜宁一直不断推进自己的研究高度。

更大的突破在2014年。这一次，她领导的课题组在世界上首次解析出人源葡萄糖转运蛋白GLUT1的三维晶体结构，并初步揭示了它的工作机制及相关疾病的致病机理。

葡萄糖是地球上各种生物最重要、最基本的能量来源，也是人脑和神经系统最主要的供能物质。据科学家估算，大脑平均每天消耗约120克葡萄糖，占人体葡萄糖总消耗量的一半以上。

而葡萄糖要进入人体细胞，必须借助一种转运蛋白，即GLUT1（葡萄糖转运蛋白1）。葡萄糖自身无法直接穿过细胞膜进入细胞，必须依靠转运蛋白这个"搬运工"来完成。GLUT1镶嵌在细胞膜上，如同一扇旋转的玻璃门，把葡萄糖从细胞外转运到细胞内。

GLUT1几乎存在于人体的每一个细胞，是大脑、神经系统、肌肉等组织器官中最重要的葡萄糖转运蛋白，对于维持人的正常生理功能极为重要。一方面，如果它的功能部分缺失，将会使细胞对葡萄糖吸收不足而导致大脑萎缩、智力低下、发育迟缓、癫痫

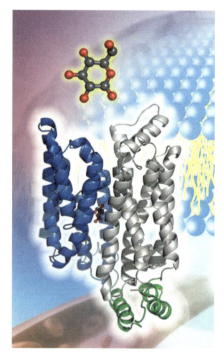

GLUT1的结构示意图　颜宁供图

等一系列疾病，并会因葡萄糖不能及时为人体利用、消耗而导致血糖浓度异常升高；另一方面，GLUT1 在癌细胞的新陈代谢过程中也发挥着重要作用。

人类对葡萄糖跨膜转运的研究已有 100 余年的历史。科学家在 1977 年第一次从红细胞里分离出转运葡萄糖的蛋白质 GLUT1，在 1985 年鉴定出它的基因序列。自此，获取 GLUT1 的三维结构，进而真正认识其转运机理，就成为该领域最前沿也最困难的研究热点。过去几十年间，美国、日本、德国、英国等国家的多个顶尖实验室都曾为此全力攻关，但始终未获成功。

自 2009 年开始，在开展其他几项课题的同时，颜宁带着邓东等几个学生，向解析 GLUT1 的晶体结构发起挑战。在她的指导下，课题组克服了 GLUT1 运动速度极快、不易结晶以及表达量过低、不易获取等难题，于 2014 年 1 月解析出它的三维结构，并初步揭示了它的工作机制及相关疾病的致病机理。

同年 5 月 18 日，相关论文在《自然》杂志在线发表后，立刻受到国际学术界的广泛关注与高度评价，被誉为一项具有里程碑意义的重大科学成就。

哺乳动物的膜蛋白结构研究难度远远大于对细菌同源蛋白的研究，因此至今已经获得的哺乳动物膜蛋白的结构寥寥无几。但是要针对人类疾病开发药物，获得人源转运蛋白结构至关重要。对于 GLUT1 的结构解析本身就是极富挑战、极具风险的工作，因此这是一项伟大的成就。

——2012 年诺贝尔化学奖得主布莱恩·科比尔卡

学术界对于 GLUT1 的结构研究已有半个世纪之久，而颜宁在世界上第一个获得了 GLUT1 的晶体结构！从某种程度上说，她战胜了过去 50 年从事其结构研究的所有科学家们。这也是至今获得的第一个人源转运蛋白的结构，并代表了一项重要的技术突破。该成果对于研究癌症和糖尿病的意义不言而喻！

——美国科学院院士、转运蛋白研究专家、加州大学洛杉矶分校教授罗纳德·卡百克（Ronald Kaback）

5 年的努力终成正果，颜宁和学生们的欣喜之情可以想见。清华大学的领导也深以为荣，想让学校宣传部开个新闻发布会。接到通知后，颜宁最初坚决抵制。她对宣传部的人说："你们要敢开发布会，我就敢玩失踪！"

最后，她没能架住领导和同事们的一再劝说，同时也想借此向公众科普一下什么是物质跨膜转运和结构生物学，就答应了。在 2014 年 6 月 5 日下午举行的新闻发布会上，她结合自己精心准备的 PPT，花了 40 分钟对记者进行科普，就物质跨膜转运、结构生物学、GLUT1 等科学问题进行了详细解读。

在提问环节，有记者问："您能不能用老百姓能懂的语言，讲讲这项研究对于治疗癌症的意义？"

听到这个问题，颜宁愣了一下。她深知癌症治疗和药物研发的漫长性、复杂性，也担心别人说自己夸大其词，所以在讲解时刻意删去了她在专业科学报告会上经常使用的那张幻灯片——"GLUT1-4 与疾病的关联"。但既然有记者问到这个问题，她不能不回答，就用老百姓能听懂的语言，花了几分钟进行讲解："其实，很早就有科学家在思考，能不能通过利用阻断癌细胞吸收营养的方法来抑制癌细胞的生长，进而治疗癌症。"

"用通俗的话来讲，就是'饿死癌细胞'。"她解释说，"癌细胞要生存，需要依赖葡萄糖作为其'口粮'，而由于癌细胞消化葡萄糖所产生的能量不到普通细胞的 15%，所以癌细胞就需要比正常细胞摄入更多的葡萄糖，也就需要通过负载更多的 GLUT1 完成葡萄糖从细胞外转运到细胞内的过程。因此，如能研究清楚 GLUT1 的组成、结构和工作机理，就有可能通过调控它实现葡萄糖转运的人工干预，既可以增加正常细胞内葡萄糖供应达到治疗相关疾病的目的，又可能通过特异阻断对癌细胞的葡萄糖供应，进而达到抑制癌细胞生长的目标。"

她还特别强调了一句：很多疾病都有着复杂的成因，尤其癌症是最复杂的疾病；而我们的科研是非常基础的，从基础科研到转化中间有相当漫长的路。

当天晚上，她还对《人民日报》、新华社、《光明日报》等几家央媒的新闻稿进行了认真修改，删掉了那些可能引发公众误解的表述。结果第二天，还是有几家媒体把"饿死癌细胞"写到了标题中，诸如《饿死癌细胞或成可能》《人类有望饿死癌细胞》《清华团队找到饿死癌细胞良方》等。加上微博、微信等新媒体的二次转发，一时间，"饿死癌细胞"满天飞。

始料不及的"饿死癌细胞"风波，把颜宁和她的学生搞蒙了。由于害怕越说越乱，忙于出差做实验、参加学术会议的颜宁保持了沉默，仅在个人微博上做了澄清。对于这场舆论风波，颜宁本可以一笑置之。但是，对于那些病急乱投医、通过各种方式求医问药的患者和他们的家属，她深感不安。那些殷切的话语和眼神让她看得难过。将心比心，她觉得，他们在重燃希望之后的失望不啻为一种二次伤害。

6月22日，夜不能寐的颜宁写了一篇博客长文，向那些因为"饿死癌细胞"的报道而再次充满期待的患者及家属们郑重道歉：我们实验室现阶段的研究确实只是基础研究，很抱歉无法为你们减轻病痛提供帮助。

除了对病人及家属公开致歉，颜宁还对这一事件进行了反思。一方面，她认识到，公众传媒远比她日常接触到的微博、博客、科学网等网络传媒更有力量，面对公众传媒要严谨再严谨，事先想好各种问题，发言务求做到滴水不漏——即便如此，也还是有可能发生意想不到的事情。所以，如果自己没有这个表达实力和心理承受力，还真的不要试水。

与此同时，她更加知道了：科普工作任重而道远。正如她在博文中所说：

基础研究需要社会的支持，我们确实有义务不断地将自己的科研工作做好科普。试想，如果过去20年，生物知识足够普及，估计今日的转基因之争也不会让人看得如此啼笑皆非。

科普这条路对我来说，可能比科研本身还困难。可是我愿意不断尝试，我也鼓励我的学生如果文采好，不妨考虑做科技传媒。我热爱基础科学，也深信"经济发展决定中国有多富，基础科学决定中国有多强"这句话。但是我现在的精力还都在科研本身，所以我的系统科普，可能要等若干年之后了。

受邀主编《赛先生》

但是，只过了两年多，在2016年夏，颜宁就开始了自己的科普之路——受邀担任《赛先生》的轮值主编。

6月26日下午，我收到她发来的微信：汇报一个新情况，我答应做《赛先生》为期一年的轮值主编了，7 月 1 日开始。

这的确是一个新情况。2015 年 9 月颜宁曾跟我说过《赛先生》邀请她担任轮值主编，她拒绝了。为何她现在又改变了主意？

正想着，颜宁给我发来她自己写的卷首语《好科普如清泉》，说让我这个"专业人士"帮忙修改。

原文摘录如下：

从去年夏末收到《赛先生》邀请出任轮值主编至今大约 10 个月了。虽不免有白驹过隙之叹，可掐指数来，却又不禁莞尔：过去这 300 多天竟是……最热闹的一年。既有屠奶奶为华人捧回第一枚诺贝尔生理学或医学奖这种载入史册的真正大事件，又有一桩又一桩让人眼花缭乱啼笑皆非的喜剧、闹剧、悬疑剧。

到底是多事之秋，抑或是微信的普及让信息瞬间爆炸，使过去的小众事件成为一个又一个让人目不暇接的社会性爆点？我更倾向于后者。这是一个人人皆可的微时代，信息流通达到了令人可怕的速度，让这颗蓝色星球上任意两个人都可能产生联系；但是，海量的信息也让每一个个体变得似乎微不足道。我们急于获取并几乎不假思索、迫不及待地传播最"新"的或真或假或偏或全的资讯，而在这个过程中，作为个体的思维、个性、存在却不免模糊。

这个信息泛滥的微时代令人亢奋，也容易叫人迷失。因其嘈杂善变，于是更加珍惜宁静与坚持。也因此，才有了从去年接到《赛先生》邀请之初的断然回绝到今天再次相邀的欣然应允。我欣赏文小刚和刘克峰先生踏踏实实做硬科普、认认真真传播他们信奉的科学精神的个性与品位，这是微时代逐渐稀少的一种坚守与纯粹，是在充满了噱头、标题党、博眼球的信息海洋中的一眼清泉，是在熙熙攘攘喧哗闹市中的一方净土。

我期望通过与二位教授共同努力，也能探索出生物硬科普的一条路，既不要再逼着科研一线人员绞尽脑汁去说"普通话"，也不要再时不时就闹出没有任何定语的"饿死癌细胞"的笑话。至于能交出什么样的答卷，敬请拭目以待。

看完这篇卷首语，我明白了颜宁改变主意的原因。她是义愤于微时代的"信息泛滥"，希望在"充满噱头、标题党、博眼球的信息海洋中"涵养"一眼清泉"，探索一条有"坚守与品位"、弘扬科学精神的硬科普之路。

《赛先生》每天更新，稿子至少两条，而且大多属于原创或首发。根据自己多年做编辑的经验，我感觉颜宁这个轮值主编担子不轻，会耗费她很多精力。我好心地提醒她：可不要耽误了你自己的科研。

"那才花我多少时间？！"颜宁说。

第二次演讲

2016 年 7 月 1 日，颜宁在清华大学生命科学学院的毕业生典礼上，做了第二次演讲。

此次是应清华大学生命科学学院院长王宏伟之邀，她和大学闺密李一诺一起做演讲。由于面对的主要是本学院的师弟师妹，颜宁非常放松，基本上是即兴发言。我看完后，感觉比第一次演讲更接地气，全是掏心窝子的话，更能体现颜宁的个性与想法：

在 2014 年清华大学本科生毕业典礼上，我曾经作为校友代表演讲，诚惶诚恐地花了两个星期准备那份发言稿。有了这么一次经历，当我上星期接到邀请在清华大学生命科学学院毕业典礼作为校友发言时，第一反应当然是拒绝。当拒绝"未遂"时，我就想这一次不要这么严肃，面对自家人，我打算即兴掏掏心窝子。

......

站在这里，我非常感慨。两年前我曾经感谢陈吉宁校长说，在本科生毕业典礼上演讲是作为清华毕业生最光荣的时刻；而今天则是我作为清华毕业生最温暖的时刻，因为在座的有教过我的老师、有我的师兄师弟、有我指导过的学生，还有 20 年前迎接我入校的辅导员以及相交 19 年的闺密，更重要的是，到今天依旧是好闺密。这一刻让我非常感动，谢谢生命科学学院和王导给我这个机会。看着同学们好像在看昨天的自己，站在这里又在感受着今天的自己，同时又和大家一起畅想着未来，这是一种很奇妙的温暖和开心。

尽管早就打算即兴发言，但是脑子里还是忍不住想了很久要对我的师弟师妹们、我的学生们说什么。想说的实在太多，反而语无伦次。再说，大家也已经听过了各种各样或励志或段子手的发言。好像毕业典礼发言现在已经成为一种时尚，看谁能够在毕业典礼上妙语连珠、语出惊人，比如你短短多少字可以赢得多少的转发和掌声……我是没有这个奢望的。何况，不论别人和你说了什么，其实未来的路是难以预测的，终归是靠你自己去走、去体验的。

我们生活在一个瞬息万变的时代，一个信息爆炸的时代，可能今天我和你说的话明天你就抛之脑后了。所以我一直感慨计划跟不上变化。给大家举一个例子，我和一诺都是在诺和诺德做的本科毕业设计。经过了一年，当时我们的导师陈克勤博士，预言说我是不适合做科研的，而一诺将来会是一位杰出的科学家。现实如何呢？不过，我相信如果我和一诺两个人现在位置互换，我们的工作成绩应该也差不多，只不过换了个名字而已。从这个意义上说，我和我的挚友一诺也拓宽了彼此的人生。讲这段小插曲是想说，很多时候不过机缘巧合做了一个选择，选择本身也许并不那么重要，更重要的是你做了选择之后怎么走。

我曾经在准备《赛先生》主编发言稿的时候写了很长一段，后来删掉了。大意是说现在这个时代，当网络如此畅通的时候，我们社会就变成了一个有机体，而我们每个人都如同一个细胞。你是变成了那个被神经元来支配的细胞，还是自己努力去做这个神经元呢？这其实是一个挺严肃的问题。大家想一想，你每天都获得如此多的资讯，也在拼命地处理各种资讯，可是你准备好用自己的大脑真正去辨别对错、辨别是非，去努力保持自我、做自己的主人了吗？其实越是在这样一个信息爆炸的时代，我越惶恐，很害怕自己会迷失。尽管我现在已经近不惑之年了，比你们大很多岁，但是我特别怕自己迷失。亲爱的同学们，当你走出校园，你会面临各种各样在园子里想不到的挑战，会面临各种各样从未经历过的诱惑，甚至各种各样的陷阱，那么这个时候你是否准备好了？

但我想跟大家说的是，其实没关系，尽管前途未卜，可是我们每个人来到这个世界上也不过是一个过程、一段经历，就是来体验的。因为我是教生化的，整天想的都是 metabolism（新陈代谢）；我是做结构生物学的，整天看的都是生物大分子，所以我几乎有点儿走火入魔地整天想，到底人是什么？人和其他的生物一样，不过就是一个集成的化学反应器，你每天摄入各种各样的物质和能量，那么在新陈代谢之后我们留下了什么？

每个人白驹过隙在世上最多不过百年，百年之后你留下什么？你在这个世界上走一圈，最终留下什么？现在你刚刚毕业，一个新的篇章即将开始，那么当你像我这个年龄的时候或者再过20年、再过40年甚至再过60年，我们会留下什么？可能这是每个人都值得抽出一点时间去想一想的问题。屈原、李白、杜甫留下了伟大的篇章，爱因斯坦、牛顿留下了伟大的理论，达·芬奇留下了《蒙娜丽莎的微笑》，乔布斯留下了苹果，甚至周星驰留下了周星星、至尊宝，周润发留下了小马哥，等等，那么你将会留下什么？我请大家思考一下，你到底想要追求的是什么？

刚才一诺说现在很多人追求成功，那么这个成功又是谁来定义的？我们清华毕业生每个人毫无疑问都是优秀的，但是一定要去做别人眼中那个优秀的你吗？我们是不是一不小心就变得随波逐流、人云亦云了？在这个微时代，希望大家保持勇气，勇敢地去做独一无二的你自己！不要惧怕失败。失败不可怕，放弃才可怕。

送给大家几句话，希望大家能够收获爱情、享受友情、珍惜亲情。说到亲情，可能我们越独立、越强大，反而会慢慢淡忘父母对我们的恩情，所以希望大家任何时候不要 take it for granted（理所当然），要珍惜亲情。

此外，请不要吝惜温情。我有些时候在实验室熬夜，会看到打扫卫生的物业大姐们、保安们不论寒暑，天不亮就开始工作，可他们只是拿着非常微薄的工资。你要想一想有这么多的人用自己的辛苦劳作来支持着我们。他们的收入与付出并不成比例。每当看到他们，我都发自内心地感激，会觉得自己有欠于他们。有个朋友给我留言说，能力越大责任越大。所以请大家不要吝惜温情，不忘给这些默默支持着你的人一份微笑，给他们多一些尊重，更要在你有机会、有能力的时候去帮助那些真正需要帮助的人。

最后，希望清华的毕业生莫忘豪情，因为这是我们清华的毕业生对于时代的责任。这一点是老生常谈，但我还是要说，作为清华的毕业生，我们应该致力于成为各行各业的领袖，完成我们对于往小处说对民族、对社会、对国家的责任，往大处说是对人类、对人类文明的贡献！

最后，祝愿大家谱写独一无二的美丽人生，与所有人共勉。谢谢！

无主观造假事件

韩春雨论文"无主观造假"事件，堪称科技史上的一桩奇案。这一事件前后历时两年多、震惊国际学术界，其间云山雾罩、一波三折，后以"无主观造假"收场。在这一扑朔迷离、旷日持久的事件中，作为中国科学界的一员，颜宁第一个发出理性质疑。随后，担任《赛先生》轮值主编的她精准发力，有力推动了事件的后续进展。

鉴于这一事件的长期性、复杂性，容我慢慢道来。

先说说这一事件的缘起。2016 年 5 月 2 日，河北科技大学副教授韩春雨，在《自然——生物技术》发表了一篇论文，报道了他与合作者发明的一种新的基因（组）编辑技术。该技术以一种古老的细菌——格氏嗜盐碱杆菌的核酸酶（简称 NgAgo-gDNA）为工具，实现了 DNA 引导的基因组编辑。

这篇论文发表后并没有立刻引发关注。让其名闻天下的，是某知名公号 5 月 8 日刊发的长篇报道《韩春雨："一鸣惊人"的中国科学家发明世界一流新技术》。该文介绍了 NgAgo-gDNA 基因编辑技术的学术贡献和意义，以及韩春雨在经费十分困难的境况下，对科学的坚守与坚持。

加上两位知名科学家的加持，此文一出，举国惊喜。媒体纷纷跟进报道，多位知名学者出面点评，NgAgo-gDNA 遂被传为"可取代 CRISPR-Cas9 的第四代基因编辑技术"的"诺奖级成果"；韩春雨也被冠以"小作坊里走出的扫地僧"，成为偶像级的网红科学家。

在这样的情势下，颜宁于 5 月 23 日凌晨发了一条微博，表达自己的观点：

1. 我很佩服韩老师，在支持条件这么差的情况下坚持做科研；2. 希望能够借此关注对本土培养的青年科学家的支持问题；3. 这个研究如果所有数据 SOLID（可靠——作者注），前景巨大，好极了；4. 这项研究不属于创新型研究，是跟风型的，没必要神化，原创在 2014 年。

微博一出，网上网下，对颜宁的责骂之声不绝于耳。

犯了众怒的颜宁并没有知难而退。5月28日傍晚，她通过微信发给我一篇短文。这是她在当天下午与一位同行当面讨论之后写的，当晚发在她自己的微博上。

杂谈×××老师，多谢，其实我很高兴这种当面的讨论。

关于跟风与创新，每个人的理解是不一样的。对我而言，这个定义很简单：什么热就冲进去做什么，即为跟风。我自己在建设实验室初期也做过跟风的工作。我不认为跟风工作就不重要，事实上，迄今我引用率最高的两篇论文恰恰就是被我定义为跟风性质的工作，因为热度高。按照这个定义，基因组编辑是时下生物最热的领域之一，大批实验室涌入，我整体称之为跟风，是按照我一以贯之的定义，旁人可能有不同的想法，没关系，每个人都有发表自己观点的权利。不过，我在生物学做研究16年了，看多了若干领域的起起伏伏。我告诫我学生的就是：千万不要什么热就往里面冲，因为基本都是几年的热度，要静下心想得深入一些、长远一些。

关于韩春雨老师的工作，我可以选择不发声，但我……发声了，尽管被骂得狗血喷头，但我并不后悔。我推崇 diversity（多样性），我认为应该有一个 balanced view（平衡的观点）。这就好比当年我的"饿死癌细胞"新闻一出，我拼命地辟谣（包括很快将要播出的一个访谈节目，我又一次郑重辟谣）……即便这样，网上仍有很多人有异议、嬉笑怒骂，虽然我心里不高兴，但我觉得这才是一个正常的生态。

…………

而我评价韩的工作是基于我对于他这个领域的纵向了解，不是基于他是谁、我是谁。更重要的是，就科学评价而言，我在还是一个无名小卒的时候就照样批评诺贝尔奖获得者的工作，这本都无可厚非。……就事论事、对事不对人是我在 professional（专业）场合遵从的原则。

…………

最后，在绝大多数时候信息是不对称的，贸然揣度别人的动机，其实是一件挺愚蠢的事情。我不同意你，但我尊重你说话的权利。这句话，人人都会说，但有几个真能做到？

我看完之后，很是感慨：在当下的环境中，要想做到"我不同意你，但我尊重你说话的权利"，真是太难了。

尽管颜宁的研究方向不是基因编辑，但她独到的眼光不能不令人佩服。后来的事实证明，韩春雨的"诺奖级成果"果真是昙花一现。

此后，这一事件陷入拉锯战。对于韩春雨的实验能否重复这个关键问题，网上众说纷纭，有的说能重复，有的说不能重复，有的说第一次能重复，再做又重复不出来……尽管不断有质疑的声音传出，但始终没有科学界同行站出来实名发声。但韩春雨先后被邀请到多所知名大学和研究所做报告……

事件的转折点，在月底出现。

7月30日凌晨1点多，我刚从办公室回家，忽然收到颜宁发来的微信：有国外科学家实名发表公开信，说"韩春雨的实验结果不能重复"。

发表这封公开信的，是澳大利亚国立大学的科学家盖坦·布尔焦（Gaetan Burgio）。他在发给国际同行的公开信中称：尽管他和同事在过去的一个月做了多次尝试，但最终发现：NgAgo无法进行基因编辑。此外，他在自己的推特账号、TAGC大会、E-mail、谷歌讨论群的多次讨论中发现，很多人都尝试利用韩春雨的实验步骤对人类细胞株、小鼠或斑马鱼进行基因组编辑，但是不论使用NgAgo的DNA、mRNA还是蛋白质，他们的编辑基因组都失败了。有鉴于此，他呼吁发表韩春雨论文的杂志《自然——生物技术》介入，要求他公开原始数据。

这封公开信立即引发相关领域科学家的关注和讨论。国际转基因技术协会在其官方推特上推送了该文，以及数位科学家的实名评论。美国霍华德·休斯医学研究所的科学家戴维·斯特恩（David Stern）表示，无法利用NgAgo在果蝇中进行编辑；西班牙科学家路易斯·蒙特柳（Lluis Montoliu）称，他们在NgAgo之前就已经利用TtAgo进行了两年的实验，并无法实现基因组编辑。

颜宁还告诉我，国际转基因技术协会还给会员群发了邮件郑重表示：迄今为止，NgAgo无法证明可以在哺乳动物中进行基因编辑。记住不要再浪费你的时间、金钱、人力和课题。

第二天上午，我采访了国内几位从事基因编辑的科学家，他们虽然不愿意公开姓名，但均表示：他们自己的实验室以及他们熟悉的多位同行的实验室，按照韩春雨论文中介绍的方法做了多次实验，都未能重复出韩春雨的实验结果。

8月1日，刊登该论文的英国《自然——生物技术》向媒体表示：将按照既定流程来调查此事，韩春雨"须将材料、数据、代码和相关的实验流程及时向读者提供，不可加以不当限制"。第二天，河北科技大学也向媒体回应：在一个月之内，韩春雨将采取适当形式公开验证，届时将有第三方权威做证。

据10月10日《科技日报》的报道，有记者告诉韩春雨："现在有重复失败的科学家向我们表示愿意实名。"

面对同行的质疑，他如此回应："那就让他们实名说呗，他们要是愿意实名出来，我们就让重复实验成功的人实名出来。"

韩春雨估计想不到，就在他回应的当天，来自中国科学院、北京大学、浙江大学、上海交通大学、华东师范大学、哈尔滨工业大学、温州医科大学等高校院所的13位课题组负责人实名公开表示：无法重复韩春雨今年5月2日发表在《自然——生物技术》上有关NgAgo的实验。

第二天，也就是10月11日，《赛先生》刊发了长篇报道《13个中国课题组实名声明：无法重复韩春雨实验》。这些科学家表示，这次声明是想提醒韩春雨和河北科技大学：作为同行，大家都在很认真地重复实验、验证技术，生怕因误解而给出的负面判断累及新技术发展。但同样作为科学共同体一员的韩春雨，也应尽快认真回应目前的科学质疑，完成作为论文通讯作者的责任和义务。

紧接着，第二天，国内期刊《蛋白质与细胞》在线发表了由国内外20名学者联名撰写的文章，首次以公开发表学术论文的形式提出，多个实验室均无法重复韩春雨的NgAgo实验。

10月17日，我就此事再次与颜宁沟通。她正在为去澳大利亚出差做准备，就在微信上和我简单聊了几句。

我说：韩春雨之事估计只有等杂志撤稿才会有结果。

她说：杂志撤稿需经投稿者本人同意，而本人是要被单位施压的。大众可能不知道这些程序，但相关部门不会不知道。

颜宁举了前两年日本的小保方晴子造假事件，早在杂志撤稿之前，她所在的单位日本理化所就启动调查了。

"这事可能还需要几个月，"她说，"但到最后，假的真不了。"

该事件的结局是，直到第二年（2017 年）8 月《自然——生物技术》撤稿，国家有关部门和河北科技大学才开始调查韩春雨事件。调查的结果在 2018 年 8 月的最后一天公布：未发现韩春雨团队有主观造假情况。

回想韩春雨事件，颜宁在这一过程中所展现的理性、专业、严谨、勇毅和智慧，让人不得不敬服。

她率真而不天真，既率性又理性。

<h2 style="color:red">勇敢地站出来说话</h2>

2016 年 9 月 9 日，央视最新一期《开讲啦》播出后在社会上产生热烈反响，可谓"圈粉无数"。这期节目的主持人是北京大学法律系毕业的撒贝宁，主讲人是颜宁。

这期节目是当年初夏录制的，颜宁接到邀请的时候本不想参加。但她后来慢慢意识到，这不是作秀，而是自己的责任。"能力越大责任越大"，自己作为一个幸运儿，应该勇敢地站出来说话。

"录制过程还是蛮有意思的，特别是我跟撒贝宁斗嘴。"她告诉我，"撒贝宁是真聪明，不过我比他反应还快，斗嘴他不是对手，嘻嘻。"

其中有这么一个桥段：

颜宁上台后，撒贝宁拿她开玩笑：你改变了我们对女科学家的印象——你应该叫"颜值"。

颜宁立马笑嘻嘻地回应：那我把"宁"送给你了，以后就叫你"宁宁老师"！

在这期节目中，颜宁围绕两大主题开讲，其中一个，是向观众介绍她研究的结构生物学和膜蛋白，分享自己的科研经历和心得。与接受媒体采访时一样，大庭广众之下的颜宁非常坦诚、坦荡，知无不言，言无不尽。包括她自己刚读博时屡遭挫败的血泪史，也向观众和盘托出。在此摘录几段，与大家分享：

我们经常说"三观"，我其实不愿意和大家去谈这些东西，因为太过宏大，这个路你慢慢走出来就好了。可是有时候我真的不是特别理解，为什么我们很多人的"三观"，要被世界上很多世俗的想法或者网络上很多声音所左右？

我在看电视剧《欢乐颂》的时候，一个学生和我说，《欢乐颂》的女主人公安迪在金融界的地位一定没有你在学术界的地位高，安迪的工作强度一定没有你的工作强度大，可是她赚多少钱啊？人家的衣服比你的漂亮，你难道心里不会不平衡吗？我盯着她说，你觉得安迪比我幸福吗？

2015年9月，颜宁在清华大学　赵永新摄

难道金钱就变成了衡量幸福感的标准了吗？

我觉得不论是谁，有一件事情是非常公平的，就是你来到这个世界上就是向死而生的，对不对？我们每个人最后的归宿是一样的，所以每个人在这个世界上，都是几十年到百多年的尺度。那么在这个世界上你有没有想过你想要什么样的生活？对我而言我觉得很简单，就是我很简单地去喜欢这么一个世界。我曾经写过一条微博：消费的能力只要给钱就有，消化的能力只要活着就有，但是创造的能力因人而异。最终区别出每个个体的是你给这个世界留下了什么。

其实科学家并不像大家想象的都那么高高在上，好像言必爱因斯坦、牛顿，其实不是这样的。我们做的是非常有趣的研究，就是把大家日常生活中的"想当然"不断深入挖掘下去，或者说我们总是想找出它的分子基础，找出它的物质基础。这就是科学家的世界。

你越早跌跟头，把你的内心锻炼得越强大，那么对你的未来其实是更好的。因为我们是越年长越经不起挫折，而挫折越早对你的人生越有好处。

我自己觉得，做实验科学的同学，有一点你们一定记住：细节、细节、细节。不要盲目相信"我智商不如他"，不是的，就是用心。

女科学家去哪儿了

在这期节目中，颜宁谈的另外一个话题，是呼吁全社会支持、鼓励女性科学家。这不是颜宁第一次关注这个话题。早在 2015 年 6 月，她就写过一篇《女科学家去哪儿了》的文章，先是刊发在《赛先生》上，之后她又把标题改为《请赋予父亲们休产假的平等权利》，发在科学网的博客上。

反对科研中的性别歧视、鼓励女生勇敢地做自己，是颜宁在参与科学普及和学术打假之外，念念不忘的另一"闲事"。

"我不是一个女权主义者，但我确实发现，科研中的性别歧视很严重，的确应该引起重视。"她告诉我，从 2008 年起，她就作为清华大学医学科学院和生命科学院学术委员会的一员，参与博士研究生的入学面试。"在面试中你就会发现，如果按女生的考试成绩和现场表现，录取的 70% 都应该是女孩子。但为了不使两性比例失衡太大，我们尽量做到一半一半。进入实验室做科研，不论是需要脑力还是体力的实验，女孩子们从未落过下风。在我关注的高质量科研论文中，女性第一作者至少占到一半。"

但是她发现，经过几年的博士后训练，到了求职阶段，问题出现了。

正如她在博文中所说：不论是求职还是最终应聘，到了 PI 这个阶段，女性比例锐减！举个例子，中国最好的高校（在我心中没有之一）的生命科学院，近 70 位 PI，猜猜几位是女性？准备好了吗？举手！对，你没看错，网页显示只有 3 位。

在自己带学生的过程中，她也遇到过这样的女生：迫于家庭和社会的压力，最后不情愿地放弃了自己想选择的科研道路。在独立事业开始的阶段，性别分化为何如此之大？

颜宁在文章中写道：

我不知道（背后的原因）。我甚至不知道该归咎于社会因素、家庭因素还是个人因素。一个现实是：博士生毕业、博士后结束的年龄恰恰是许多女性结婚生子的时期。也许婚姻并不会影响事业太多，但怀孕至哺育这一阶段却可能是一位母亲不得不降低事业追求回归家庭的时期，于是天平就在这一阶段开始倾斜。

"女性凭什么既要做贤妻良母，又要做先进工作者？"她对这一现象极为不满：社会不能既鼓励女孩子们自尊、自强、自立，又要求她们两手都要抓，给她们比男性更多的家庭负担。

"这对女性不公平！"颜宁在博文中大声疾呼：

当人类摆脱了农耕社会，重工业也不再是主流，很多职业已经完全没有性别优势，女性可以轻而易举地支持自己甚至一个家庭的富足生活。那么在这种经济体中，为何还要女性在家庭管理上自觉承担，在事业上一味支持丈夫发展？育儿角色不能分担，但是分担家务、分担养儿的义务，同等地追求事业发展，这不是天经地义的事情吗？

2016 年 6 月到瑞典参加结构生物学会议的经历让她认识到：只要有合理的法规、科学的政策设置，女科学家占半数可以慢慢成为新常态。

在瑞典参加学术会议时，她惊讶地发现：10 位特邀报告人中，5 位是女性；还有一个专题，从主持人到报告人全部是女性！

更让她惊讶的是，一位土生土长的瑞典女结构生物学家对她这样说：男女报告者数量相当，这不是挺正常的吗？在国际会议中想实现"女性报告者不少于 20%"这一目标都相当困难的大背景下，瑞典是如何做到男女报告者数量相当的？

一位在新西兰、英国多个国家学习工作过，最后娶了瑞典太太到瑞典定居工作的同事，耐心地给她讲了瑞典男女平等的历史：这一现象也不是自古有之，而是在到 20 世纪 60 年代才改变的。其中的要害，就是通过立法保障男女平等的权利。比如，瑞典有一项政策：一对夫妇有新生儿之后，父母都可以享受最长可达 480 天的产假。这与颜宁在 2015 年 3 月和 5 月的两次"女性科学家"恳谈会（论坛上）呼吁的不谋而合：赋予父亲们休产假的平等权利，以减少女性的负担。

她在博文中袒露心迹：

在 2015 年之前，对于各种女科学家活动，我其实是拒绝的，因为我不喜欢自己被贴上任何标签，我只相信实力，无关性别、年龄的实力（年龄歧视以后再写，我从未经历性别歧视，却切切实实地感受到年龄歧视）。但是当我慢慢意识到许多女孩子，特别是我自己的学生，并不是没有实力，只是因为社会、家庭的共识，因为在某一阶段或主动或被动地必须做选择题而脱离了本来挺有天赋的科研世界，我真的挺痛心。于是我开始参与到支持青年女科学家的各种活动中。

在《开讲啦》中，颜宁对现场的女生说：

你不必屈服于家庭的压力，屈服于社会的压力。我就是希望每个女孩子要勇敢，要遵从你的内心，认真去想一想，你到底想要什么。所以好好去了解你自己，分析你自己，勇敢地做你自己。

让我更觉难得的，是她如此提醒观众：

我不是希望你们听我说完，就会觉得我们都应该做什么，而是希望你们在做出一项决定时，都能够经过自己独立的思考。

如果你选择去做全职妈妈，或者你选择去做文职人员都没有问题，最重要的是这是你独立的思考，是你独立的选择。

这不只是针对女性的建议，而是针对每一个性别或者每一个个体。你是男孩子，你也会面临着"我想去经商但我父母想让我从事科研"等问题，我们每时每刻都面临着很多的压力，面临很多的选择，只不过有一些压力是更广泛的。

我们每个人都只有几十年到 100 多年的时间，在这么一个短短的时间范围内，你如何过好这一生，让自己的生活最有意义、最有价值，我觉得这才是最重要的。

终有回响

当然，颜宁清楚地知道，要想真正实现男女平等，并不是一天两天的事。此后，她一直在各种场合，通过各种途径呼吁消除在科研中的性别歧视。

在担任《赛先生》轮值主编期间，她开设了"女科学家去哪儿了"专栏，报道了数位国内外的女性科学家。

2019年创办新的科技公众号"返朴"后，她又延续了"女科学家去哪儿了"专栏，并把这个话题不断引向深入。比如，"返朴"刊发了《颜宁对话科研伉俪：幸福的科研人员有着相似的幸福，事业和家庭并肩作战》《科研中的"奶爸""奶妈"：怀孕从来没有什么最佳时机，我们最想要的是托儿所》等长文，为女性科研人员鼓与呼。

自2015年起，颜宁每年在清华组织"Women in Science 论坛""女科学家论坛"。2019年那一次可谓"阵容豪华"，受邀嘉宾包括多位科技界的杰出女性，包括加州理工大学物理系副教授陈谐、北京大学医学部精准医疗多组学研究中心主任黄超兰教授、中国科学院生物物理所研究员王志珍院士等，其中既有"80后"的年轻科学家，也有80岁的资深院士。6位年龄不同、经历各异、专业有别的科学家分享了自己的科研经历，鼓励女生勇敢选择自己的人生道路，在与会者中引发了强烈共鸣。尤其让我印象深刻的，是颜宁在问答环节中说的这句话：

做这个论坛的初衷并不是要鼓励女性做科研，做不做科研是个人的选择。我想告诉大家的是，无论你做怎样的选择，一定要遵从自己的内心，一定要给自己勇气，这才是我的初衷。

颜宁在"女科学家去哪儿了"上倾注的心力，不可谓不大。念念不忘，终有回响。在包括颜宁在内的众多人士的多年呼吁下，国家相关部门终于对这个问题给出了积极回应。

2021 年 7 月 19 日，科技部、教育部、人社部等 13 个部门联合发布《关于支持女性科技人才在科技创新中发挥更大作用的若干措施》，出台了多项可操作的硬核措施。比如，适当放宽女性科技人才申请省自然科学基金项目的年龄；在两院院士增选、国家自然科学基金项目、人才计划等评审中支持"同等条件下女性优先"；为孕哺期女性科技人才营造良好科研环境和生育友好型工作环境等。

犀利的批评

2018 年 9 月的一天，我在微信朋友圈转发了某研究所的一条人才招聘启事，并写了一句评语：中国做科研最好的地方，好像没有之一。

没想到，我很快就在这条微信下面看到了颜宁的留言：怎么说话呢？

这是她第一次这么严厉地跟我讲话，短短 5 个字，如刺在背。我知道自己错了。尽管这个研究所的科研环境在国内独树一帜、科研也做得超棒，但说它是中国做科研最好的地方，有点绝对了。我赶快把这条微信删掉，重新转发了一遍，把自己的评语修改为：中国的另类研究所。

这次，颜宁没再说什么。

其实我知道，她对这个研究所一直很关注，也非常认可他们的工作。比如，我为这个研究所写的报道曾上过《人民日报》的头版头条，颜宁看到后给我发微信说：中国的确需要这样的科研机构。

吾爱吾师，吾更爱真理——颜宁是也。

我不想滥用这种特权

颜宁去普林斯顿执教后，和之前一样忙碌。2018 年 1 月的一天，我忽然收到她一位好友 NL 的电话，说有件事找我帮忙。颜宁的一位大学同学 YC，后来去国外留学，现在在国内某高校当教授。YC 的父母在农村，盖的商住两用房前不久前被强拆了。YC 气不过，但又秀才遇着兵，有理说不清，就想借

初到普林斯顿大学的颜宁　颜宁供图

助媒体，讨个说法。

　　我的老家也在农村，对于强拆一向不满，就很同情 YC 的遭遇；更何况她是颜宁的同学，这个忙一定得帮。我就把 YC 写的一份材料转给了分社的同事，并专门打电话叮嘱：YC 是颜宁的同学，这件事务必关照！

　　放下电话，我心里挺得意：颜宁在国外不方便，自己能帮她的同学，也算帮她解决"后顾之忧"吧。进而一想，我又感觉有点不对劲：颜宁有我的微信，既然是她大学同学的事，她自己为什么不直接跟我讲呢？当天晚上，我就给颜宁发微信，把事情经过大致说了一下，并把 YC 的那份材料转给了她。

　　第二天，我收到她的语音微信：YC 是我在清华的同学，关系也不错。不过我看了一下材料，感觉事情的前因后果不是很清楚。强拆一定是不对的，但具体原因是因为赔偿的价格没谈拢还是其他，我没太看明白。我感觉这件事情让媒体捅出去也会引发争议，对我同学也不见得好。

　　"另外，你打着我的名义去找人，不就是让我背书，我背书就得承担责任。"她接着说，"我是一个挺在乎自己名誉的人。无论什么样的好朋友让我出面找人，我肯定得把事情搞得很清楚。既然我出面，就得承担责任。所以，如果以后有什么事情，我肯定会亲自跟你说。"

她又补充了一句：其实我有点害怕名人效应。名人在某种程度上是有一定特权的，我不想滥用这种特权。

再出发

再次见到颜宁，是在 2019 年 1 月初的清华园。

"估摸着 1 月签证有望下来，所以跟老朋友吃饭、话别。"她告诉我，她去年下半年回国探亲，顺便参加了几场学术交流活动，包括在清华大学举办的"女科学家论坛"。

一年多没见，颜宁的短发变长了，而且又多了几根白发。她自己说这是遗传，随父母，但我觉得主要是她熬夜的缘故。到了美国，她依旧保持着夜猫子的旧习，经常开夜车到第二天凌晨四五点。

她拢拢长发，得意地告诉我："我要重新当主编啦。"她之前曾做过《赛先生》的轮值主编，后来该公号易主，她就退出了。这次，是《赛先生》编辑部的原班人马再出发，她拉上之前的老同事、一起担任过《赛先生》轮值主编的文小刚，共同出任新公众号的总编。两个月之后，也就是 2019 年 2 月 25 日，她和文小刚联袂出任总编的微信公众号"返朴"正式面世。

当时各类科技类公众号已经很多，"返朴"何以立身？

从两位总编辑的致辞中，不难看出其初心。凝聚态理论物理学家文小刚，是美国麻省理工学院终身教授、格林讲席教授、美国科学院院士。他在题为"回归初心，追求真心"的致辞中吐露心声：

这就是我们所生活的大环境，一个信息爆炸的世界，一个真假难辨的信息世界。"返朴"就是要提供一个干净的高端科普平台，致力于准确的报道和反映科学精神的科普。我们希望做到让科普不仅仅介绍知识，而且要传播科学思想、科学方法和一种看问题的角度。回归初心，追求真心，以此展示大自然的丰富多彩和人类为了认识自然所形成的深刻智慧，以及它们之间的精彩对决。

颜宁的致辞是《2019，再出发》：

2016年下半年，我第一次出任科普公众号主编，与文小刚、刘克峰二位老师以及潘颖、冯睿等几位编辑合作愉快，在短短半年时间内开辟了几个系列报道，认识了几位才华横溢的科普作家，但是因为一些意外事件提前退出，不能不说是一种遗憾。机缘巧合，时隔两年，原班人马又聚在了一起，希望与我们之前的读者们和未来的新朋友们共同打造这一方小天地，继续思维的碰撞，享受探索的乐趣。

2016年上任时，我写了《好科普如清泉》，今番第二次写"总编致辞"，少了第一次的憧憬与浪漫，多了积累两年的反思与困惑。有三个问题与大家探讨：什么是科普？科普的目的是什么？我们做什么样的科普？

科普，顾名思义，普及科学。哪些科学内容是值得普及的？纵观过去几年热热闹闹的科普领域，其实很多所谓"科普文章"报道的是科技动态，追逐的是科技热点或前沿。这些固然重要，但科学知识的建立需要大量后续实验的验证，需要时间的检验，科研成果的历史地位往往是该领域发展到一定程度的事后总结，而不是即刻就能清晰明了的。

那我们岂非只能普及已经进入教科书的知识？这就涉及第二个问题：科普的目的。看科普的目的显然因人而异，但有一点应该是共通的：关注科普是为了获得某一领域的真实信息。而做科普的目的更是五花八门：有人为了启迪，有人为了教化，有人为了推广，有人为了交流，当然也有人仅仅将此作为职业，甚至作为牟利的手段，也正是最后一类才使得点击率、标题党大行其道，让我们一线的科技工作者哭笑不得。

不管怎么说，科普的目的其实也没有统一的答案。所以，我只能代表我自己来解释我们做科普的初衷：在网络自媒体发达的时代，信息的获取异常便捷，但要获取靠谱的信息却绝非易事。我们希望尽自己最大的努力，借助总编和编委们的专业背景，在纷繁复杂的信息世界里尽量去芜存菁，提取出有效信息，与读者朋友共享。如果是已经公认的知识，我们希望将它们放到更大的历史空间、更广的领域，讲清楚这个知识的由来与建立、曾经的质疑与反复；如果是科研进展，我们要突出这项成果在其领域的地位，它能够解释的问题和提出的新问题，它可能带来的影响；等等。其实不论是完成时还是进行时，我们都希望以一种思辨的态度、动态的视角去呈现，不仅仅介绍具体的知识点，更要突出一种态度、一个过程，这种态度就是科学的态度，这个过程就是求真的过程。

在这篇致辞中，颜宁还预告了"返朴"将要开设的主要板块：

当然，除了科普，我们要继续做"女科学家去哪儿了"专栏，介绍优秀的女科学家们，这是我作为总编之一的一点私心。同时，我还想开辟两个新专栏，一个推介有趣的科幻小说和优秀的科幻作者，一个唠唠八卦科学发现、技术进步背后的人和事。在此欢迎大家积极投稿。具体的形式，且容我留个悬念。

好了，话不多说，行胜于言。那就请您系好安全带，与我们一起开启这段新旅程吧。

被闹钟叫醒的惊喜

2019年，除了创办新公众号"返朴"，颜宁还获得了两项沉甸甸的大奖和一项让她备感惊喜的"桂冠"。

两项大奖，一项是她当年4月荣获的"魏兹曼女性与科学奖"，另一项是同年9月颁发的"求是杰出科学家奖"。在领取"求是奖"的舞台上，颜宁在获奖致辞中还念念不忘"关注女性科学家群体共同面对的问题"，希望未来在求是大家庭中可以看到更多女性身影。当然，她更为得意、在国内引发更大反响的，是当选美国国家科学院外籍院士。

于1863年成立的美国国家科学院（也称美国科学院），是美国科学界的最高荣誉机构。每年，除了在本国的优秀科学家中评选美国科学院院士，该机构还从世界各国挑选一批能代表某个科学领域杰出水平、为人类科学事业做出重要贡献的科学家，作为美国科学院外籍院士。

在生命科学领域，王晓东、谢晓亮、邓兴旺、朱健康、张锋、陈列平等是美国科学院院士；谈家桢、冯德培、袁隆平、施一公等是美国科学院外籍院士。无论美国科学院院士还是美国科学院外籍院士，在国内外学术界的认可度都很高。

颜宁，则"意外"当选 2019 年的美国科学院外籍院士。为什么说"意外"？5 月 1 日"返朴"的报道是这样的：

同往常一样，颜宁直到凌晨 5 点才备完课。睡前，她为系里中午的教授午餐会和下午的课定好闹钟。11 点半，闹钟响起，铺天盖地的短信和邮件炸蒙了颜宁，她傻傻地在朋友圈问大家发生了什么，这才后知后觉地发现，自己已经当选美国国家科学院外籍院士。

对于这个"被闹钟吵醒的惊喜"，颜宁自然欢喜不尽。2019 年的这三项荣誉，颜宁当之无愧。在十多年的科研生涯中，她一直致力于跨膜运输蛋白的结构与机理研究，在国际上首次揭示了人源葡萄糖转运蛋白、真核生物电压门控钠离子通道和钙离子通道等一系列具有重要生理与病理意义跨膜蛋白的原子分辨率结构，揭示了这些负责基本生命过程的膜蛋白的工作机理，并为理解癫痫、疼痛以及诸多心血管疾病的致病机理及药物开发提供了分子基础。

由于 2017 年颜宁被提名参选中国科学院院士时落选，所以当她当选美国科学院外籍院士的消息传出后，网上舆论哗然，许多人为她打抱不平、声讨国内的院士评选制度。

对此，颜宁一笑置之。

两种遗传方式

关于颜宁，想必很多人都有一个疑问：像她这样才貌双全、名利双丰，为什么不结婚？

说实在的，这个问题我也一直想问问她。但考虑到这纯属私密，所以我一直没有问她，几次话到嘴边又咽回去了。

在 2016 年的一次聊天中，她无意中说起这个话题。

2022 年 11 月，颜宁在深圳　叶竹摄

"人作为生物，在这个世界上有两种遗传方式。一是物质的，比如生育孩子、传宗接代；二是精神上的，把自己创造的知识和科学精神传承下去。我放弃生理基因上的遗传，但我会全力做好自己的研究，同时尽心尽力培养我的学生。"

"我觉得，人怎么都是一辈子，活得舒心最重要，想要就有，不想要可以没有。"颜宁说，"这就是我自己的选择。"

2012 年 3 月至 2021 年 11 月采写

2022 年 11 月 2 日定稿

颜宁在深圳举办的全球创新人才论坛上的演讲

归去来兮

2022 年 11 月 1 日

大家好，我是颜宁！

很荣幸作为深圳人才论坛的嘉宾与大家对话。

2017 年 11 月 1 日，我在普林斯顿大学的实验室正式运行。一转眼，竟然五年了。

在本科毕业走出清华园的那一刻，我恋恋不舍，于是有了第一个职业梦想，那就是有朝一日能被请回清华任教，不成想这个梦想提前了 10 年实现；07 年我在离开普林回国去实现第一个梦想的时候，同样的恋恋不舍，于是生出第二个职业梦想：也许等我 50 多岁，做出有世界影响力的成果之后，可以再被普林斯顿请回去任教？不成想这个理想又提前了至少 10 年实现。

那么，我下一个梦想是什么呢？

在科研上不断探险是我最痴迷的游戏、是我生命的底色，一定会像我的几位忘年交一样，坚持到生命最后时刻，这个不叫梦想，是我的日常。

而扪心自问，我能有今日的成就，并不一定是因为我更聪明、更勤奋，在很大的程度上是因为过去 20 几年我很幸运地始终处在最适合做科研的环境里，很幸运地吸引到大批聪明能干、钟灵毓秀的博士生和博士后，并且很幸运地前后获得了以人为本的几项经费支持，可以让我在最感兴趣的科学世界里自由探索，无拘无束。

投桃报李，我很希望能将这份幸运复制延伸，让更多的年轻人也能持续享受到同样的幸运，能够依靠内在驱动力而不是外界的各种诱惑，毫无后顾之忧地去发掘自己的潜力，从而去做出真正原创性的发现。

是了，这应该是我从 2017 年之后的新梦想。

正因为有了这么一份心思，近年来我愈发感觉到，在实验室育人、看到一代代的年轻人在接受我的科研指导之后去拓展自己的一片天空，做出更多成果、培养下下代科学家，那种传承的成就感甚至已经超越了我自己做出科研突破的快乐。

我的这种经历也印证了书上看来的人生历程：

第一阶段是吸纳，我们努力学习充实自己；第二阶段是证明：我们努力工作获得认可；第三阶段是输出：我们把自己的所学所感传递给更多人、帮助更多人、扶持更多人。

经过了过去几十年的积累，现在我终于有信心主动进入人生第三个阶段，那就是：搭建一个平台，去支持更多优秀的学者，应对人类健康挑战，发掘、挑战生物医学难题，做出原创突破，回馈社会。

正当此时，深圳向我伸出了橄榄枝，简直是一拍即合！我又一次强烈感受到了那种向着梦想努力的兴奋和快乐！

于是，我麻溜地向普林斯顿大学递交了辞职申请，为实验室现有成员做了妥善安排，在不久的将来我就会全职回国，协助深圳创建一所集科研、转化、经费资助、学生培养等若干功能于一体的新型研发机构：深圳医学科学院；她的英文名字叫做 Shenzhen Medical Academy of Research and Translation，简称更好记：SMART。

讲到这，您可能会说：颜教授，打住，你不是做基础科研的么，跟"医"沾边么？那么我要告诉大家，现代医学早就不限于问诊开药做手术这种狭隘的模式，已经成为需要生物、化学、材料、机械、电子、人工智能等多学科高度交叉的最为复杂的一个学科。

我给大家讲一个我们很快会发表在《细胞》的研究故事。

2013 年，有一款根治丙肝的"神药"横空出世，叫做索非布韦（Sofosbuvir）；2014 年，索非布韦的销售额达到了 102 亿美金，成为当年全球第二畅销药；但就在 2015 年，美国 FDA 发布了安全警示，提醒索非布韦与治疗心律不齐的一款常用药胺碘酮一起服用，可能会引发严重的心动过缓，严重的甚至会导致死亡。怎么会这样呢？制药公司的科研人员展开了系统的研究，初步证据显示这两种药物可能相互作用于控制心跳节律的钙离子通道，但这只是一个猜测。

这时候，他们通过阅读文献发现我们正在研究钙离子通道与各种药物分子的相互作用，于是找到我们；而我们也恰好在阅读文献时注意到这一现象，正在进行相关钙离子通道蛋白的纯化。

长话短说，这也是一次一拍即合的合作。我们把这两种药物分别或者一起施加于钙离子通道，然后利用冷冻电镜技术获得了它们的三维结构，可以清晰地看到每一个碳原子、磷原子、氮原子…的位置。于是，答案一目了然但真是出乎意料：本来不会作用于钙离子通道的索非布韦竟然被另外那个药给生拉硬拽进了钙离子通道的肚子里，堵塞了钙离子的流动，从而无法释放电信号控制心脏跳动。

这个结构生物学的发现对于制药业很有意义，因为这是第一次看到两种常用药利用蛋白做脚手架，直接肩并肩背靠背地影响了这个蛋白的正常功能。从这个发现拓展开去，我们正在从事更多的药物与药物、药物与激素相互作用的研究，希望对于药物开发和疾病治疗有更多启示。

我是起步于基础研究，但是其实我会经常收到来自世界各地的医生的问询邮件；在过去十几年，任何时间我们都与一到两间国际药企有合作。生、医、药的密切合作让我们对于疾病知其然还知其所以然，对于制药更加有的放矢。打通病床到实验室到制药公司再回到病床端到端的联系，也正是我们 SMART 的重要使命。

我们希望在 SMART 不仅仅能产生若干原创的研究突破，还能创立一个科学机制在术业有专攻、保障科研人员专注学术的同时可以有效帮助大家完成成果转化。

那为何选择深圳呢？因为深圳年轻、充满活力，在这里一切皆有可能！

其实，最开始的时候我也有顾虑。最初我对深圳最大的顾虑是：这里的大家太勤奋啦！有人说深圳是"卷都"，内卷之都；但是整天那么忙碌，太累了就挤占了梦想和灵感的空间，反而可能会阻碍创新。不过，当我真正来到这里，周末去马峦山爬山、去茅洲河划船、去金龟自然书房伴着醇香的咖啡、品着精致的甜点看书，我体会到了深圳宜居的那一面。

我更同意深圳的另外一个别称：梦都，梦想之都。

我的梦想就是经过我们一代人、几代人的共同努力，在十年、二十年之后，在世界生物医药的版图上，深圳占有重要的一席之地；当大家说起生物医药的大湾区，首先会想到的就是东半球的这里！

后 记

写这本小书，第一个要感谢颜宁。她是我职业生涯中面对面采访的第一位科学女性，其率真随性、我行我素、侠义果敢，彻底颠覆了我之前对科学家特别是女科学家的陈腐印象。她为纠正科学女性遭受的偏见与不公所做的诘问与呐喊，也促我深思：女性做科学一点不比男性差，但为什么中国的女科学家这么稀少？

第二个要感谢的，是北京大学的 80 后女科学家刘颖（在我 2019 年出版的《科学三代人》中，曾有一篇专门写她——《我没有把自己当成"小女人"》）。她的一次吐槽让我很受刺激：科学家也是人，除了干好本职工作，也有自己的生活、家庭、爱好——为什么新闻媒体非得要把我们弄成不食人间烟火、整天就知道做科研的"怪物"？

仔细一想，还真是这样吗。其实，对科学家，尤其是对女科学家的认知如此肤浅、偏狭、刻板的，岂止新闻媒体？

一个想法在我心中渐渐明确：尽己所能，为中国新一代科学女性写一本书，力求真实地展示她们的工作、生活、成长历程，以及内心的所思所想，让公众知晓：女科学家，和你想象的真不一样。

此后的采写过程，不仅让我知道了什么是好的科学、优秀的成果是怎么做出来的，更让我对新一代科学女性刮目相看。她们的成长经历、科研故事和关于人生的独到见解，让我获益良多。我不止一次地在心里说：感谢上苍，有幸认识你们！

由于个人精力等诸多因素的限制，这本书只选了七位科学女性，遗珠之憾在所不免。我知道，在当下的中国，同样出色、值得钦佩的科学女性，远不止书中这七位。她们，不仅是中国女性的荣光，更是我们这个民族的幸运。

同事刘诗瑶、谷业凯，好友刘明、洪蔚琳、刘少华、潘煦、杨雅雯、郭小荷、李子君等，在本书的采写、出版过程中，给予了多方帮助，在此深表谢意。

感谢韩启德、李泓冰，和王志珍、周忠和、施一公等老师。他（她）们在百忙之中抽出时间，或慷慨作序，或热忱推荐，让这本小书蓬荜生辉。

感谢本书的策划、人民东方出版传媒总编辑孙涵，编辑王学彦、申浩等。文章不厌百回改，更何况是书呢！

希望读者朋友们喜欢。这是对作者最大的奖赏。

赵永新
2022 年国庆
北京临月轩